Internationale Standardverträge im Zusammenspiel mit dem CISG

Beiträge zum UN-Kaufrecht

Herausgegeben von Ulrich Magnus

Band 9

PETER LANG

Frankfurt am Main · Berlin · Bern · Bruxelles · New York · Oxford · Wien

Torben Hesse

Internationale Standardverträge im Zusammenspiel mit dem CISG

Unter besonderer Betrachtung des ICC – International Sales Contract (ICC-Publikation Nr. 556)

PETER LANG
Internationaler Verlag der Wissenschaften

Bibliografische Information der Deutschen Nationalbibliothek
Die Deutsche Nationalbibliothek verzeichnet diese Publikation in der Deutschen Nationalbibliografie; detaillierte bibliografische Daten sind im Internet über http://dnb.d-nb.de abrufbar.

Zugl.: Hamburg, Univ., Diss., 2010

Umschlaggestaltung:
Atelier Platen, Friedberg

Gedruckt auf alterungsbeständigem,
säurefreiem Papier.

D 18
ISSN 1613-995X
ISBN 978-3-631-60903-3

www.peterlang.de

Meinen Eltern

Inhaltsverzeichnis

Vorwort

Diese Arbeit hat der Universität Hamburg 2009 als Dissertation vorgelegen.

Ich möchte anlässlich des Abschlusses der Promotion meinen Dank aussprechen:

Prof. Dr. Ulrich Magnus gebührt ein ganz besonderer Dank. Er hat mich während der Arbeit als Doktorvater betreut, unterstützt und mich mit wertvollen Anregungen stets motiviert.

Prof. Dr. Robert Freitag danke ich für die zügige Zweitbegutachtung.

Den größten Dank schulde ich meiner Familie: Ohne sie und ihren Rückhalt, ihrer Geduld und Motivation wäre das Zustandekommen dieser Arbeit unmöglich gewesen.

Insbesondere möchte ich Frau Ariane Gnädig danken, die mich während des Verfassens der Arbeit ertragen musste und mir dennoch größte Unterstützung durch Meinungsaustausch und Korrektur geleistet hat.

Oktober 2010-10-17 Torben Hesse

A. Einleitung und Gang der folgenden Bearbeitung

Der stetige Zuwachs internationaler Handelsgeschäfte und insbesondere der Aufschwung des internationalen Handelsverkehrs in den vergangenen Jahren sind offenkundig. Während in der Vergangenheit Handelsgeschäfte mit Vertragspartnern aus weit entfernten Staaten kaum und wenn nur schwerlich durchführbar waren, ist nunmehr durch verbesserte Kommunikations- und Transportmöglichkeiten dem globalen Handel der Weg geebnet.

Der globale Handel hat als Basis den Vertrag, der die grundlegenden Rechte und Pflichten der Parteien regelt. Der weitere Rahmen wird durch das Vertragsstatut gesetzt; der Vertrag wird dem entsprechenden Statut unterstellt.

Die folgende Bearbeitung setzt sich zunächst damit auseinander, wie sich der Welthandel aus deutscher Sicht in den letzten Jahren entwickelt hat und stellt heraus, dass der internationale Handel bereits eine fundamentale Bedeutung für die deutsche Volkswirtschaft hat, die sich konstant weiterentwickelt.

Dem folgt eine Betrachtung der erhöhten Anforderungen an die deutschen Exporteure und eine Bewertung dessen, wie sie diesen gerecht werden können. Die Wahl des UN-Kaufrechts wird sich dem anschließend als eine dafür treffliche Möglichkeit erweisen, der Verfasser nimmt insoweit Stellung zur Rechtswahloption der Vertragsparteien und wie diese ausgeübt werden soll.

Teil C der Bearbeitung setzt sich sodann mit den inhaltlichen Merkmalen oft verwendeter Standardkaufverträge auseinander und wie diese mit dem UN-Kaufrecht harmonieren, bzw. wie beachtlich deren Unterschiede zu den Regelungen des UN-Kaufrechts sind. Die Ergebnisse dazu werden kritisch bewertet.

Richtungweisend für diesen Kernbearbeitungsteil ist dabei der von der Internationalen Handelskammer veröffentlichte Musterkaufvertrag für internationale Handelsgeschäfte. Dieser wird seinen Regelungsbestandteilen folgend untersucht, wobei der Rechtswahlklausel besonderes Augenmerk zukommt.

Daneben werden zudem der Mustervertrag für den Kauf verderblicher Waren, der vom Internationalen Handelszentrum veröffentlicht wird, sowie die verbreitet angewendeten Allgemeinen Lieferbedingungen, veröffentlicht von der europäischen Wirtschaftskommission, und die Allgemeinen Lieferbedingungen des ORGALIME-Wirtschaftsverbundes in gleicher Weise wie der Mustervertrag der Internationalen Handelskammer bearbeitet, sofern diese Regelungsinhalte aufweisen, die dem Mustervertrag der Internationalen Handelskammer entsprechen.

In Teil D erfolgt eine abschließende Stellungnahme, die die begutachteten Vertragswerke kritisch bewertet und deren Zusammenspiel mit dem UN-Kaufrecht untersucht.

Die vorliegende Arbeit stellt somit heraus, ob die Verwendung der arbeitsgegenständlichen Regelwerke eine treffliche Option ist, das Rechtsverhältnis von Warenlieferer und -käufer zu regeln oder aber, ob diese sich nicht vorzugsweise weitestgehend ohne weitere Vereinbarungen in die Hände des CISG begeben sollten.

Dabei wird keine Betrachtung aus Sicht der einen oder der anderen Vertragsparteien vorgenommen, sondern eine Begutachtung von neutraler Warte aus, um so die objektiv gerechteste Lösung herauszustellen.

Ob sich vor- oder gar nachteilige Regelungen für die Vertragsparteien ergeben, ist zwar ein begleitendes Ergebnis dieser Arbeit, ihr Hauptziel ist es jedoch, die objektiv gerechteste Lösung zu ermitteln, bzw. vermeintlich einseitig vorteilhafte Regelungen zu kritisieren.

Dafür werden die arbeitsgegenständlichen Regelwerke auf ihre Möglichkeit hin sie abzuändern, untersucht und bewertet.

Durch die vorliegende Bearbeitung wird somit erreicht, dass die begutachteten Regelwerke auf ihren Gerechtigkeitswertgehalt hin überprüft werden und dem folgend bestimmt wird, wo gegebenenfalls Modifikationen durch die Vertragsparteien getroffen werden sollten.

Insoweit liegt das Ergebnis dieser Arbeit in einer Bewertung der Qualität der begutachteten Regelwerke mit der anschließenden begründeten Erkenntnis, ob diese der baren CISG-Regelung des Rechtsverhältnisses vorzuziehen sind.

B. Der deutsche Außenhandel und die damit verbundenen rechtlichen Risiken deutscher Exporteure

I. Derzeitiger Stand und Entwicklung des deutschen Außenhandels[1]

1. Überblick

Mit einem Volumen von 896 Milliarden Euro und einer Steigerung von 14% gegenüber dem Vorjahr sind die deutschen Exporte im Jahr 2006 wieder stärker gestiegen als noch im Jahr zuvor.[2] Damit erreichte die Bundesrepublik Deutschland einen neuen Rekordwert, wobei derzeit nicht davon auszugehen ist, dass dadurch schon die Obergrenze erreicht ist.

Importiert wurden Waren im Wert von 731,5 Milliarden Euro, was eine Steigerung von 16,5% gegenüber dem Vorjahreszeitraum bedeutet.

Somit weist die Außenhandelsbilanz einen Ausfuhrüberschuss in Höhe von 164,5 Milliarden Euro aus, was den bis dato größten Handelsbilanzüberschuss der Bundesrepublik Deutschland deutlich übertrifft.[3]

Anschaulich lassen sich diese Werte bei einem Vergleich mit den Außenwirtschaftswerten aus dem Jahr 1994 erklären: Seitdem haben sich die deutschen Exporte mehr als verdoppelt, die Importe haben seitdem um mehr als 80% zugenommen und der Ausfuhrüberschuss hat sich seitdem mehr als vervierfacht.

Im weltwirtschaftlichen Vergleich bedeuten die genannten Daten, dass Deutschland die Spitzenposition bei den Exporten mit einem Anteil von 9,4%

---

1 Die folgenden Angaben sind zum einen dem veröffentlichten Bericht über die Außenwirtschaftsdaten 2006 des Bundesministeriums für Wirtschaft und Technologie entnommen. Dieser ist veröffentlicht unter: *www.bmwi.de*. Zum anderen resultieren die Daten aus den Erhebungen des Statistischen Bundesamtes für das Jahr 2006, zu finden unter: *www.destatis.de*.

2 Dies ist ein neuer Rekordwert, der zugleich bedeutet, dass die Bundesrepublik Deutschland mehr Waren ins Ausland verkauft, als jedes andere Land.

3 Dieser Saldo ist der höchste, der je erzielt wurde und resultiert vor allem aus dem regen Handel mit den weiteren EU-Staaten (137,1 Milliarden Euro) sowie den USA und Kanada (32 Milliarden Euro).

einnimmt, noch vor den USA, die einen Warenexportanteil von 8,6% erreichten.[4] Bei den Importen hingegen ergibt sich ein anderes Bild: Hier liegen die USA noch deutlich vor der Bundesrepublik Deutschland.[5]

2. Wichtigste internationale Handelspartner

Wichtigste Handelspartner waren im Jahre 2006, wie auch in den Jahren zuvor, die westlichen Industrieländer, allen voran die europäischen Staaten, auf die der mit Abstand größte Anteil aller Im- und Exporte entfiel.[6]

a. Mitgliedstaaten der EU

Im Jahr 2006 wurden von Deutschland aus Waren im Wert von 558,5 Milliarden Euro in die Länder der EU exportiert und Waren im Wert 421,4 Mrd. Euro aus diesen bezogen.[7] Der Anteil des Außenhandels mit anderen EU-Ländern betrug bei den Exporten 63,9%, bei den Importen 60%, was für Deutschland im Jahr 2006 einen Handelsbilanzüberschuss von 122,1 Milliarden Euro brachte.

Haupthandelspartner in der Europäischen Union ist nach wie vor Frankreich mit einem Anteil von 15% aller Außenhandelsgeschäfte, gefolgt von den Niederlanden mit 11,7%.

b. Weitere europäische Nationen

Der Außenhandelsumsatz mit dieser Staatengruppe betrug 2004 89,3 Milliarden Euro, die Exporte mehrten sich 2006 um 16%, die Importe um 16,7% gegenüber dem Vorjahr.[8] Der größte Handelspartner aus dieser Ländergruppe ist nach wie

---

4 Der häufig verwandte Titel „Exportweltmeister" resultiert dabei vor allem, aber nicht nur, aus den Wechselkurseffekten des Euros gegenüber dem Dollar, aber auch aus der Erhöhung des Warenwertes.

5 Hier liegen die USA mit einem Anteil von 15,7 % vor der BRD mit einem Anteil von 7,5%. Es folgt China mit einem Gesamtimportanteil von 6,5%.

6 So entfielen 82,1% aller Importe und 78,9% aller Exporte auf die betreffenden Staaten. Der Anteil am Gesamtaußenhandelsumsatz liegt für die europäischen Staaten bei 73,3%, der Anteil der EU- Länder beträgt dabei 62,2%, auf die Eurozone entfallen 42,2%. Siehe: Loschky/Ritter, Wirtschaft und Statistik 2007, S. 478.

7 Das entspricht einem Zuwachs bei den Exporten von 12 %, die Importe nahmen um 14,9 % zu.

8 Wichtigste Nationen hierbei sind die EFTA-Staaten, die 2006 einen Anteil von 4,7 % am deutschen Gesamtexport und einen Anteil von 6,2 % am deutschen Gesamtimport hatten.

vor die Schweiz mit einem Handelsvolumen von 34,7 Milliarden Euro des deutschen Exports und 25,2 Milliarden Euro des deutschen Imports.

c. Amerika

Der Anteil des Handels mit den USA macht etwa ¾ im Hinblick auf den Handel mit Gesamtamerika aus, wodurch die USA hinter Frankreich zum zweitgrößten deutschen Handelspartner werden. Die Ausfuhren dorthin betrugen 2006 78 Milliarden Euro, was einen Anteil von 12,6 % ausmacht, der Import belief sich im gleichen Zeitraum auf 48,5 Milliarden Euro, also einem Anteil von 16,1 %.

Es folgen als weitere wichtige Handelspartner Brasilien, Kanada und Mexiko mit Umsätzen von 12,9; 10,4; und 9,4 Milliarden Euro.

d. Weitere Industrienationen

Der Außenhandelsumsatz mit den übrigen Industrieländern betrug im Jahr 2006 46,1 Milliarden Euro[9], was einem Anteil von 2,8% des gesamten deutschen Außenhandels entspricht. Die Einfuhren erhöhten sich gegenüber dem Vorjahr um 9,9%, die Ausfuhren um 5,6%. Der wichtigste Handelspartner aus dieser Gruppe ist Japan. Im Vergleich zu 2003 konnten wieder positive Zuwachsraten verzeichnet werden.[10]

e. Mittel- und Osteuropa (einschließlich der GUS)

Der deutsche Außenhandel mit Staaten aus Mittel- und Osteuropa entwickelte sich auch 2006 mit weiteren Zuwächsen.[11] Die Zuwachsraten im Handel mit diesen Ländern lagen weit über dem Zuwachswert des gesamten deutschen Außenhandels. Insgesamt wickelte Deutschland 5,6% seines Außenhandels mit Ländern aus der bezeichneten Region ab. Der Außenhandelsumsatz mit diesen Ländern betrug im Jahr 2004 56,4 Milliarden Euro, was einem Zuwachs von 18,5% entspricht.

Die Bundesrepublik Deutschland hat 2006 Waren im Wert von 23,4 Milliarden Euro nach Russland exportiert, was eine Steigerung von 35,3% gegenüber

---

[9] Dies entspricht einem Zuwachs von 8 % gegenüber dem Vorjahr.

[10] So lagen die Importe bei 23,7 Milliarden Euro, was einen Zuwachs von 8,9 % gleichkommt, die Exporte lagen bei 13,9 Milliarden Euro, was einem Zuwachs von 3,9 % entspricht.

[11] Bei den Exporten war es ein Zuwachs von 47,3 Milliarden Euro, bei den Importen 44 Milliarden Euro Zuwachs. Dies bedeutet Zuwächse von 32,1%, bzw. 32,8% gegenüber dem Vorjahr.

dem Vorjahr bedeutet. Die Importe aus Russland konnten 2006 um 35,4% wieder auf 30,2 Milliarden Euro gesteigert werden. Russland lag einfuhrseitig auf Platz 8 und ausfuhrseitig auf Platz 12 der Rangfolge der wichtigsten Handelspartner. Die deutsch-russische Handelsbilanz war in den zurückliegenden Jahren stets negativ.[12]

f. Entwicklungs- und sonstige Länder

Der Anteil der Entwicklungsländer am Außenhandel Deutschlands betrug 2006 15,4%.[13] Der Außenhandel mit den ASEAN-Staaten konnte 2006 um 13,1% gesteigert werden.

In dieser Region ist China der mit Abstand wichtigste Handelspartner mit einem Handelsvolumen von 76,3 Milliarden Euro und 37% des deutschen Außenhandelsumsatzes in Asien.[14] In den letzten zehn Jahren hat sich der deutsche Außenhandel mit China weit mehr als verdreifacht. Die Einfuhren stiegen um 19,4%, die Exporte 29,6%, was für China in der Rangfolge der wichtigsten Handelspartner die Plätze 3, bzw. 11 bedeutete. Zweitwichtigster deutscher Handelspartner in Asien ist Japan mit einem Anteil von 20,6% am Außenhandelsumsatz in dieser Region.[15]

Der deutsch-indische Handel hat im Jahr 2006 durch einen Zuwachs von 33,1% eine weitere Rekordmarke erreicht, wobei dem Import eine Steigerung von 22,5% zukommt, dem Export sogar eine Steigerung von 51,8%.

Der Handel mit Afrika und Australien hat, gemessen an den zuvor aufgeführten Gebieten, eine marginale Bedeutung.[16]

3. Struktur der gehandelten Waren

Schlüsselt man den deutschen Export nach der Struktur der gehandelten Waren auf, so zeigt sich, dass im Jahr 2005 der Export von Maschinen mit einem Anteil von 19% der deutschen Gesamtausfuhren, Kraftfahrzeugen (17,4%), Kunststof-

---

12 2006 lag das Defizit bei 6,8 Milliarden Euro. Die deutsch-russische Handelsbilanz litt stets unter den hohen Energieeinfuhren, was zu ihrer erwähnten Negativität führte.

13 Die Importe sind gegenüber dem Vorjahr um 17,3% auf 129,7 Milliarden Euro und die Ausfuhren um 18,8% auf 120,7 Milliarden Euro gestiegen.

14 Dies entspricht einem Zuwachs von 22,9%.

15 Im Jahr 2006 gingen fast die Hälfte aller Exporte gen Asien in die drei Staaten China, Japan und die Republik Korea, siehe: Loschky/Ritter, Wirtschaft und Statistik 2007, S. 479.

16 Loschky/Ritter, Wirtschaft und Statistik 2007, S. 478.

fen und die daraus produzierten Waren (4,6%) sowie von pharmazeutischen Produkten (3,7%) konstant erfolgreich war. In diesen Produktgruppen ist Deutschland, was deren Ausfuhr angeht, Spitzenreiter; die benannten Produktgruppen machen insgesamt etwa 51% des Gesamtexports aus.[17]

4. Fazit

Die Außenwirtschaft, insbesondere der Außenhandel, ist ein wesentlicher, wenn nicht gar der derzeit wichtigste Bestandteil der deutschen Gesamtwirtschaft. Ohne den erfolgreichen Handel mit Partnern anderer Nationen hätte sich das Bruttoinlandsprodukt sehr wahrscheinlich weit weniger positiv entwickelt. Das Jahr 2003 ausgenommen ist der Außenbeitrag der deutschen Gesamtwirtschaft stetig gestiegen und wird somit seiner landläufigen Bezeichnung als Konjunkturmotor gerecht.[18] Es ist zu erkennen, dass innerhalb des Außenhandels Verschiebungen stattfinden, insbesondere, was die Handelstätigkeit mit dem wirtschaftlich stark an Bedeutung zunehmenden, weil gravierend wachsenden China betrifft.

II. Rahmenbedingungen für deutsche Exporteure

Der stetig wachsende internationale Warenhandel bringt für deutsche Exportunternehmen eine Vielzahl weiterer Geschäftschancen zum reinen Binnenhandel hinzu, die es wegen der großen internationalen Konkurrenz zu nutzen gilt. Die Nicht- oder aber auch zurückhaltende Beachtung von möglichen grenzüberschreitenden Handelsgeschäften ist für nahezu jedes Handelsunternehmen betriebswirtschaftlich nur sehr schwer zu rechtfertigen.[19] Durch das internationale Handelsgeschäft haben Unternehmen eine weitaus größere Auswahl an Handelspartnern. Dadurch gelingt es, die finanziellen Erfolge bislang lokal vermarkteter Unternehmensleistungen schnell zu vervielfachen.[20] Es können neue Märkte erschlossen werden, wodurch die internationale Wettbewerbsfähigkeit gestärkt

[17] Siehe: Loschky/Ritter, Wirtschaft und Statistik 2007, S. 482.
[18] So auch: Loschky/Ritter, Wirtschaft und Statistik, S. 478.
[19] Siehe dazu: Rappaport, Creating shareholder value: The new standard for business performance. Hier wurde die Idee etabliert, dass die Steigerung des Unternehmenswerts das übergeordnete Ziel unternehmerischer Aktivität ist. Dabei ist das Umsatzwachstum das wesentliche Subziel.
[20] Helm, Exporte als Basisform des Außenhandels, S. 48; ferner dazu: Zentes/Neidhart, Standardisierungsansätze, S. 839.

wird.[21] Dagegen stehen der erhöhte Wettbewerbsdruck unter anderem durch die Schaffung des Europäischen Binnenmarktes[22] sowie der Abbau globaler tarifärer und nichttarifärer Handelshemmnisse[23], was sowohl für den deutschen Außenhandel als auch den europäischen Handel einen beachtlichen Nutzen mit sich bringt.

Der internationale Handelsverkehr hat ferner eine Beschleunigung und wesentliche Erweiterung durch den Wegfall der Barrieren zwischen Westen und Osten und die Vereinfachung des Warenhandels durch verbesserte Kommunikations- und Transportmöglichkeiten erfahren.

Dem steht jedoch entgegen, dass ein grenzüberschreitendes Geschäft mit zusätzlichen Risiken gegenüber einem rein nationalen Geschäft behaftet ist.[24] Dies beruht u.a. darauf, dass in anderen Ländern andere Gesetze und Handelsbräuche bestehen, das geltende Recht in anderer Weise ausgelegt wird, ausländische Währungen als Kaufpreis vereinbart werden, der Transport der Ware durch meist größere Entfernungen in der Regel riskanter wird, eventuell Ein- oder Ausfuhrgenehmigungen eingeholt werden müssen und in einigen Ländern durchaus auch politische Risiken bestehen.[25]

1. Rechtliche Risiken

Oftmals wissen die Vertragsparteien im Rahmen von Außenhandelstransaktionen nicht, welches nationale Recht sie ihrem Vertrag zugrunde legen sollen.[26] Sie müssen sich entweder auf ein anwendbares Recht einigen oder eine Anknüpfung durch das jeweils geltende Internationale Privatrecht hinnehmen.

---

21 Lange, Globalisierung, S. 129 ff..

22 Weltweit lässt sich neben dem EU-Binnenmarkt eine große Anzahl an geschaffenen Freihandelszonen feststellen. Die wohl gewichtigsten sind u.a.: *AFTA* – ASEAN Free Trade Area (dt. Freihandelszone des Verbandes Südostasiatischer Staaten), *NAFTA* – North American Free Trade Agreement (Nordamerikanische Freihandelsabkommen), *Mercosur* – Mercado Común del Sur (Gemeinsamer Markt des Südens), *EFTA* – European Free Trade Association (Europäische Freihandelsassoziation). Dazu: Fuchs, Integrationsabkommen, S. 205 ff., die die NAFTA- und Mercorsur-Abkommen kritisch analysiert.

23 Siehe: Sauernheimer, Nicht-tarifäre Handelshemmnisse, S. 166.

24 Siehe dazu: Kronke, FS Henrich, S. 385 ff..

25 Vergleiche dazu: Rabel, Univ. Chicago Law Review 5, S. 544 ff.; Enderlein/Maskow/Strohbach, Einleitung, Anm. 2.2; Berger, Commercial Law, S. 3 f..

26 Bernstorff, Vertragsgestaltung, S. 199; McMahon, Applying the CISG, S. 1.

Die Vertragsparteien müssen dann also für sich das auf ihren Vertrag anzuwendende Recht ermitteln.[27] Daran anschließend knüpft unmittelbar die nächste zu überwindende Hürde an: die Anwendung des anzuwendenden Rechts. Im Exportgeschäft kann der Exporteur mit ausländischen Rechtsordnungen seines Vertragspartners konfrontiert werden, die ihm bislang unbekannt waren und über die er sich zunächst einen Überblick verschaffen muss.[28] Zudem kommen unterschiedliche Rechtsordnungen zu verschiedenen Auslegungen von juristischen Begriffen und Tatbeständen, wodurch weitere Unsicherheiten entstehen.[29] Es verbleibt dadurch stets das Risiko, ob, und selbst wenn das geltende Recht bekannt ist, dieses auch den Erwartungen entsprechend angewandt wird und es nicht zu ungewollten und unerwarteten Überraschungen kommt.[30]

2. Politische Risiken und „country risks"

Zudem treffen den deutschen Exporteur Gefahren, die aus divergierenden politischen Verhältnissen im Staat des Vertragspartners entstehen.

Als politische Risiken, die in umfassender Weise auch als Länderrisiken[31] bezeichnet werden, sind solche Schadensmöglichkeiten des Exporteurs zu verstehen, die durch gesetzgeberische oder behördliche Maßnahmen des anderen Staates[32], durch dortigen Krieg, Aufruhr oder Revolution oder durch Beschränkungen des zwischenstaatlichen Zahlungsverkehrs[33] entstehen.[34] Bei Exporten an staatli-

---

27 Schroth, Handbuch zum Außenwirtschaftsverkehr, S. 491.

28 Lehr, Exportvertrag, S. 5; Zentes/Neidhart, Standardisierungsansätze, S. 839.

29 Bernstorff, Vertragsgestaltung, S. 199. Diese möglichen Auslegungsdivergenzen betreffen sowohl die sich streitenden Vertragsparteien als auch eventuell streitentscheidende Gerichte.

30 Insbesondere ist hierbei auf die unterschiedlichen Rechtskreise des angelsächsischen „common law" sowie auf den kontinentaleuropäischen römischen Rechtsgedanken zu verweisen. Die Rechtskreise unterscheiden sich gravierend voneinander. Während der erstgenannte Rechtskreis Gerechtigkeit durch eine Einzelfallbetrachtung erreichen will, soll nach römischem Recht eine Rechtssicherheit durch Schaffung klarer gesetzlicher Bestimmungen erreicht werden. Besondere Bedeutung erlangt dieser Unterschied, wenn eine Vertragspartei ein bestimmtes Rechtsinstitut vereinbart wissen möchte, welches in dem Rechtskreis der anderen Partei unbekannt ist.

31 Einen aktuellen Vergleich über die verschiedenen Länderrisiken bietet: Holz, Außenwirtschaft, S. 58 ff.; dazu auch: Schroth, Handbuch zum Außenwirtschaftsverkehr, S. 495 ff..

32 So beispielsweise staatliche Import- und Exportbeschränkungen oder auch staatliche Devisenkontrollen.

33 Wie beispielsweise Zahlungsverbote, Moratorien, Konvertierungs- oder Transfermaßnahmen.

che Organisationen oder an Organisationen, die eine staatliche Beteiligung haben, ist es zudem möglich, bspw. im Rahmen von internationalen Ausschreibungen, dass das Importland zur Zahlung unfähig oder unwillig ist.[35] Gemessen an den Verhältnissen der Bundesrepublik Deutschland werden die politischen und finanziellen Verhältnisse zu weit überwiegenden Teilen ungleich instabiler sein.

3. Wirtschaftliche Risiken

Ökonomische Risiken sind solche, die in der Person des Vertragspartners, vornehmlich des Käufers, verhaftet sind. Gefahrerhöhende Ereignisse, die den Eintritt des wirtschaftlichen Risikos verursachen sind u.a.:

- die endgültige Lossagung des Käufers vom Vertrag,
- schwerwiegende Verstöße des Importeurs gegen seine Pflichten aus dem Kaufvertrag, woraufhin nicht mehr davon auszugehen ist, dass eine weitere Vertragsdurchführung stattfinden wird,
- eingetretene Zahlungsunfähigkeit des Vertragspartners[36],
- totale Zahlungseinstellung oder Zahlungseinstellung in so wesentlicher Weise wegen Verschlechterung der Liquidität des Importeurs, dass mit einer weiteren Durchführung des Vertrages nicht mehr zu rechnen ist.[37]

Die aufgezeigten Risiken bestehen naturgemäß ebenfalls bei rein nationalen Kaufgeschäften, doch ist die Möglichkeit des Exporteurs bei einem grenzüberschreitenden Kaufgeschäft sich über seinen Vertragspartner zu informieren und sich auf diesen einzustellen, wesentlich erschwert, sofern sich dieser nicht im Inland befindet, da die räumliche Distanz der Informationserlangung nicht dienlich ist.

---

34 Die vorliegende Aufzählung ist nicht abschließend, denkbar sind jegliche auf staatliche Eingriffe zurückzuführende Ereignisse. Siehe: Häberle, Risikomanagement im Außenhandel, S. 887.

35 Lehr, Optimierung des Exportgeschäfts, S. 9.

36 Dazu auch: Schütze, Dokumentenakkreditiv, S. 25, der in Frage stellt, wie zuverlässig der Exporteur die Kreditwürdigkeit des Käufers in einem anderen Land beurteilen kann.

37 Siehe: Häberle, Risikomanagement im Außenhandel, S. 886.

4. *Sprachrisiken*

Bei internationalen Kaufverträgen wird es nur selten vorkommen, dass die Vertragssprache gleichzeitig die Muttersprache beider Vertragsparteien ist. In der absoluten Mehrzahl der Fälle wird sich dann als Kompromiss[38] der englischen Sprache bedient, die zumindest in der Regel für beide Parteien größtenteils verständlich und somit gut zu verwenden ist.[39]

Allerdings ist durch die Wahl einer fremden Sprache das Risiko von Missverständnissen beachtlich.[40] Während lange Zeit die sich aus sprachlichen Differenzen ergebenden Missverständnisse von den Kaufleuten in gütlicher Weise gelöst wurden, sind sprachliche Missverständnisse immer häufiger ein streitträchtiger Punkt, der eine Streitschlichtung durch ein Gericht erfordert.[41]

5. *Transportrisiken/Gewährleistung*

Regelmäßig sind die Distanzen, die die verkaufte Ware bei der Lieferung zurücklegen muss, weit größer als bei einem nationalen Kaufgeschäft. Damit gehen gegenüber einem rein nationalen Kaufgeschäft deutlich überwiegende Transportrisiken einher.[42] Die Verfrachtung per Strassen-, Wasser- oder Luftweg birgt für den Kaufgegenstand eine nicht unerhebliche Gefahr der Zerstörung, der Beschädigung oder des Verlusts. Können bspw. fehlerhafte Musterteile zum Exporteur zurückgeschickt werden, damit dieser die tatsächliche Richtigkeit einer Mängelbehauptung durch den Käufer nachprüfen kann, ergeben sich keine größeren

---

38 Dieser Kompromiss scheint immer dann sinnvoll, wenn eine Vertragspartei einem anderssprachigen Land angehört. Ohnehin ist es sinnvoll, die englische Sprache als Vertragssprache zu vereinbaren. So haben viele der weltweit wichtigsten Handelspartner Englisch als Muttersprache (u.a. USA, Australien, Kanada, Neuseeland, Singapur etc.). Ebenfalls haben die meisten Kreditinstitute bei internationalen Finanzierungen die englische Sprache für die Vertragsgestaltung und Abwicklung gewählt. Ferner sind die standardisierten Richtlinien der UNO sowie ihrer Ausschüsse, der ICC und anderer Institutionen in Englisch verfasst, die deutschen Fassungen beruhen auf amtlichen Übersetzungen. Siehe: Bernstorff, Vertragsgestaltung, S. 9.

39 Drobnig, Allgemeine Geschäftsbedingungen im internationalen Handelsverkehr, S. 595.

40 Zur Vertiefung u.a.: MüKo-Spellenberg, vor Art. 11 EGBGB, Rn. 89; Spellenberg, Fremdsprache und Rechtsgeschäft, S. 463 ff.; Schlechtriem, Das „Sprachenrisiko“, S. 129 ff.; Zentes/Neidhart, Standardisierungsansätze, S. 847.

41 Eingehend dazu: Reinhart, Sprachenproblem im grenzüberschreitenden Handelsverkehr, S. 226 f..

42 Häberle, Risikomanagement im Außenhandel, S. 904; Schroth, Handbuch zum Außenwirtschaftsverkehr, S. 494.

Probleme. Anders verhält es sich jedoch, wenn durch die Beschaffenheit der gelieferten Ware, z.B. bei großen Maschinen oder Stahllieferungen, eine Klärung der Mangelhaftigkeit nur mit erheblichem praktischen und finanziellen Aufwand möglich ist.[43] Ein weiteres Risiko für den Exporteur ist die Gefahr, dass im Importland ein anderer, wohlmöglich strengerer Produkthaftungsmaßstab, gilt.[44]

6. Rechtsdurchsetzungsrisiken

Auch bei umfassender, klarer und bedachter Vertragsgestaltung kommt es immer wieder zum Streit über die anschließende Vertragsdurchführung. Pflichtverletzungen der Vertragsparteien sind in verschiedensten Formen denkbar. Die Durchsetzung der eigenen Rechte ist beim internationalen Warenkauf ungleich schwerer als bei einem rein nationalen Geschäft. Selbst wenn es der sich in ihren Rechten verletzt fühlenden Partei gelingt, ein den eigenen Interessen stattgebendes Urteil oder Schiedsspruch gegen den Vertragspartner zu erlangen, gilt es weiterhin, die nachfolgende Hürde der Vollstreckbarkeit zu überwinden. Insbesondere treten Komplikationen auf, sofern zwischen dem Staat, in dem das Urteil ergeht und dem Staat, in dem das Urteil vollstreckt werden soll, keinerlei diesbezügliche Abkommen bi- oder multilateraler Natur bestehen.

7. Wechselkursrisiken

Bei Außenhandelsgeschäften bestehen für den Exporteur Risiken durch Schwankungen der Wechselkurse für die im Vertrag festgelegten Währungen des Kaufpreises.[45] Das Wechselkursrisiko, auch Fremdwährungsrisiko genannt, bezeichnet die Gefahr, dass sich aufgrund einer Veränderung der Austauschrelation zwischen inländischer und ausländischer Währung eine negative Wirkung auf

---

43 Lehr, Optimierung des Exportgeschäfts, S. 13; auch: Häberle, Risikomanagement im Außenhandel, S. 888.

44 Zum Risikomanagement der internationalen Produkthaftung siehe: Schubert/Robyn, Internationale Produkthaftung, S. 173 ff..; Piltz, Vertragsrecht und Vertragsgestaltung bei Internationalen Kaufverträgen, S. 85; Staudinger-Huber, Art. 46 CISG, Rn. 6; Sekretariatskommentar, Art. 42, Anm. 12.

45 Siehe ausführlich dazu: Lehr, Optimierung des Exportgeschäfts, S. 142 ff., der das Wechselkursrisiko exemplarisch an den Beispielen der indonesischen Rupiah und des thailändischen Baht darstellt, die beide in weniger als einem halben Jahr fast die Hälfte ihres Wertes verloren. Ferner: Schroth, Handbuch zum Außenwirtschaftsverkehr, S. 492.

den Erfolg eines Unternehmens ergibt[46], wobei eine Änderung dieser Austauschrelation durch die Wechselkursschwankungen zum Ausdruck kommt.[47] Dieses Wechselkursrisiko des Exporteurs kann in mehreren Phasen des Exportgeschäftes in Erscheinung treten:[48]

- Zunächst besteht das Risiko, dass der Käufer der zu exportierenden Ware das vom Exporteur offerierte Angebot ablehnt, wenn er, sofern der Kaufpreis in der Landeswährung des Exporteurs bestimmt ist, mit einer Aufwertung der vereinbarten Zahlungswährung rechnet.
- Weiterhin besteht das Risiko, dass die Fremdwährung, in der das Angebot abgegeben wurde, während des Exportgeschäftes, insbesondere während der Forderungslaufzeit, gegenüber der eigenen Landeswährung abgewertet wird.
- Ferner besteht ein politisch verursachtes Wechselkursrisiko, wenn das Importland die Devisenzuteilung bzw. den Devisentransfer behindert und somit Wechselkursverluste entstehen.[49]

III. Praktische Bedeutung des UN-Kaufrechts für den internationalen Warenhandel

Zum 01.04.2005 haben 65 Staaten das UN-Kaufrecht ratifiziert. Fast 80% des deutschen Außenhandels sowie mehr als zwei Drittel des gesamten Welthandels[50] werden mit Geschäftspartnern aus Vertragsstaaten des UN-Kaufrechts abgewickelt, vorausgesetzt, dieses wurde nicht von den Vertragsparteien wirksam abbedungen. Darüber hinaus gilt das UN-Kaufrecht aus deutscher Sicht für praktisch alle Exportgeschäfte.[51] Insoweit stellt das CISG[52] die bisher bedeutendste privatrechtsvereinheitlichende Konvention dar.[53]

---

46 Krämer, Ziele, Adressaten und Risiken der Bankenaufsicht, S. 257 ff..

47 Christian, Finanzinnovationen, S. 128.

48 Dazu auch: Bieg/Krämer, Instrumente zur Absicherung gegen Fremdwährungsrisiken, S. 907 ff..

49 Siehe: Häberle, Risikomanagement im Außenhandel, S. 887.

50 Bernstein/Lookofsky, CISG in Europe, S. 1; siehe weiterhin: Zentes/Neidhart, Standardisierungsansätze, S. 846; Boving, Internationale Vertragsgestaltung, S. 6; Schackmar, S. 29.

51 Piltz, NJW 2005, S. 2126; ders. in: UN-Kaufrecht, S. 1 f.; Ludwig, Vertragsschluss nach UN-Kaufrecht, S. 1.

52 United Nations Convention on contracts for the international sale of goods (kurz: CISG). Der Text des Übereinkommens ist abgedruckt in BGBl. II 1989, S. 586 ff., berichtigt BGBl. 1990 II, S. 1699 ff.

1. Allgemeines

Das Übereinkommen der Vereinten Nationen über Verträge über den Warenkauf wurde am 11.04.1980 in Wien gezeichnet. Nach dem Stand vom 01.07.2005 ist es nunmehr von 65 Staaten ratifiziert, bzw. angenommen worden.[54] Seit dem 01.03.2003 sind als weitere Vertragsstaaten hinzugekommen:

- Honduras, seit dem 01.11.2003
- Republik Korea, seit dem 01.03.2005
- Gabun, seit dem 01.01.2006

Estland hat den seinerzeit erklärten Vorbehalt zu Art. 96 zurückgezogen, so dass das UN-Kaufrecht seit dem 01.10.2004 dort vorbehaltlos gilt. Die Hongkong Special Administrative Region Chinas zählt nicht zum Vertragsgebiet.[55]

Das vom Handelsausschuss der Vereinten Nationen (UNCITRAL) geschaffene Regelungswerk hat die Nachfolge des Haager Einheitskaufrechts angetreten und erlangte schon wegen der großen Anzahl von Ratifizierungen im internationalen Warenhandelsverkehr eine herausragende Bedeutung[56], da mit Ausnahme von Großbritannien und Japan sämtliche großen Industrienationen Vertragsstaaten sind, wobei ein fortdauernder Erweiterungsprozess zu erwarten ist.[57]

Das CISG findet seine Anwendung sowohl in der ordentlichen als auch in der Schiedsgerichtsbarkeit.[58]

Diese Abkürzung scheint die am häufigsten verwendete für das Abkommen zu sein, vgl.: Flessner/Kadner, ZEuP 1995, S. 347 ff..

53 Staudinger-Magnus, Einleitung zum CISG, Rn. 1; weiterhin: Verweyen, Käuferrechtsbehelfe, S. 5 ff.; Roßmeier, RIW 2000, S. 407.

54 Eine Zusammenstellung der Vertragsstaaten findet sich unter *www.uncitral.org*. Die Bundesrepublik Deutschland hat der Konvention durch Gesetz vom 05.07.1989 (Vertragsgesetz) zugestimmt.

55 ÖstOGH, IHR 2004, 148 (155), sowie: Guangxi Beihai Maritime Court, Urteil vom 05.03.2002, siehe: http://www.cisg.law.pace.edu.

56 Siehe: Reithmann/Martiny, Internationales Vertragsrecht, S. 562.

57 In der Europäischen Union ist weiterhin nur Portugal dem Abkommen noch nicht beigetreten.

58 Siehe: Schiedssprüche des Internationalen Schiedsgerichts der österreichischen Bundeskammer der gewerblichen Wirtschaft vom 15.06.1994, in RIW 1995, S. 590 mit weiteren Anmerkungen. Ferner dazu: Magnus, ZEuP 1995, S. 204; Piltz, NJW 2003, S. 2058 ff.. Das Zusammenspiel von CISG und Schiedsgerichtsbarkeit wird in der folgenden Bearbeitung näher begutachtet.

2. Anwendungsbereich

Das CISG findet nur für internationale Warenkaufverträge[59] und auf internationale Verträge, bei denen das Kaufelement überwiegt[60], Anwendung. Weitere Kaufgegenstände wie bspw. Rechte oder aber auch Immobilien werden vom Anwendungsbereich des CISG nicht umfasst.[61] In räumlicher Hinsicht findet das CISG dann Anwendung, wenn die Vertragsparteien in verschiedenen Vertragsstaaten niedergelassen sind oder das Internationale Privatrecht im Rahmen einer Vorschaltlösung zum Recht eines Vertragstaates führt[62] und eine Verknüpfung mit einem CISG-Vertragsstaat vorliegt.[63] Es kann allerdings zudem für Nichtvertragsstaaten Bedeutung haben, wenn das CISG über das Internationale Privatrecht der lex fori zur Anwendung kommt.[64] In sachlicher Hinsicht findet das CISG nur Anwendung für Kaufverträge bei denen nicht Verbraucher Vertragspartei sind, die die Ware erkennbar für persönliche Zwecke erwerben.[65] Gegenüber dem Parteiwillen, auch gegenüber Gepflogenheiten der Parteien, sowie internationalen Handelsbräuchen gilt das CISG nachrangig. Es werden nicht alle Aspekte eines internationalen Kaufvertrags erfasst, sondern nur dessen Abschluss und die durch ihn verkörperten Rechte und Pflichten. Die insoweit auftretenden Regelungslücken sind mit den allgemeinen Grundsätzen, die dem CISG zugrunde liegen, oder subsidiär mit dem durch das Kollisionsrecht zu ermittelnde Vertragsstatut zu schließen, welches die nicht erfassten Rechtsfragen regelt.[66]

---

59 Siehe: Piltz, UN-Kaufrecht, S. 20 ff..

60 Siehe Artikel 3 CISG. Hingegen werden bestimmte Kaufgeschäfte nach Art. 2 lit. a-f vom Anwendungsbereich des CISG ausgeschlossen.

61 Staudinger-Magnus, Art. 1 CISG, Rn. 12.

62 U.a. Schlechtriem-Ferrari, Art. 1 CISG, Rn. 40.

63 Sog. „autonome Anwendung“ gem. Art. 1, Abs. 1, lit. a CISG. Siehe dazu: Schlechtriem-Ferrari, Art. 1 CISG, Rn. 40 ff..

64 Siehe: Art. 1, Abs.1, lit. b CISG.

65 Art. 2, lit. a CISG; dem gleichgestellt sind Herstellungsverträge, die zu einer Warenlieferung verpflichten. Folglich gilt das CISG nicht für den Kauf von Rechten oder Immobilien, nicht für Vermarktungsverträge in Bezug auf Waren, die in einem Vertragsstaat hergestellt sind und in einem anderen Staat auf den Markt gebracht werden sollen. Siehe: MüKo-Westermann, Vor Art. 1 CISG, Rn. 4.

66 So: Staudinger-Magnus, Einleitung zum CISG, Rn. 29.

C. Inhaltliche Merkmale von Standardvertragsmustern vor dem Hintergrund des CISG unter besonderer Beachtung des ICC-Mustervertrages

Der folgende Gang der Bearbeitung wird sich mit der Gestaltung gängiger Standardlieferverträge befassen, insbesondere im Hinblick darauf inwieweit sie im Einklang mit dem CISG stehen, ob weitgehende Deckungsgleichheit besteht oder aber, ob es Kollisionen gibt. Der Schwerpunkt dabei liegt in der Betrachtung des von der ICC vorgeschlagenen Mustervertrages, zudem werden weitere Vertragsformulare der ITC, der UNECE sowie des ORGALIME-Verbundes in die Bearbeitung mit einbezogen.

I. Mögliche Wahl des auf das Vertragsverhältnis anzuwendenden Rechts (Vertragsstatut)

Entgegen den meisten Bearbeitungen zum internationalen Vertragswesen wird vorliegend mit den Überlegungen zur Wahl des den Vertrag bestimmenden Vertragsstatuts begonnen. Im weiteren Verlauf der Arbeit werden die Vertragspunkte des ITC-Mustervertrages in der bestehenden Abfolge behandelt, so dass die Rechtswahl hier eine besondere Behandlung erfährt. Der Rechtswahl gebührt aufgrund ihrer grundsätzlichen Wichtigkeit eine herausragende Position und dadurch die vorrangige Bearbeitung. Auch wenn die grundlegenden Vertragseckpunkte und somit der weitestgehende Kaufgeschäftsablauf regelmäßig von den Parteien vereinbart und bestimmt wird, stellt das Vertragsstatut den weiteren darüber hinaus gehenden Rahmen dar und fängt mögliche Lücken im Vertragswerk auf. Die vorliegende Arbeit beschäftigt sich ausschließlich mit Kaufverträgen, die das CISG zum Statut haben, bzw. dieses dazu bestimmt wurde. Es wird folgend aufgezeigt, welche Bedeutung der Rechtswahl im internationalen Handelsverkehr zukommt und welche mit ihr zusammenhängende Faktoren von den Vertragsparteien zu bedenken sind.

Das deutsche Kollisionsrecht normiert in Art. 27 EGBGB[67] den herrschenden Grundsatz der kollisionsrechtlichen Parteiautonomie.[68] Die Vertragsparteien können das für ihren Vertrag maßgebliche Recht selbst bestimmen.[69] Diese Regelung ist nicht als eine Neuerung anzusehen, sondern als die Bestätigung eines seit langem anerkannten Grundsatzes.[70] Er ist nur insoweit Schranken unterworfen, als dass in Fällen, in denen die Rechtswahl zwingende nationale Vorschriften ausschließt[71] oder zu Lasten der schwächeren Partei abbedingt[72], dieser Grundsatz eingeschränkt wird.

Haben die Parteien ein Recht gewählt, so wird das gewählte Recht zum Vertragsstatut. Für die Schiedsgerichtsbarkeit ist dieser Grundsatz in § 1051, Abs. 1, S. 1 ZPO niedergelegt. Die kollisionsrechtliche Parteiautonomie verleiht den Parteien die Befugnis, das auf einen internationalen Schuldvertrag anwendbare Recht zu bestimmen; und zwar grundsätzlich unter Einschluss der zwingenden Normen des Privatrechts. Die Parteien können sich also über eine gesamte Rechtsordnung hinwegsetzen und sich einer anderen vollumfänglich zuwenden.[73] Ferner ist eine negative Rechtswahl möglich, in der die Parteien vereinbaren, dass eine oder mehrere Rechtsordnungen nicht zur Anwendung kommen sollen.[74]

---

67 Art. 27 EGBGB entspricht Art. 3 EVÜ (Das EVÜ ist ein von der Bundesrepublik Deutschland am 19.06.1980 unterzeichnetes Übereinkommen über das auf Schuldverhältnisse anzuwendende Recht sowie das zugehörige Protokoll). Die Bundesrepublik Deutschland ist Vertragsstaat des EVÜ, hat es aber in besonderer Form umgesetzt. Die Artt. 1-21 EVÜ finden innerstaatlich keine unmittelbare Anwendung. Die Bundesrepublik Deutschland hat diese Regelungen bereits bei der IPR-Reform 1986 im Wesentlichen in den Artt. 27-37 EGBGB übernommen, siehe: Gesetz zur Neuregelung des IPR vom 25. 07.1986. Dazu: Staudinger Magnus, Vor Artt 27-37 EGBGB, Rn. 28.

68 U.a. Kropholler, IPR, S. 453; Reithmann/Martiny, Internationales Vertragsrecht, S. 63; Junker, IPRax 1993, S. 1 ff.; Leible, ZVglRWiss (97) 1998, S. 288; Ferrari, Draft UNCITRAL Digest, S. 116; Carr, International trade law, S. 69.

69 Dieser Grundsatz findet sich heute in den meisten Rechtsordnungen wieder, vgl.: Kropholler, IPR, S. 453; Staudinger-Magnus, Vor. Artt. 27-37 EGBGB, Rn. 28.

70 Vergleiche die Übersicht u.a. bei Vischer/Huber/Oser, Rn. 41 ff..

71 So Artt. 27 Abs. 3, 34, 6 EGBGB. Dazu: Reithmann/Martiny, Internationales Vertragsrecht, S. 118 f..

72 Siehe Art. 29, 30 EGBGB, dazu: Junker, IPRax 1993, S. 1 ff..

73 Davon ist die materiell-rechtliche Verweisung abzugrenzen, welche die Parteien innerhalb der maßgebenden Rechtsordnung vornehmen können.

74 Vischer/Huber/Oser, Rn. 147.

1. Handhabe der Rechtswahlmöglichkeit im kaufmännischen Wirtschaftsverkehr

a. Zurückhaltung in der Vertragsgestaltungspraxis

Die Vertragsgestaltung im Hinblick auf die Wahl eines zur Anwendung kommenden Vertragsstatuts wird oftmals vernachlässigt.[75] Sie tritt hinter die anderen Vertragsinhalte, die den Vertragsparteien meist leichter zugänglich sind, zurück. Insbesondere der Nichtjurist neigt dazu, die Wichtigkeit des maßgeblichen Vertragsstatuts zu verkennen. *Herbel* berichtet, dass die Rechtswahl stets am Schluss der Vertragsverhandlungen diskutiert werde, mit dem Vertragsinhalt also gar nicht abgestimmt sei, geschweige denn, ihn beeinflussen könne.[76] Während die Wahl des Vertragsstatuts den Juristen allein überlassen wird, verhandeln um die vorangegangenen Vertragsklauseln üblicherweise Teams aus Kaufleuten, Technikern und auch Juristen, die den Vertrag nach dessen Verhandlungen schon für genügend detailliert halten, so dass es keiner großen Gedanken mehr über die Rechtswahl bedarf.

Die Durchsetzung des eigenen Rechtswahlwunsches ist oftmals eher als Demonstration von Kräfte- und Machtverhältnissen zu verstehen, bei denen die vermeintlich stärkere Vertragspartei sich gegenüber der schwächeren durchzusetzen versucht.[77] Sachliche Erwägungen spielen dabei häufig eine untergeordnete Rolle.

Doch selbst bei den Praxisjuristen lässt sich die geringe Wertschätzung und die damit einhergehende Vernachlässigung einer vertraglichen Rechtswahl beobachten.

---

75 So u.a.: Teichmann, Internationaler Unternehmenskauf, Rn. 1117; Kronke, FS Henrich, S. 390; Kieninger, Wettbewerb, S. 287 f..

76 Herbel, Der internationale Unternehmensjurist, S. 8.

77 Kieninger, Wettbewerb, S. 288; Mankowski spricht dabei von „atavistischen Machtspielen“, siehe: Mankowski, RIW 2003, S. 2. An dieser Stelle sei erwähnt, dass in dem Fall, in dem gar Ansehen auf staatlicher Ebene betroffen ist, es zu bemerkenswerten Folgen kommen kann: So wurde bei einem Vertrag im Rahmen des Kanaltunnelbaus zwischen Frankreich und England von den jeweiligen französischen und englischen Unternehmen eine recht ungewöhnliche Vereinbarung getroffen. Da man sich auf keinerlei anzuwendendes nationales Recht der betroffenen Staaten einigen konnte, weil keine Seite nachgeben wollte, einigte man sich letztendlich auf die Wahl von denjenigen Rechtsprinzipien, die dem französischen und englischen Recht gemeinsam sind. Siehe: Raoul-Duval, The search for common principles, in: International business lawyer 1997, S. 181.

Nach einer Studie des Kölner Instituts CENTRAL[78] aus dem Jahr 2000 gaben von den befragten Rechtspraktikern (Anwälte international ausgerichteter Kanzleien und Unternehmensjuristen großer Gesellschaften) nur etwa ein Drittel an, dass ihnen die Verwendung von transnationalem Handelsrecht und von Rechtswahlklauseln bei der Ausarbeitung eines internationalen Vertrages bewusst sei. Im Bereich der Schiedsgerichtsbarkeit bewegte sich der Anteil bei immerhin etwa 40%.[79]

b. Stellungnahme zur Rechtswahlpraxis

Das beschriebene zurückhaltende Interesse der Kaufleute und deren rechtlicher Berater verwundert, kann schwerlich nachvollzogen werden und wird sich nicht selten teuer auszahlen.

Dass das deutsche Kollisionsrecht vorrangig den Vertragsparteien die Wahl überlässt, welches Vertragsstatut den geschlossenen Vertrag regeln soll, geschieht aus der Erwägung, dass die Parteien einer Bevormundung nicht bedürfen. Die Vertragsparteien sind es, die ihre Interessen am besten verwalten können. Mit der Wahl des maßgeblichen Vertragsstatuts läuft stets ein kaufmännischer Gedanke einher[80], welcher aus ökonomischen Gesichtspunkten nicht missachtet werden darf. Die Wahl eines günstigen Rechts kann den Vertragsparteien im Streitfall Kosten ersparen oder aber vorteilhafte Rechte gegenüber der anderen Partei einräumen. Sie allein kann dem Selbstverständnis und dem Selbstwertgefühl der Kaufmannschaft Rechnung tragen, die die Geschicke ihres Unternehmen für gewöhnlich selbst lenken wollen. Demgegenüber haben staatliche Rechtsanwendungsinteressen weit weniger Gewicht.[81]

Ebenfalls ist zu bedenken, dass – trotz eines weltweiten Rechtsfortbildungsfortschritts – ohne Parteiautonomie die Durchführung von internationalen Handelsgeschäften in einigen schwächer entwickelten Regionen und Staaten unmöglich wäre. Die dort geltenden nationalen Gesetze sind zu Teilen noch nicht

---

78 Center for transnational law, siehe: *http://www.central.uni-koeln.de/content*. Dieses Institut war zuvor der Universität Münster zugehörig.

79 Vgl. die Zusammenfassung der Studie von Berger, Mealey´s International Arbitration Report September 2000, S. 3.

80 v. Bar, IPR Band 2, Rn. 414; Gamillscheg, AcP 157, S. 316: „Jede Rechtswahl ist ein Stück kaufmännischer Kalkulation, häufig genug Grundlage der Verteilung der Versicherungslast, damit Spiegelbild wirtschaftlicher Gegebenheiten".

81 Siehe hierzu: Magold, Parteiautonomie, S. 237, der aus einer Entscheidung des New Yorker Supreme Courts zitierte: „In all searches fort he proper choice of law, intention of the parties remains the guidepost…Even our governmental analysis test gives way to a fundamental fairness rule whereby the laws of the jurisdiction under which the parties have patterned their conduct prevails."

so weit ausgebildet, als dass eine Vertragsabwicklung komplexer Verträge durch sie möglich und praktikabel wäre.[82] In diesem Fall ist es unabdingbar, dass in solchen Staaten ansässige Handelstreibende die Möglichkeit haben, ein etabliertes Recht zum Vertragsstatut zu bestimmen, welches geeignet ist, die Vertragsbeziehung zwischen den Parteien zu regeln.

2. Die Rechtswahl beeinflussende und bestimmende Faktoren im Einzelnen

Bei der Wahl des auf einen Kaufvertrag anzuwendenden Rechts gilt es für die Vertragsparteien, die für sie beste Lösung zu finden. Regelmäßig wird jede Partei darauf bedacht sein, durch die Rechtswahl einen Vorteil zu ziehen, der sich, wenn auch nicht direkt, doch zumindest mittelbar finanziell positiv auswirkt. Entscheidend dabei ist, vor allem die folgenden Faktoren zu beachten. Die Tatsache, dass das gewählte Recht qualitativ tauglich sein muss, komplexe Verträge zu regeln, wird hierbei vorausgesetzt und nicht weiter diskutiert.

a. Wahl eines vertrauten und erprobten Rechts

Die Wahl eines Rechts, mit dem bereits (positive) Erfahrungen gesammelt wurden bzw. dessen Inhalt bekannt ist, bringt beachtliche Vorteile mit sich. Bei der Wahl eines vertrauten Rechts entfallen oft kostspielige Rechtsermittlungskosten.[83] Es müssen keine beträchtliche Honorare fordernde, im Rechtsmutterland ansässigen Rechtsanwälte eingeschaltet werden. Bei Unternehmen, die über eine eigene Rechtsabteilung verfügen, können anfallende Vertragsstreitigkeiten im eigenen Hause bearbeitet werden, da der anfallende Aufwand im überschaubaren Rahmen bleibt.

Mit dem Aspekt der einfacheren Rechtsanwendung geht ein weiterer vorteilhafter Aspekt für die Vertragsparteien einher: Sammeln Unternehmen mit der Anwendung bestimmter Vertragsstatuten positive Erfahrungen, so entwickelt sich eine Anwendungsroutine, die die Vertragsdurchführung vorhersehbarer und somit kalkulierbarer werden lässt. Die Lösung von Streitigkeiten zwischen den Vertragsparteien ist bei der Wahl eines anzuwendenden Rechtes weniger ungewiss und unvorhersehbar, als für den Fall, in dem das Anwendung findende Vertragsstatut bei Vertragschluss noch unbekannt ist oder noch keinerlei Erfahrungen mit dem anzuwendenden Recht bestehen. Die bereits gemachten Erfahrungen lassen sich bei den Vertragsparteien für zukünftige Streitigkeiten

[82] v. Bar, IPR, Band 2, Rn. 414; auch Oschmann in: FS-Sandrock, S. 28.
[83] Mankowski, RIW 2003, S. 3.

verwerten, was dem wirtschaftlichen Zweck eines Unternehmens entgegenkommt. Ebenfalls wird die gesammelte Erfahrung helfen, langwierige und kostenträchtige gerichtliche Streitigkeiten zu vermeiden.

b. Wahl eines sachlich vorteilhaften Rechts

Die eben erwähnten, sich ergebenden Vorteile bei der Wahl eines vertrauten und erprobten Rechts würden wohl nur aus der Hand gegeben, sofern keine Einigung dahingehend mit dem Vertragspartner zu erzielen ist und sich dieser auch nicht in einer so schwachen Position befindet, aus wirtschaftlichen Zwängen den Vorschlag akzeptieren zu müssen. Weiterhin würde ein vorteilhaftes vertrautes Recht nur dann aus der Hand gegeben werden, sofern sich ein anderes Recht als sachlich vorteilhafter erweisen würde.

Das gewählte Recht wäre dann objektiv vorteilhafter, wenn es eine spezielle für das konkrete Geschäft passende Qualität aufweist in Form elaborierter und praktisch erprobter rechtlicher Instrumentarien und Regelungsmechanismen.[84] Solche Vorzüge müssen nicht nur im materiellen Recht selbst liegen, sondern können sich auch aus einem effizienteren Gerichtssystem, sofern die Wahl eines nationalen Rechts mit dem Gerichtsstand korreliert, einer gesicherten Rechtskultur sowie einer unabhängigen Judikative[85] oder aber auch aus dem Vorhandensein von vielen Präzedenzfällen, die den Vertragspartnern Rechtssicherheit geben, ergeben.

Vorrangig wird es allerdings zumeist um materielle Rechtsinhalte gehen, die es zu bewerten gilt.[86] *Mankowski* spricht hierbei von einem Herauskontrahieren aus Rechtsregeln, die zumindest als ineffizient empfunden würden. Dahinter stehe die „idealisierende Vorstellung von der Rechtswahl als Weg zum effizienteren Recht im Wettbewerb der Rechtsordnungen.“[87]

Für einen deutschen Exporteur ist dann zu bedenken, ob das auf den Vertrag anzuwendende Recht ihm einen hohen Maßstab bzw. eine unangemessene Viel-

---

84 Mankowski, Seerechtliche Vertragsverhältnisse, S. 28 mit Verweis auf Harries, FS Heinsius, S. 207.

85 Mankowski, Seerechtliche Vertragsverhältnisse, S. 28 mit Verweis auf Harries, FS Heinsius, S. 206 f..

86 So auch die Erklärung des sog. Delaware-Effekts, bei dem es aufgrund des US-amerikanischen Gesellschaftsrechts zu einem Wettlauf um das liberalste Unternehmensrecht eines US-Bundesstaats kam. Dieses führte dazu, dass die Mehrzahl der Unternehmen in Delaware ansässig wurde. 2004 waren etwa 40% der an der Wall Street gelisteten Unternehmen in Delaware ansässig. Siehe dazu: Romano, J. L. Econ. Org. 1985, S. 225, die dieses Phänomenen beschreibt.

87 Mankowski, RIW 2003, S. 3, mit weiteren Nachweisen.

zahl an Pflichten auferlegt, er umfangreiche Nebenpflichten hat oder ob seine Forderungen binnen kurzer Zeit verjähren.

Ferner muss die exportierende Vertragspartei, sofern sie AGB verwendet, bedenken, ob sie diese bspw. der strengen Kontrolle des deutschen materiellen Rechts zu unterziehen bereit ist. Die soeben dargestellte Aufzählung soll nur einen Überblick über durchaus zu bedenkende materielle Normen verschaffen, die in anderen wählbaren Rechten anders ausgestaltet sind. Abschließend ist diese Liste bei weitem nicht, sie verdeutlicht dennoch, dass die Wahl des Vertragsstatuts unter Beachtung sachlicher Kriterien eine entscheidende Rolle spielt.

c. Local content

Es besteht ein weiterer, etwas entfernter liegender Vorteil, der durch die Wahl eines fremden Rechts entstehen kann.

Unter dem sog. „local content" wird ein Geschäftsgebaren verstanden, welches auf die besonderen Charakteristika und Eigenarten des Gastlandes eingeht.[88] Hierdurch lässt sich ein langfristiges Vertrauen erwerben, welches in finanziellen Größen kaum und nur schwerlich auszudrücken ist, vorausgesetzt die andere Vertragsseite teilt den Wunsch nach längerfristiger Zusammenarbeit. In diesem Fall kann in einem Sich einlassen auf die Rechtsordnung des Vertragspartners ein Vertrauensbeweis gesehen werden, der den wirtschaftlichen Interessen des Handelnden entgegenkommt.

d. Unterschiedliche Qualität der Rechtsberatung und der dafür notwendige finanzielle Aufwand

Ein weiterer Punkt, den es bei der Wahl des Vertragsstatuts zu bedenken gilt, ist derjenige, ob im Streitfall eine adäquate Rechtsberatung und vertretung zu erlangen sein wird bzw. mit welchen finanziellen Lasten diese verbunden ist. Oftmals wird adäquate Rechtshilfe nur im Mutterland des Vertragsstatuts gegeben sein, die Ausbildung der nationalen Juristen in fremden Rechten wird in absehbarer Zeit nicht einen vergleichbaren Stand erreichen.[89] Expertise auf dem Fachgebiet, Kommunikationsfähigkeit und Kooperationsbereitschaft werden nahezu weltweit

---

[88] So für den japanischen Raum: Kim/Lawson, ICLQ (28) 1979, S. 510: "Goodwill and friendship that gave rise to the agreement is more important than the agreement itself"; weiterhin: Oschmann, FS Sandrock, S. 31.

[89] Zu den Auswirkungen der Globalisierung auf die juristische Praxis siehe: Böhlhoff in Festschrift für Schütze, S. 153 ff.. Ferner zu den Auswirkungen der Globalisation auf das Internationale Privatrecht, siehe: Basedow in Festschrift für Stoll, S. 405 ff.; ders. in: Basedow/Kono, Legal Aspects of Globalization, S. 1 ff..

zu finden sein, allerdings muss stets bedacht und geplant werden, ob die meist nicht unerheblichen Kosten für fremden Rechtsrat auch bei der Wahl eines anderen Vertragsstatuts in diesem Maße angefallen wären.[90]

e. Erreichen einer vorteilhaften Geschäftsposition im Wettbewerbsvergleich

Es wäre unzutreffend, anzunehmen, dass eigene Vorteile die einzigen Gründe für eine jeweilige Rechtswahl sind. Ebenso wird es für die Vertragsparteien attraktiv sein, im Umkehrschluss ein Recht zu wählen, bei dessen Anwendung der Vertragspartner vor Probleme gestellt wird, die diesen in eine schwächere Position drängen. Das meint, dass eine allseitige Vorteilhaftigkeit des anwendbaren Rechts oftmals gar nicht gewünscht ist, sondern die Vertragparteien es durchaus begrüßen würden, wenn sie durch die Rechtswahl einen „Heimspielvorteil“[91] erlangen könnten, denn Heimspiele werden weit öfter gewonnen. Für den des deutschen Rechts unkundigen Betrachter wird bspw. das deutsche BGB bzw. HGB in seiner Regelungsfülle und -komplexität nicht leicht zu durchschauen sein. Entsprechendes gilt für eine nicht deutsche Vertragspartei, die sich daher erheblichen Unsicherheiten und Irrtumsrisiken aussetzt.[92] Ein solch komparativer Vorteil ist für jede deutsche Vertragspartei durchaus beachtlich und wird häufig dazu führen, dass versucht wird, das Heimrecht durchzusetzen.

3. Zur Rechtswahl in der Praxis und in den begutachteten Mustervertragswerken

a. Allgemeine Vernachlässigung der Rechtswahlmöglichkeit in Mustervertragswerken

Die gängigen Vertragsformularbücher und Vertragsgestaltungshilfen folgen der bereits beschriebenen Zurückhaltung in Bezug auf die Wahl des vorteilhaftesten Vertragsstatuts. So wird zwar geraten, sich über die Wahl eines Vertragsstatuts zu verständigen, bspw. schreibt *Semler*[93] in seinen Anmerkungen für einen Kaufvertrag unter UN-Kaufrecht: „In jedem Fall empfiehlt sich eine vertragliche Klarstellung“, welches Recht für den Vertrag zur Anwendung kommen soll. Für den

90 Zu diesem Problem siehe: Harries, FS Heinsius, S. 207 f.; Basedow, JuS 2004, S. 90: Zentes/Neidhart, Standardisierungsansätze, S. 846; Kleinmeier, S. 63.
91 So bezeichnet dies Mankowski in RIW 2003, S. 5.
92 Siehe dazu auch: Semler/Volhard-Rosener, § 35, Rn 31 ff.; Merkt, Internationaler Unternehmenskauf, S. 313 ff..
93 Semler, Kaufvertrag unter UN-Kaufrecht, S. 561, Anmerkung 13.

Fall des Unternehmenskaufs merkt *Günther*[94] an: „Die Vereinbarung einer Rechtswahlklausel über die auf das Vertragsverhältnis anzuwendende Rechtsordnung ist dann angebracht, wenn Ausländer Vertragspartner sind oder sich das Vermögen des Unternehmens ganz oder teilweise im Ausland befindet.“ Weiterhin wird nur auf das allgemeine Schrifttum zum IPR verwiesen. *Schütze*[95] beklagt für den Fall einer Bankgarantie, dass leider in der Regel eine ausdrückliche Rechtswahl fehlt. So sind Rechtswahlklauseln in Bankgarantien zwar durchaus zulässig, aber unüblich.[96] *V. Bernstorff*[97] schreibt in den Kommentierungen zu seinem Musterformular für allgemeine Lieferbedingungen unter dem Verweis auf die inhaltliche Bedeutung eines Verweisungsvertrages: „Insoweit ist der Rechtswahlklausel (dem sog. „Verweisungsvertrag“) besondere Beachtung zu schenken.“

Obwohl die inhaltliche Tragweite der Rechtswahlklausel bekannt ist, wird die Möglichkeit, mit ihr den Vertrag zu gestalten, oftmals vernachlässigt. Stereotyp wird für alle möglichen internationalen Individual- und Formularverträge zumeist eine Rechtswahl hin zum deutschen Recht vorgeschlagen.[98] Oftmals findet eine solche Wahl ohne Erläuterung statt, ohne zu erläutern, warum das deutsche Recht anderen Rechtsordnungen vorzuziehen sei. Die Eignung oder gar Überlegenheit des deutschen Rechts unter Einschluss des UN-Kaufrechts wird unhinterfragt vorausgesetzt.[99] Die Wahl eines fremden Rechts kommt nur dann in Frage, sofern sich der eigene Wunsch nicht durchsetzen lässt. In diesem Fall kann über die Wahl eines „neutralen“ Rechts nachgedacht werden.[100]

---

94 Günther, Unternehmenskauf, S. 547, Anmerkung 136.

95 Schütze, Bankgarantie, S. 446, Anm. 14.

96 So auch: Finger, AWD 1969, S. 489; Graf von Westphalen, Bankgarantie, S. 321 ff..

97 V. Bernstorff, Allgemeine Lieferbedingungen, S. 522.

98 Kieninger, Wettbewerb, S. 288. Sie verweist darauf, dass sich dieses Phänomen durch nahezu alle denkbaren Regelungsinhalte zieht, gleichgültig, ob es sich um die „schlüsselfertige Herstellung einer Industrieanlage“, einen „projektbezogenen kombinierten Transport“, ein Dokumentenakkreditiv, eine Bankgarantie, eine Patronatserklärung oder einen Rahmenvertrag für SWAP-Geschäfte und ebenso für typische Außenhandelsverträge handelt.

99 Kieninger, Wettbewerb, S. 289.

100 „Neutral“ ist hierbei nicht im Sinne politischer oder völkerrechtlicher Neutralität zu verstehen, „neutral“ ist ein Recht dann, wenn keine Partei in dem Ursprungsland ansässig ist. Nicht erforderlich ist dagegen, dass der betreffende Ursprungsstaat des Rechts keinerlei Verbindung zu dem Vertrag zugrunde liegenden Geschäft aufweist. Siehe: Mankowski, RIW 2003, S. 5.

b. Bisher gängige Praxis: Formularmäßige Abwahl des CISG bzw. oftmals vorgeschlagene Wahl des deutschen unvereinheitlichten Rechts

Die gängige Vertragspraxis tut sich schwer mit der Verwendung des CISG als geltendes Vertragsstatut, all zu oft wurde und wird es ausgeschlossen.[101] Insbesondere deutsche mittelständische Unternehmen machten Gebrauch von Art. 6 CISG und schlossen das CISG überwiegend aus.[102] Festgemacht wird dies hauptsächlich an der verhältnismäßig geringen Anzahl von veröffentlichten CISG-Entscheidungen.[103] Dies hat zur Folge, dass das CISG nur noch dann zur Anwendung kam, wenn es den Vertragsparteien nicht gelungen war, das CISG wirksam abzubedingen, bzw. es von den Vertragsparteien übersehen oder vergessen wurde.[104] Die Tendenz, das Wiener Kaufrecht auszuschließen, wurde und wird rege diskutiert, doch besteht keine Einigkeit darüber, worauf die Motivation dazu beruht, sich lieber in die Hände eines nationalen, meist deutschen, Rechts zu begeben.[105] *Lübbert* schildert einen Fall aus seiner Praxis, wo ihm ein von ihm entworfener Vertrag zurückgegeben wurde mit der nicht weiter begründeten Aussage, es fehle der Ausschluss des UN-Kaufrechts. Warum dieses ausgeschlossen werden sollte, konnte ihm auf seine Frage hin nicht beantwortet werden. Es sei üblich und werde von den Fachverbänden empfohlen.[106]

Zumeist wird angeführt, das CISG sei zu unpräzise. Damit ist hauptsächlich gemeint, dass das CISG mit seinen vielen unbestimmten Rechtsbegriffen (so u.a. die verwendeten Begriffe der „Wesentlichkeit", der „Voraussehbarkeit", der „An-

---

101 Ausführlich zum Ausschluss: Ferrari, ZEuP 2002, S. 737 ff.; ders: The draft UNCITRAL digest, S. 127; siehe auch: Schillo, IHR 2003, S. 257; Bonsau/Feuerriegel, IPRax 2003, S. 421 (Fn. 1); Bälz dazu in Bezug auf Wiederaufbauhilfe deutscher Exporteure im Irak in: RIW 2003, S. 418. Weiterhin: Koch, NJW 2000, S. 910; Herber, German Experience, S. 62 ff.. Dass dieses Phänomen nicht nur in Deutschland sondern auch in den USA bekannt ist, stellt Thiele in IHR 2002, S. 8 f. dar.

102 Stadie/Nietzer, MDR 2002, S. 431.

103 Koch, NJW 2000, S. 910; ders.: The concept of fundamental breach of contract under the United Nation's Convention on contracts for the international sale of goods (CISG), siehe *http://www.cisg.law.pace.edu/cisg/biblio/koch.html#6.*

104 Weil das UN-Kaufrecht selbst Teil des deutschen Rechts ist, kann etwa die Klausel: „Der Vertrag unterliegt deutschem Recht" eine Abwahl des CISG nicht bewirken. Siehe dazu: BGHZ 1996, S. 313; BGH NJW 1999, 1259 f.; So auch: Meyer, RabelsZ 2005, S. 458; Staudinger-Magnus, Art. 6 CISG, Rn. 23 ff..

105 So unter anderem von Magnus und Lübbert im Anschluss an den Festvortrag von Herbel anlässlich des 65. Geburtstages von Peter Schlechtriem, siehe auch: Schwenzer, Schuldrecht, Rechtsvergleichung und Rechtsvereinheitlichung an der Schwelle zum 21. Jahrhundert, S. 25 f..

106 Lübbert: in Schwenzer, Schuldrecht, Rechtsvergleichung und Rechtsvereinheitlichung an der Schwelle zum 21. Jahrhundert, S. 26.

gemessenheit“ oder auch der Begriff der „vernünftigen Erwartungen“) ein Fundament bildet, auf dem oftmals Unsicherheiten wachsen werden.[107] Auch der Zentraltatbestand des Art. 45 CISG, der dem Käufer bei einer Pflichtverletzung des Verkäufers den in Art. 45 CISG festgelegten Katalog an Rechtsbehelfen eröffnet, sei zu offen gefasst und biete daher zu wenig Rechtssicherheit.[108]

Weiterhin wurde angeführt, dass das CISG zu wenig berechenbar sei, da es bislang erst zu wenigen veröffentlichten Entscheidungen gekommen sei. Ein präjudizielles Fundament sei daher (noch) nicht geschaffen[109] und bringe folglich Rechtsunsicherheit mit sich.[110]

Weiterhin bestand die allgemeine Ansicht, das CISG sei zu käuferfreundlich[111], was vor allem Exporteure vor der Verwendung des CISG abschreckte. Hauptargument hierbei ist die verschuldensunabhängige Haftung des Verkäufers für Mängel der Kaufsache.[112] Dies beruhe unter anderem auch darauf, dass das CISG unter Mitwirkung der Entwicklungsländer entstanden ist und diese ihre Interessen übermäßig durchgesetzt haben.[113]

Das Argument der übertriebenen Käuferfreundlichkeit des CISG ist nicht zutreffend. *Magnus* stellt zutreffend dar: „Eine bewusst käufer- oder verkäuferfreundliche Regelung enthält das CISG dagegen nicht. Vielmehr hat es eine ausgewogene Verteilung der Rechte und Pflichten angestrebt und auch erreicht.“[114] Näher liegt die Vermutung, dass bei diesem beliebten Argument nicht gemeint ist, dass das CISG unangemessen käuferfreundlich ist, sonder eher, dass es nationale Rechte gibt, die unangemessen verkäuferfreundlich sind und daher den Vorzug genießen.

Es verbleibt der oben beschriebene Grund, aus rein taktischen Gründen deutsches Recht zu wählen, da zu erwarten ist, dass dies die andere Vertragsseite vor

---

107 Siehe: Honsell-Siehr, Präambel, Rn. 5; Nicholas, United Kingdom and Vienna Sales Convention, S. 2 ff..

108 Dazu: Mankowski, RIW 2003, S. 9; Zentes/Neidhart, Standardisierungsansätze, S. 846.

109 Zur mangelnden obersten, verbindlich klärenden Gerichtsbarkeit siehe: Schillo, IHR 2003, S. 265, der die Anwendung des CISG einem „unkalkulierbaren Ritt über den Bodensee“ gleichsetzt, da die nationalen Gerichte mit der Anwendung des CISG unerfahren seien.

110 Die Zahl der veröffentlichten Entscheidungen betrug im Jahr 2000 laut Koch, NJW 2000, S. 910 lediglich 600. (Heute finden sich unter *http://www.cisg-online.ch* allein über 1100 veröffentlichte Entscheidungen).

111 Insbesondere sei der Art. 74 CISG, der eine verschuldensunabhängige Haftung für Mängel der Kaufsache vorsieht, für den Verkäufer ein erheblicher Nachteil.

112 v. Bernstorff, Vertragsgestaltung, S.75.

113 Zwart, 13 North Carolina Journal, S. 109 ff..

114 Staudinger-Magnus, Einleitung zum CISG, Rn. 8.

beachtliche Probleme stellen wird. Auch nach der Reform des deutschen Schuldrechts ist dieses zwar in seiner Kompliziertheit merklich entschärft, doch wird die außergewöhnliche Komplexität noch immer nicht zu verleugnen sein. Dieses Argument wird sich kaum durch einen objektiven Vor- oder Nachteil widerlegen lassen.

c. Überdenken der bis zur deutschen Schuldrechtsreform geltenden Empfehlungspraxis

Seit Inkrafttreten des Schuldrechtsmodernisierungsgesetzes haben sich die Grundvoraussetzungen für die gängige Empfehlungspraxis gewandelt; dem CISG wurde der Rücken gestärkt.[115] *Piltz*[116] führt die in der neueren deutschen Literatur vertretene These an, dass das modernisierte BGB durch die erfolgten Änderungen des Schuldrechts nicht mehr für den Verkäufer günstiger sei, als das CISG.[117] Auf der Verkäuferseite stellt sich das CISG als günstige Alternative dar und wird nicht mehr als einseitig belastend angesehen.[118] Dies liegt vorwiegend daran, dass das CISG und die neue Fassung des Schuldrechts vom Regelungsinhalt einander sehr nahe kommen[119] und sich etwaige Nachteile des CISG relativieren.[120] Teilweise ist das BGB, insbesondere durch die Vorschriften über den Rückgriff beim Verbrauchsgüterkauf (§§ 478 f. BGB) für die Verkäuferseite im internationalen Warenhandel gegenüber dem CISG nachteiliger geworden.[121] Es ist daher zu vermuten und zu hoffen, dass das CISG in Zukunft weiter an Bedeu-

---

115 Dazu Zwernemann/Sutorius, Schuldrechtsreform, S. 1, S. 16 f., S. 24; Herber, IHR 2003, S. 1 ff..

116 Piltz, IHR 2002, S. 6 f.; ders., NJW 2003, S. 2059 ff.; Stadie/Nietzer, MDR 2002, S. 431.

117 So Piltz in: AW-Prax 2002, S. 261; vergleiche dazu auch: Schubel, JuS 2002, S. 314 f., der die Wandlung des deutschen internen Schuldrechts zu Gunsten des Käufers darstellt und somit die vorangegangene These stützt.

118 Müller, IHR 2005, S. 137.

119 Dazu auch Schlechtriem, IHR 2001, S. 12 ff.; Gruber, ZVglRWiss 2002, S. 42, der davon spricht, dass nationales und Einheitsrecht sich nicht mehr streng voneinander unterscheiden lassen, sie sich vielmehr zu einer einheitlichen Gesamtdisziplin verbunden haben.

120 Diese Auffassung ist meines Erachtens bedauerlich, da die Annäherung nicht auf einer Verbesserung des CISG beruht, – das CISG wurde schließlich gar nicht geändert- sondern auf der Änderung des BGB, welches in seiner Erschwerung für den Verkäufer zum CISG aufgeschlossen hat.

121 Dazu: Matthes, NJW 2002, S. 2508; Ventsch/Kluth, IHR 2003, S. 65; Gruber, NJW 2002, S. 1181 f., der die Möglichkeit der Umgehung der Zwischenhändler-Schutzvorschriften mittels des CISG darstellt.

tung gewinnen und sein bisheriges „Mauerblümchendasein" ablegen wird.[122] Nach Ansicht einiger Literaten ist dies bereits geschehen. So wird gerne erwähnt, welchen erheblichen Stellenwert das CISG mittlerweile erlangt hat.[123] Ob dieses Lob des CISG auch in der Praxis so gehört wird, kann in dieser Absolutheit bezweifelt werden. So ergab eine im Jahr 2001 angefertigte empirische Studie über den realen Verbreitungsgrad des CISG im Wirtschaftsraum Oberfranken, dass von den 104 zufällig ausgewählten und befragten Unternehmen, die im Außenhandel aktiv waren, lediglich 8% das CISG bewusst als anwendbares Recht wählten. Dagegen schlossen 37% der Unternehmen selbiges bewusst aus und 55% der Unternehmen sind sich über die Anwendungsmöglichkeit des CISG gar nicht im Klaren.[124]

Solche Ergebnisse zeigen, dass auch wenn erkennbar ist, dass sich das CISG in Bekanntheit und Anwendungshäufigkeit zwar entwickelt, es noch ein weiter Weg ist, bis das CISG als vorzugswürdiges Einheitsrecht anerkannt wird.[125]

d. Gegenwärtige Empfehlungen in aktuell gebräuchlichen Vertragsmusterformularen

Die gängigsten Musterformulare für internationale Warenkaufverträge sind der Entwicklung gefolgt und empfehlen zum überwiegenden Teil das CISG als Vertragsstatut.

Piltz unterstellt sein ausführliches Muster für einen Maschinenexportvertrag dem CISG bzw. den Incoterms.[126] In der zum Mustervertrag gehörigen Anmerkung Nr. 2 verweist *Piltz* lediglich darauf, dass das CISG sofern es nicht abgewählt wurde, von nahezu allgemeiner Bedeutung bei deutschen Exportverträgen

---

122 Dem entsprechend: Schulte-Nölke, ZGS 2003, S. 401.

123 So unter anderem: Menne, NJW 2001, S.2156: ,"Das Übereinkommen hat sich in der Praxis des deutschen Außenhandel...einen festen Platz erobert und bewährt."; Piltz, NJW 2001, S. 2235: „Die zunehmende Bedeutung des UN-Kaufrechts steht außer Frage...Anders als in der Anfangszeit sprechen sich heute zudem namhafte Unternehmen sowie Verbände ausdrücklich für das UN-Kaufrecht aus"; ders. in: AW-Prax 2001, S. 275: „In der Außenhandelspraxis gilt heute demzufolge ganz überwiegend das UN-Kaufrecht."

124 So die Studie von Sommerer, AW-Prax 2002, S. 19 ff.. Hier wird für die Zukunft eine für das CISG wenig erfreuliche Prognose abgegeben. Es bestehe in der Handelspraxis schlichtweg kein großes Interesse, sich mit dem CISG zu befassen, es sei kein aktuelles Thema.

125 Piltz führt dazu aus, dass es völlig unerheblich ist, ob die Vertragsparteien sich bewusst seien, dass das CISG der Ausgangspunkt der Beurteilung ihres geschlossenen Vertrages wäre. Siehe: Piltz, AW-Prax 2002, S. 259.

126 Piltz, Exportvertrag, Art. 22 mit dazugehörigen Anmerkungen 98, 99 (S. 437 ff.).

ist.[127] Dies rechtfertige die Wahl zum Vertragsstatut, jedoch sind andere Alternativen durchaus denkbar, so vor allem die Wahl des deutschen unvereinheitlichten Rechts, sprich des BGB und des HGB. Allerdings führt er dazu aus, dass die Wahl dieser Regelwerke häufig nur gegen starken Widerwillen der Käuferseite hingenommen werde. Ebenso nachteilbehaftet sei die Wahl des Rechtes eines dritten, unbeteiligten Staates, da die entsprechende Rechtskenntnis häufig nicht allzu fundiert sein werde und fachkundige Informationen in kurzer Zeit nur schwer zu erlangen seien.[128] Bereits zuvor hat *Piltz* im Beck`schen Rechtsanwaltshandbuch die Vorzüge des CISG gepriesen ohne jedoch dessen Anwendung ausdrücklich zu empfehlen, diesbezüglich trifft er keine Aussage.[129]

V. Bernstorff wählt in seinen Muster-Allgemeinen Lieferbedingungen unter Nummer 10 Satz 1 das deutsche Recht als anwendbares Recht.[130] In seinen Kommentierungen wird weiter ausgeführt, dass es vorteilhaft sei, ein nationales Recht zu wählen, da die Wahl des CISG eine Rechtswahl grundsätzlich nicht ersetzen könne. Die Gründe dafür lägen in der Unvollständigkeit des CISG, welches wegen seiner Lückenhaftigkeit stets auf das nationale Recht zurückgreifen müsse und darin, dass jegliche vergleichbaren Konventionen stets auf einem nationalen Recht fußen. Durch die Wahl eines nationalen Rechts werde eben diese Grundlage geschaffen.[131] Gleiches gilt für *v. Bernstorff* in den von ihm vorgeschlagenen Allgemeinen Einkaufsbedingungen.[132]

Semler formuliert die Rechtswahlklausel für sein Muster eines „Kaufvertrags unter UN-Kaufrecht" erwartungsgemäß wie folgt: „Das Rechtsverhältnis der Vertragspartner unterliegt dem deutschen Recht unter Einschluss des UN-Kaufrechtes".[133] Dies wird nicht weiter begründet, allerdings verweist auch *Semler* auf die Auffangfunktion der nationalen Rechte für die Bereiche, die das CISG nicht regelt.[134]

Das vom Deutschen Wirtschaftsdienst herausgegebene Handbuch „Vertragsgestaltung für Exporteure" sieht das CISG als das vorrangig zu wählende Recht an. *Gerstner/Brenner* weisen darauf hin, dass das BGB seit der Schuldrechtsreform für deutsche Exporteure nicht mehr vorteilhafter sei, zudem mache die Abwahl des CISG den Vertragspartner misstrauisch.[135]

---

127 Piltz, Exportvertrag, S. 377.
128 Piltz, Exportvertrag, S. 378.
129 Piltz, Der Kaufrechtsfall, S. 695.
130 v. Bernstorff, Allgemeine Lieferbedingungen, S. 491.
131 v. Bernstorff, Allgemeine Lieferbedingungen, Anmerkung 50, S. 522.
132 v. Bernstorff, Allgemeine Einkaufsbedingungen, Anmerkung 24, S. 548.
133 Semler, Kaufvertrag unter UN-Kaufrecht, § 8, S. 554.
134 Semler, Kaufvertrag unter UN-Kaufrecht, Anmerkung 13, S. 561.
135 Gerstner/Brenner, Vertragsgestaltung für Exporteure, S. 14.

e. Rechtswahl im ICC-Mustervertrag und in den weiteren begutachteten Standardlieferverträgen

aa. Vertragsformular der ICC, Art. 14 ICC-specific conditions

Der von der ICC vorgeschlagene „ICC Model International Sale Contract for manufactured goods intended for resale“[136] sieht unter Art. 14 der specific conditions die Möglichkeit der Wahl des „domestic law" eines Staates vor. Allerdings soll dies nur geschehen, wenn das ansonsten geltende und anzuwendende CISG verdrängt werden soll. Bereits in den besonderen Vertragsbedingungen bezieht die ICC ihre Position, welches Recht sie anzuwenden empfiehlt und rät von einer Wahl jedweden nationalen Rechts ab.[137] In den zu dem Vertrag gehörigen Erläuterungen wird dies wie folgt begründet:

„...Although CISG does not cover all aspects of the sale contract, it promotes uniformity and consistency.... “[138]

Die Begründung für den empfohlenen Vorzug des CISG ist kurz, dennoch wird den Vertragsparteien zumindest die gegebene Problematik vor Augen geführt und nicht auf das eigene nationale Recht verwiesen. Dies mag seine Gründe sicherlich unter anderem darin finden, dass der Mustervertrag der ICC keiner nationalen Rechtsordnung verbunden ist. Die ICC als übernationale Institution unterliegt nicht den oben dargestellten Beweggründen für die Wahl des „eigenen“ Rechts. Die Gestaltung des ICC Model International Sale Contract bringt ein Problem für Vertragsparteien mit sich, die die Anwendbarkeit des CISG ausschließen wollen: Art. 14 der ICC-specific conditions gibt den Vertragsparteien Platz, im Vertragstext ein „domestic law“ zu wählen, welches an Stelle des CISG treten soll. Hierbei wird übersehen, dass eine Abwahl des CISG durch bloße Wahl eines nationalen Rechts aus bereits erwähnten Gründen nicht erfolgreich sein wird. Oftmals, unter anderem in der Gesetzgebung der Bundesrepublik Deutschland ist das CISG Bestandteil der nationalen Rechtsordnung geworden, so dass bspw. bei der Wahl deutschen Rechts, eine Abwahl des CISG gerade nicht stattfindet. Es empfiehlt sich daher stets für die Vertragsparteien, die das CISG ausschließen wollen, zu der Wahl eines nationalen Rechts weiterhin das CISG ausdrücklich auszuschließen.

---

136 ICC-Publikation Nr. 556.

137 „...to be completed only if the parties wish to submit the sale contract to a national law instead of CISG, the solution hereunder is not recommended", siehe Vertragstext in Box A 14.

138 Siehe § 3 der Erläuterungen zu dem Mustervertrag.

bb. Vertragsformular der ITC, Art. 14

Ähnlich verhält es sich bei dem gängigen internationalen Vertragsformular des ITC.[139] Der Mustervertrag „International commercial sale of perishable goods" sieht in Art. 14 des Vertragstextes vor, dass der Vertrag, sofern der eigentliche Vertragstext keine entsprechende Regelung enthält, zunächst vom CISG, dann den UNIDROIT-Prinzipien und schließlich von einem zuvor gewählten nationalen Recht geregelt werden soll.[140] Sofern keine Rechtswahl getätigt wurde, soll das Heimrecht des Verkäufers zur Anwendung kommen. Die zugehörigen Erläuterungen zu Art. 14 beschreiben, dass die gewählten Regelungswerke es am besten vermögen, den Kaufvertrag zu regeln und ein Rückgriff auf nationales Recht nur für den Fall notwendig ist, in welchem der Regelungsgehalt der vorgeschlagenen Rechtsordnungen nicht ausreicht.[141] In den generellen Vorabinformationen wird ausdrücklich von einer Abwahl des CISG abgeraten.

cc. ECE-Bedingungen, Art. 13.2.

Die Allgemeinen Lieferbedingungen für den Export von Maschinen und Anlagen der UN-Wirtschaftskommission[142], die auch vom Verband deutscher Maschinen- und Anlagenbau e.V. (VDMA) ihren Mitgliedern empfohlen werden, sehen in Art. 13.2. vor, dass „der Vertrag dem Recht des Verkäufers unterliegt, sofern die Parteien nicht anderes vereinbart haben." Die zugehörigen Erläuterungen[143] weisen ausdrücklich darauf hin, dass die Rechtswahlklausel das Recht der Bundesrepublik Deutschland vorsieht, was auch die Anwendbarkeit des CISG bedeutet. Soweit dieses nicht erwünscht sei, wird verdeutlicht, dass eine Abbedingung möglich sei.

Der Anwendungsvorrang kommt jedoch gemäß den ECE-Bedingungen dem CISG zu. Verabreden die Vertragsparteien nichts Weiteres, unterliegt der Vertrag dem CISG.

---

139 „International Trade Center" als Kooperation von UNCTAD und WTO.

140 Die drei zuletzt genannten Regelungswerke sollen dem Vertragstext nach in der genannten Reihenfolge zur Anwendung kommen und nicht etwa alternativ oder optional.

141 Siehe die Erläuterungen im „User's Guide" zum „International commercial sale of perishable goods model contract" zu Art. 14.

142 Allgemeine Lieferbedingungen für den Export von Maschinen und Anlagen, veranlasst und empfohlen von der Wirtschaftskommission der Vereinten Nationen für Europa aus dem Jahr 1953 (ECE-Lieferbedingungen LW 188.).

143 Neue Anlage der deutschen Investitionsgüterindustrie zu den ECE-Bedingungen 188, 188A, 188B.

dd. Allgemeine Lieferbedingungen des ORGALIME-Verbundes, Art. 45

Ähnlich ausgestattet sind die von ORGALIME[144] herausgegebenen Allgemeinen Bedingungen für die Lieferung von mechanischen, elektrischen und elektronischen Erzeugnissen aus dem Jahr 2000. Sie unterstellen nach Art. 45 den Vertrag „dem materiellen Recht des Landes des Lieferers." Der VDMA, der zu den zuvor genannten auch diese Musterbedingungen empfiehlt, erläutert die ORGALIME-Bedingungen in gleicher Weise wie die Bedingungen der UN-Wirtschaftskommission.[145]

f. Rückläufige Empfehlungspraxis gegen das CISG

Entgegen der beschriebenen Entwicklung hin zu einer Empfehlung des CISG behauptet sich die angeregte Abwahl des CISG zugunsten der Anwendung des BGB bzw. HGB nur noch in wenigen Vertragsmustern.

So empfiehlt *Mielert* die folgende Rechtswahlklausel: „Für diese Geschäftsbedingungen und die gesamten Rechtsbeziehungen zwischen Verkäufer und Käufer gilt das Recht der Bundesrepublik Deutschland. Die Bestimmungen des UN-Kaufrechts finden keine Anwendung."[146] Dieser Vorschlag resultiert nicht daraus, dass schlichtweg vergessen wurde, die Rechtswahlklausel der beschriebenen Entwicklung anzupassen. So hat *Mielert* in der Vorauflage des Formularbuches den zweiten Satz der Klausel, nämlich den Ausschluss des CISG, noch nicht vorgeschlagen.[147] Verwunderlich ist dagegen die Anmerkung zu dieser erweiterten Rechtswahlklausel („Soll auch die Anwendbarkeit des UN-Kaufrechts für bestimmte grenzüberschreitende Kaufverträge ausgeschlossen werden, so empfiehlt es sich dringend, dies ausdrücklich zu tun."), denn dieser hätte es nach der neuen Fassung nicht bedurft. Wahrscheinlich ist diese Kommentierung in dieser Form gar nicht gewollt und beruht lediglich auf einem redaktionellen Versehen.

Auch *Graf von Westphalen* schließt das CISG in den von ihm vorgeschlagenen „Allgemeinen Verkaufsbedingungen" nach neuem Recht ausdrücklich aus.[148] Dieser Ausschluss wird in keiner Weise kommentiert und wirkt in § 9 des Vertrages, der den Titel „Gerichtsstand/Erfüllungsort" trägt, etwas deplaziert, zumal jeder andere Punkt des Klauselvorschlages erläutert wird. In diesem Vertragsfor-

---

144 ORGALIME ist loser Verbund der führenden Wirtschaftsverbände des Maschinenbaus, der Elektroindustrie und der Metallverarbeitung aus 18 europäischen Ländern.

145 Hinweisblatt S 2000/ SE 2001/ M 2000/ SP 1999/ R 2002 des VDMA.

146 Mielert, AGB zur Verwendung gegenüber Unternehmern, § 14 Abs. 1, S. 153.

147 Mielert, AGB zur Verwendung gegenüber Kaufleuten, § 14 Abs. 1, S. 103.

148 v. Westphalen, Allgemeine Verkaufsbedingungen, S. 7, 175.

mular wird der Rechtswahl meines Erachtens nicht die Aufmerksamkeit zugemessen, die ihr gebührt – sie wird geradezu vernachlässigt.[149]

Graf von Bernstorff legt bezüglich der Rechtswahl die Wahl des eigenen nationalen Rechts nahe, um einen „Heimvorteil" für die Vertragsgestaltung nutzen zu können.[150] Über sachliche Vor- und Nachteile bestimmter Rechtsordnungen wird kein Wort verloren. Auch wird nicht klar, ob *Graf von Bernstorff* mit eigenem nationalen Recht auch das CISG meint oder lediglich das BGB bzw. HGB im Blick hat.

Ausdrücklich wird die Abwahl des CISG von *Stummel*[151] empfohlen. Sein Musterformular für allgemeine Verkaufsbedingungen enthält in den Schlussbestimmungen die Regelung: „Internationales Kaufrecht ist ausgeschlossen. Dies gilt ausdrücklich auch für die Anwendung des CISG." Leider werden die von ihm vorgeschlagenen Formulare nicht begründet, allerdings lässt der zweite Satz der angesprochenen Klausel („...ausdrücklich...") vermuten, dass die Abwahl des CISG nicht ohne Grund erfolgt ist, sondern ihr durchaus Gewicht beigemessen wurde.

4. Fazit zur praxisdienlichen Rechtswahl

In der Praxis ist nach wie vor die Tendenz erkennbar, das CISG auszuschließen. Die Gründe hierfür wurden bereits dargestellt, oftmals fußen diese nicht auf sachlichen Erwägungen, sondern basieren auf einer traditionellen Handhabung. Die unternehmenseigenen Vertragsformulare sehen zumeist seit Jahren am Ende des Vertragstextes eine Ausschlussklausel vor – viele Gedanken werden sich darum kaum mehr gemacht. Außerdem hat sich eine Beratungsroutine entwickelt, deren aufwändige Beendigung nicht gewünscht wird.

Hinzu kommt die beständige Angst vor der noch immer allzu unbekannten Materie UN-Kaufrecht, welche von den Praxisjuristen allenfalls in der Universität einmal mit mehr oder weniger Erfolg erlernt wurde, dann aber in der untersten Schublade des juristischen Repertoires vergessen wird. Das allseits bekannte Zitat „The devil you know is better than the devil you do not know"[152] wird nicht ohne Grund so gern und oft bemüht. Es ist jedoch zu vermuten, dass sich der Zugang der Praxisjuristen zum CISG vereinfachen wird, wo – wie beschrieben –

---

149 Eine solche allgemein verbreitete Vernachlässigung wird bereits oben beschrieben, verwundert bei diesem Autor jedoch.

150 v. Bernstorff, Vertragsgestaltung, S. 243.

151 Stummel, Standardvertragsmuster, S. 282.

152 Koch stellt diese Haltung in ironischer Weise dar, siehe: NJW 2000, S. 910.

das nationale Schuldrecht dem internationalen Kaufrecht so ähnlich geworden ist.[153]

Endlich werden häufig inhaltliche Unzulänglichkeiten des CISG als Ausschlussgrund angeführt, vor allem die übermäßige Käuferfreundlichkeit. An dieser Stelle soll nicht weiter auf inhaltliche Belange des CISG eingegangen werden, eine detaillierte inhaltliche Auseinandersetzung folgt in der weiteren Bearbeitung.

Eine Abwahl des CISG aus diesen Gründen ist gefährlich und oftmals nicht zum Vorteil der Parteien. Sie laufen Gefahr, die Vorteile einer Anwendung des CISG zu verschenken.

Dazu im Einzelnen:

Die Anwendung des CISG ist für die Parteien gerecht. Während eine Partei durch die Wahl ihres nationalen Heimrechts der anderen Seite eine doch erhebliche Last aufbürden würde, bewegen sich bei Anwendung des CISG die Vertragsparteien auf einem Spielfeld, welches beiden Seiten gleichfalls offen steht und leicht zugänglich ist. Für das CISG gibt es zahlreiche Kommentierungen und Erläuterungen in sämtlichen Sprachen. Als verhältnismäßig junge Rechtsquelle wird das CISG insbesondere in modernen, allgemein zugänglichen Informationsquellen, namentlich dem Internet, dokumentiert. Die umfangreichen Datenbanken, die der Pace-Law School[154] an der Spitze, ermöglichen den Vertragsparteien eine einfache, kostengünstige Rechtsermittlung.[155] Der oftmals getätigte Vorwurf der Rechtsunsicherheit aufgrund mangelnder präjudizieller veröffentlichter Entscheidungen mag in der Vergangenheit eher zutreffend gewesen sein, inzwischen jedoch überholt. Die Dokumentation des CISG wird in ihrem Maße und insbesondere in der Einfachheit ihrer Zugänglichkeit von kaum einer anderen Rechtsordnung übertroffen werden.

Diese gleichsam vorteilhafte Rechtsermittlungsmöglichkeit bietet für die Vertragsparteien beachtliche Vorzüge. Sie brauchen nicht mehr hohe Kosten aufzuwenden, um sich über fremde Rechtsordnungen zu informieren. Insbesondere im

---

153 Siehe: Däubler-Gmelin, NJW 2001, S. 2287; Begr. im Regierungsentwurf BT-Drucks. 14/6040, S. 86.

154 Siehe *http://www.cisg.law.pace.edu.*

155 Weiterhin beachtenswert: http://www.uncitral.org insbesondere für den Stand der Ratifikation, *http://www.cisg-online.ch* mit einer umfassenden Datenbank von über 1100 Gerichtsurteilen im Volltext, *www.jura.uni-freiburg.de/IPR1/cisg/default.htm* mit einer umfassenden Dokumentation des CISG. Weiterhin gibt es eine Vielzahl nationaler Dokumentationsseiten, siehe: Piltz, NJW 2005, S. 2126 f..

angloamerikanischen Raum sind die hohen anfallenden anwaltlichen Kostennoten ein wirtschaftlicher Faktor, der kaum ignoriert werden kann.

Daran schließt sich ein weiterer Faktor an, der die Lösung von Rechtstreitigkeiten einfacher und kostengünstiger werden lässt: Werden nahezu alle Vertragsstreitigkeiten auf der Basis des CISG geregelt, so entwickelt sich eine Routine. Diese Erfahrung erleichtert zum einen die tägliche Arbeit, da rechtliche Lösungen nicht stets von Grund auf neu entwickelt werden müssen, und ermutigt so auch zur internationalen Geschäftigkeit, da das internationale Vertragswesen nicht zwangsläufig mehr ein „Auswärtsspiel" für die Parteien ist, sondern sich beide Vertragsparteien auf heimischem, bekanntem Terrain bewegen.

Einer der größten Vorteile der CISG-Anwendung wird jedoch in dessen Flexibilität zu finden sein. Es ist zumeist so, dass, wenn die vorherrschenden Motivationen für die Abbedingung des CISG geäußert werden, außer Acht gelassen wird, dass Art. 6 CISG sowohl eine pauschale, als auch eine partielle Abbedingung ermöglicht.

Selbst wenn Teile des CISG als zu unausgewogen angesehen werden sollten, verbleibt die Möglichkeit, eine genehmere Lösung vertraglich zu regeln. Stattdessen mehren sich die Ausschlussbegründungen, dass CISG sei zu unausgewogen, allgemein und nicht branchenspezifisch genug. Die offerierte Möglichkeit der spezifischen Anpassung wird vielfach verschmäht. So bietet sich in jedem Fall die Wahl des CISG zumindest als Grundgerüst an, welches nach Belieben – insbesondere wenn branchenspezifische Notwendigkeiten dafür bestehen – modifiziert werden kann. Die ehemals praktizierte „Flucht aus dem UN-Kaufrecht" mag somit vor dem Hintergrund der bereits beschriebenen Entwicklung vielleicht ihr Ende gefunden haben, so dass möglicher Weise schon zeitnah von einer „Flucht in das UN-Kaufrecht" gesprochen werden kann.[156]

Neben den aufgezeigten vorteilhaften Rahmenbedingungen soll die weitere Bearbeitung zeigen, dass die Anwendung des CISG zudem auch aus rechtlich-inhaltlichen Gründen geboten ist.

II. Bezeichnung der Vertragsparteien, Voranstellung einer Vertragspräambel

Der Kopf eines internationalen Kaufvertrages sollte aus rein praktischen Gründen stets eine genaue Parteienbezeichnung sowie das Vertragsdatum aufweisen. Diese Beschreibungen sind nach dem CISG nicht obligatorisch, bieten aber für

156 Siehe dazu schon: Mischke, BB 1997, S. 1496; Piltz, IHR 2002, S. 5; v. Westphalen, ZIP 2001, S. 2107, der Bezug auf § 444 BGB nimmt.

die praktische Abwicklung des Kaufgeschäftes Vorteile.[157] Der Vertragsvordruck der ICC[158] sieht hierfür sowohl für den Verkäufer als auch für den Käufer ausreichend Platz zur genauen Beschreibung vor. Zudem ist weiterer Raum für die Bezeichnung einer Kontaktperson gegeben. Die Kommentierungen der ICC zu diesem Vertrag gehen auf den Punkt der Parteibezeichnung nicht weiter ein, weder in den allgemeinen Vertragsbedingungen noch in dem Leitfaden zur Vertragsnutzung.

Der ITC-Mustervertrag bietet in Art. 1 Raum für eine umfassende Parteibezeichnung. Neben der Angabe der Adresse der Partei kann eine Lieferadresse angegeben werden, sofern diese vom Parteisitz abweicht. Weiterhin besteht Raum für die Angabe weiterer Kontaktmöglichkeiten wie Telefon, Fax oder Email. Endlich sieht Art. 1 des ITC-Mustervertrages vor, dass eine handlungs- und zeichnungsberechtigte Person angegeben wird, die die dafür erforderliche Vollmacht besitzt.

1. Parteibezeichnung/Anforderungen des CISG

Die Bezeichnung der Vertragsparteien sollte so detailliert wie möglich sein.[159] Das CISG selbst stellt an diesen Vertragspunkt keinerlei konkrete Anforderungen, doch ergeben sich aus den CISG-Regelungen einige Konstellationen, in denen eine genaue Bezeichnung der Vertragsparteien von Vorteil bzw. notwendig ist.

a. Recht der zweiten Andienung/„right to cure“, Art. 48 CISG

Das CISG gewährt dem Verkäufer, der seine Pflichten aus dem Kaufvertrag nicht fristgemäß erfüllt, ein Recht zur Nacherfüllung auch nach Ablauf des Liefertermins. Grundsätzlich gilt Art. 48 CISG für jede Pflichtverletzung des Verkäufers.

---

157 Insbesondere ist die genaue Parteibezeichnung dann beachtlich, wenn zur Kaufpreiszahlung der dokumentäre Zahlungsverkehr vereinbart wird. Der Verkäufer braucht dann genaue Angaben des Käufers, um die erforderlichen Dokumente ausreichend aufmachen zu können, damit diese nicht zurückgewiesen werden. Siehe: Schütze, Dokumentenakkreditiv, S. 151 ff.; Nielsen, Richtlinien für Dokumenten-Akkreditive, Rn. 130 ff..

158 “The ICC Model International Sale Contract, manufactured goods intended for resale” = Publikation Nr. 556 der ICC.

159 So u.a.: Shippey, Internationale Verträge, S. 41, 169. Hier wird die vollständige Firmenbezeichnung mit Angabe der Rechtsform, der Staatsangehörigkeit, bzw. des Stammlandes gefordert.

In der Handelspraxis ist der Hauptanwendungsfall jedoch die Lieferung vertragswidriger Ware.[160] Dieses Verkäuferrecht steht unter dem Vorbehalt, dass der Käufer nicht von seinem Aufhebungsrecht aus Art. 49 CISG Gebrauch macht.[161]

Die Geltendmachung des Nacherfüllungsrechts des Verkäufers setzt voraus, dass dieser gem. Art. 48 Abs. 2, 3 CISG den Käufer auffordert, ihm mitzuteilen, ob er dessen Nacherfüllung annimmt. Art. 48 Abs. 4 CISG setzt ausdrücklich voraus, dass der Käufer diese Mitteilung erhalten hat. Aus diesem Grunde ist es im Interesse des Verkäufers, genau zu wissen, an wen er die Nacherfüllungsmitteilung übersenden muss bzw. wie dessen Adresse lautet.[162]

b. Weitere Mitteilungspflichten gemäß dem CISG, Art. 65, Art. 79 CISG

Ähnliche Situationen, in denen die Vertragsparteien zwecks Durchführung des Kaufgeschäfts miteinander kommunizieren und sich deshalb auch bestmöglich erreichbar machen müssen, bestehen ferner im Spezifikationsrecht des Verkäufers nach Art. 65 Abs. 1 CISG, nach welchem dem Verkäufer bei Versäumnis der Spezifizierung durch den Käufer ein Selbstvornahmerecht zukommt.[163]

Auch nach Art. 79 Abs. 4 CISG besteht die Notwendigkeit der direkten Kommunikation der beiden Vertragsparteien, nämlich wenn die nichterfüllende Vertragspartei dem Vertragspartner Hinderungsgründe und deren Auswirkungen zu ihrer Entlastung vorzutragen hat.

c. E-mail Korrespondenz, Art. 13 CISG

Es empfiehlt sich zudem, die Erreichbarkeit der anderen Vertragspartei über den konventionellen Postweg hinaus zu ermöglichen, also zudem Telefonnummern und insbesondere E-mail-Adresse mit im Vertragskopf bei der Parteibezeichnung aufzuführen. Dies hat nicht nur praktische Gründe, sondern ist auch in Bezug auf das CISG relevant. Nach Art. 13 CISG kann die ausnahmsweise erforderliche Schriftlichkeit[164] von Erklärungen gemäß dem CISG auch dann gewahrt werden,

---

160 MüKo-Huber, Art. 48 CISG, Rn. 1.

161 Siehe: Staudinger-Magnus, Art. 48 Rn. 1; MüKo-Huber, Art. 48 CISG Rn. 1; Schlechtriem-Huber, Art. 48 CISG Rn. 1.

162 So auch: Piltz, Exportvertrag, S. 381.

163 Siehe: Piltz, Internationales Kaufrecht, S. 116.

164 Da für das CISG das Prinzip der Formfreiheit aller Erklärungen (Art. 11 CISG) gilt, hat Art. 13 nur eine geringe Bedeutung und kommt nur dann zum Tragen, wenn wegen Art. 96 CISG das Schriftformerfordernis des anwendbaren Rechts zu beachten ist (vergleiche auch Art. 12 CISG) oder wenn die Parteien sich selbst zu Einhaltung

wenn diese durch Telegramm oder Fernschreiben abgegeben wurden. Da Art. 13 CISG keine abschließende Regelung über schriftlichkeitswahrende Kommunikationsformen enthält, ist der herrschenden Auffassung zu folgen, die eine formgültige Erklärungsabgabe auch via Email anerkennt[165], d.h. dass die Mitteilung in einem Schriftstück verkörpert und ihr Aussteller erkennbar sein muss, ohne dass es einer, wie in § 126 BGB gefordert, eigenhändigen Unterschrift bedarf.[166]

Um den Zugang von in eben genannter Weise abgegebenen Erklärungen zu sichern, ist es empfehlenswert, die Adressbezeichnung der Parteien nicht bei der rein postalischen Adresse zu belassen, sondern auch die moderneren Kommunikationswege zu nutzen.

2. Voranstellung einer Präambel

Vor allem im angloamerikanischen Vertragswesen ist es üblich, dem eigentlichen Vertragstext eine Präambel, die sog. „recitals", voranzustellen.[167] In ihr sollen die wesentlichen Erwägungsgründe für den Vertragsschluss in wenigen Worten erläutert werden, um dem Leser des Vertragstextes ein Hintergrundwissen zu verschaffen. Auch wenn das CISG das Voranstellen solcher Erwägungsgründe nicht vorschreibt, sind sie für das Gesamtverständnis des Rechtsgeschäftes und somit für die Klärung möglicher Auslegungsfragen hilfreich. Im europäischen Rechtsraum sind solche „recitals" weniger geläufig, meist wird darauf verzichtet. So-

---

der Schriftform verpflichtet haben (u.a. Art. 29 Abs. 2 CISG. Siehe: Staudinger-Magnus, Art. 13 CISG Rn. 1.

165 So: Ferrari, EurLF 2000/2001, 305; Lookofsky, Understanding the CISG in Scandinavia, §§ 3-11; Schlechtriem-Schlechtriem, Art. 13 Rn. 2a; Schlechtriem, Internationales UN-Kaufrecht, Rn. 68, Nicoll, JBL 1995, 31. A.A: Witz/Salger/Lorenz, Art. 13 CISG Rn. 2, da E-Mails eine Übermittlungsform sind, bei denen die Konvertierung in ein Schriftstück vom Mitteilenden nicht mehr zu beeinflussen ist.

166 So: Enderlein/Maskow/Strohbach, Art. 13 Anm. 1; Honnold, Uniform Law, Rn. 130; MüKo-Ferrari, Art. 13 CISG Rn. 2; A.A.: Herber/Czerwenka, Internationales Kaufrecht, Art. 13 Rn. 3, die grundsätzlich von der Notwendigkeit einer Unterschrift ausgehen und die Frage, ob und gegebenenfalls wie diese ersetzt werden kann, dem anwendbaren Recht überlassen.

167 Auch die Verordnungen und Richtlinien der EU werden mit vergleichbaren Erwägungsgründen eingeleitet, siehe: Piltz, Exportvertrag, S. 381. Die Wirtschaftsverbände des VDMA und ORGALIME stellen ihren Allgemeinen Verkaufs- bzw. Lieferungsbedingungen ebenfalls eine Präambel voran, welche inhaltlich dahingehend begrenzt ist, dass lediglich klargestellt wird, dass die entsprechenden Bedingungen Anwendung finden, sofern die Vertragsparteien nicht Anderweitiges vereinbart haben. ORGALIME nutzt die Präambel weiterhin für einige kurze Definitionen für folgende Begriffe.

fern aber die Vertragsparteien sie in den Vertragstext mit aufnehmen, werden sie geltender Bestandteil der Einigung.[168]

Der ICC International Sale Contract verzichtet auf eine solche Voranstellung der Erwägungsgründe. So auch nahezu alle anderen gängigen Vertragsformulare mit Ausnahme des von *Piltz* vorgeschlagenen Maschinenexportvertrages. Dieser ist sich aber bewusst, dass sein Vorschlag im europäischen Rechtsraum eher die Ausnahme ist; er beschreibt dies in seinen Kommentierungen.[169]

Meines Erachtens ist die Voranstellung einer Präambel nicht notwendig. Sie gibt zwar jedem Dritten die Möglichkeit, verständnisförderndes Hintergrundwissen zu erlangen, was ihm im Streitfalle über mögliche Auslegungsfragen zu Gute kommen würde, jedoch ist, wie bereits erwähnt, der große Vorteil des CISG, dass sich über die Zeit eine einheitliche Auslegungsbasis entwickelt hat, die keine weiteren Kenntnisse über die Beweggründe der Vertragsparteien bedarf. Insoweit wäre das Voranstellen einer Präambel bei gleichzeitig statuiertem CISG eine rein stilistische Maßnahme. Daher ist verständlich, warum der ICC-Mustervertrag auf eine solche verzichtet. Weiterhin ist zu bedenken, dass ein Mustervertrag für eine Vielzahl verschiedener Kaufgeschäfte konzipiert ist, eine Präambel jedoch stets auf das konkrete einzelne Geschäft einzugehen hat. Insoweit ist es aus rein praktischen Gründen nahezu unmöglich, eine mustervertragliche Präambel voranzustellen.

III. Verwendung von Allgemeinen Geschäftsbedingungen/Bezeichnung des Kaufgegenstandes

Im internationalen Warenhandel kommt der Verwendung von Allgemeinen Geschäftsbedingungen (AGB, oftmals als Allgemeine Lieferbedingungen bezeichnet) sehr große Bedeutung zu. Der weit überwiegende Teil internationaler Kaufverträge beinhaltet solche AGB.[170] Die allgemeinen Lieferbedingungen bestimmen zumeist wesentliche Teile des Vertragsinhaltes, so auch die allgemeinen Lieferbedingungen der UNECE und die des ORGALIME-Verbundes, die Bestandteil der vorliegenden Arbeit sind. Da die Artt. 14 ff. CISG das Zustandekommen des Kaufvertrages abschließend regeln, ist auch die Ein-

---

168 Siehe dazu: Klotz/Barrett, International sales agreements, S. 46 ff.

169 Piltz, Exportvertrag, S. 381 f., der ausdrücklich darauf verweist, dass es sich hierbei um eine Übung aus dem angloamerikanischen Rechtskreis handelt, die weniger im sonstigen internationalen Handelsverkehr praktiziert wird, wohl aber bspw. von der Europäischen Union in Verordnungen und Richtlinien.

170 Siehe u.a.: Piltz, UN-Kaufrecht, S. 41; Carr, International trade law, S. 76; Schultheiß, AGB, S. 145.

beziehung von Allgemeinen Geschäftsbedingungen anhand der Artt. 14 ff. CISG zu beurteilen.[171] Ein Rückgriff auf nationales Recht wird sowohl von der Literatur als auch der Rechtsprechung ganz überwiegend abgelehnt.[172]

1. Verwendung von AGB, Art. 1.1. ICC-general conditions

Der ICC Model Sales Contract sieht die Verwendung von Allgemeinen Geschäfts- bzw. Vertragsbedingungen vor. Die „general conditions“ werden als Teil B des Gesamtformulars verlegt.

a. Wirksame Einbeziehung von Allgemeinen Geschäfts- bzw. Lieferbedingungen nach dem CISG

Die Allgemeinen Geschäftsbedingungen sind jedoch nur dann verbindlich, wenn sie rechtswirksam in den Vertrag einbezogen wurden. Die Artt. 14 ff. CISG sehen keine Sondervorschriften für die Verwendung von AGB vor.[173] Um AGB wirksam einzubinden, trifft den Verwender eine Kenntnisverschaffungspflicht. Das meint, sowohl der Text als auch der Hinweis auf ihre Geltung sind der anderen Partei in einer ihr verständlichen Sprache mitzuteilen.[174] Der bloße Hinweis auf die Geltung der AGB ohne Übermittlung ihres Inhalts genügt nicht den Anforde-

---

171 So sieht das auch der deutsche BGH: BGHZ 149, S. 116, ebenso die Vorinstanz: OLG Düsseldorf, Urteil vom 15.02.2001 in NJW-RR 2001, S. 1562; auch der österreichische OGH vertritt diese Ansicht in seinem Urteil vom 09.02.1996, CISG-online Nr. 224; auch das Schrifttum vertritt diese Meinung: MüKo-Ferrari, Art. 14 CISG, Rn. 39; Schlechtriem-Schlechtriem, Art. 14 CISG, Rn. 16; Viscasillas, The draft UNCITRAL digest, S. 265; Sieg, RIW 1997, S. 813 f..

172 Aus der Rechtsprechung: BGH in NJW 2002, S. 370 ff.; Öster. OGH, Urteil vom 13.09.2001 in: IHR 2002, S. 74 f.; BGH in: BGHZ 149, S. 113 ff.; Öster. OGH in: RdW 1996, S. 203 mit zugehörigem Aufsatz von Karollus, S. 197 ff.; LG Trier, Urteil vom 08.01.2004 in IHR 2004, S. 115 f., mit Anmerkung von Herber, IHR 2004, S. 117 f.. Aus der Literatur: Schlechtriem-Schlechtriem, Art. 14 CISG, Rn. 16, Fn. 82; Herber/Czerwenka, Art. 14 CISG, Rn. 11; Holthausen, RIW 1989, S. 517 f.; Staudinger-Magnus, Art. 14 CISG, Rn. 40; MüKo-Gruber, Art. 14 CISG, Rn. 27; Soergel-Lüderitz/Fenge, Art. 14 CISG, Rn. 10; Witz/Salger/Lorenz, vor Artt. 14-24, Rn. 10.

173 Soergel-Lüderitz/Fenge, Art. 14 CISG, Rn.10; Staudinger-Magnus, Art. 14 CISG, Rn. 41, der dies damit begründet, dass die UNCITRAL-Arbeitsgruppe das von ihr geschaffene Gesetz in der gegebenen Form als ausreichend befand (siehe UNCITRAL YB IX, 81). Ferner: Ebenroth, öster. JBl. 1986, S. 686; Weiterhin: Winship, The draft UNCITRAL digest, S. 595.

174 Piltz, IHR 2004, S. 138; Sauthoff, IHR 2005, S. 23 mit weiteren Nachweisen.

rungen der Artt. 14 ff. CISG.[175] Für eine wirksame Einbeziehung ist es notwendig, dass der Empfänger der AGB von diesen in zumutbarer Weise Kenntnis nehmen kann[176], er also in der Lage sein muss, den Inhalt der AGB zu kennen.[177]

Eine Zustimmung zu den AGB seitens der anderen Vertragspartei erfolgt, sofern diese das Vertragsangebot in Kenntnis oder Kennenmüssen der AGB-Einbeziehung angenommen und sie ihr nicht widersprochen hat. Eine ausdrückliche Zustimmung ist hierbei nicht notwendig. Der Empfänger der AGB ist jedoch nicht verpflichtet, wenn er noch von keinerlei AGB Kenntnis hat, sich nach etwaigen zu erkundigen oder gar sonstige Nachforschungen anzustellen.[178]

b. Kollision von AGB/„battle of forms"

In der Handelspraxis geschieht es häufig, dass die Vertragsparteien darauf bedacht sind, ihre eigenen AGB durchzusetzen[179], um dem gesamten Geschäft ihren eigenen Stempel aufzudrücken und es in ihrem eigenen Interesse zu gestalten bzw. zu lenken. Dabei wird von einer Vertragseite auf die eigenen AGB verwiesen, die andere Seite antwortet unter Verweis auf deren eigene AGB. Eine Ausnahme stellt hierbei die beidseitige Verwendung von Verbandsbedingungen wie etwa den ECE-Lieferbedingungen oder den Orgalime-Lieferbedingungen dar, da diese inhaltlich abgeschlossen und identisch sind, gleich, ob der Verkäufer oder der Käufer sie verwendet.

Diese Diskrepanz wird dann erheblich, wenn die Abweichungen der eingebrachten AGB wesentlich sind.[180] Wenn lediglich eine unwesentliche inhaltliche Abweichung der AGB voneinander besteht, greift Art. 19 Abs. 2 CISG, der es bei

175 Piltz, UN-Kaufrecht, S. 42; Weiterhin: Janssen, IHR 2004, S. 200, der Bezug nimmt auf ein Urteil des Hofs-Hertogenbosch vom 23.10.2003; Siehe weiterhin das Urteil des BGH vom 31.10.2001 in NJW 2002, S. 370 ff., der eine wirksame Einbeziehung von AGB verneint hat, weil diese der Auftragsbestätigung nicht beigefügt waren.

176 BGH in BGHZ 149, S. 117; Staudinger-Magnus, Art. 14 CISG, Rn. 41; MüKoHGB-Ferrari, Art. 14 CISG, Rn. 39; Schlechtriem-Schlechtriem, Art. 14 CISG, Rn. 16, Fn. 82; Reithmann/Martiny, S. 578; Huber/Kröll, IPRax 2003, S. 310 f..

177 So der öster. OGH am 17.12.2003 in: RdW 2004, S. 252; auch Piltz, AW-Prax 2002, S. 260.

178 So der BGH, Urteil vom 31.10.2001, VIII ZR 60/01 mit Besprechung von v. Bernstorff in AW-Prax 2002, S. 109 f.; ferner das OLG Düsseldorf in NJW-RR 2001, S. 1562.

179 U.a.: MüKoHGB-Ferrari, Art. 19 CISG Rn. 14; Rudolph, Art. 19 CISG, Rn. 10; Schlechtriem-Schlechtriem, Art. 19 CISG, Rn. 19; auch: Viscasillas, The draft UNCITRAL digest, S. 265 f..

180 MüKoHGB-Ferrari, Art. 19 CISG, Rn. 9 ff.; Loewe, Internationales Kaufrecht, S. 43 f.; Honsell-Schnyder/Straub, Art. 19 CISG, Rn. 17; van Alstine, 37 Virginia Journal of International Law 1996, S. 26.

einer modifizierenden Annahme des Kaufangebots zu einem Vertragsschluss kommen lässt, sofern der Anbietende dies nicht beanstandet.[181] Der wesentliche Unterschied muss hierbei im Inhalt der AGB liegen. Nicht ausreichend ist es, wenn es überhaupt zu einer Kollision von AGB gekommen ist. Sind diese ihrem Inhalt nach nahezu deckungsgleich, wird eine Wesentlichkeit abzulehnen sein.[182]

Für das entstehende Problem bei der Kollision von verschiedenen AGB haben sich in der letzten Zeit zwei Lösungsansätze herausgebildet, die beide aus der Anwendung des Art. 19 CISG herrühren, da das CISG keinerlei Sonderregelungen zur Problemlösung bereithält.[183] Die von wenigen Literaten vertretene Auffassung, der Konflikt sei auf Grundlage des nationalen Rechts auszutragen[184] ist nicht haltbar, da das CISG den Vertragschluss selbst abschließend regelt und ein solcher Rückgriff dadurch ausgeschlossen ist.[185]

aa. Theorie des letzten Wortes/„last shot rule"

Einer Ansicht nach gelten für den Fall der Kollision von sich widersprechenden Allgemeinen Geschäftsbedingungen diejenigen, die zuletzt übersandt wurden.[186] Wird der Vertrag durchgeführt, wird in der Annahme des modifizierten Angebotes des ehemals Annehmenden, das dann eine wesentlich geänderte Gegenofferte darstellt, die Annahme des Angebots unter den letztgenannten Bedingungen gesehen.[187] Vereinfacht gesagt: Der Vertrag kommt zu den letztübersandten, unwidersprochenen Konditionen zustande, da diese das aktuellste Angebot darstellen.

---

181 Dazu: MüKoHGB-Ferrari, Art 19 CISG, Rn. 15; Herber/Czerwenka, Art. 19, Rn. 18, Staudinger-Magnus, Art. 19 CISG, Rn. 21.

182 Soergel-Lüderitz/Fenge, Art. 19 CISG, Rn. 3 ff. Hier wird zu Recht darauf verwiesen, dass eine restriktive Handhabung des Merkmals der Wesentlichkeit im Hinblick auf die resultierende Rechtsfolge vernünftig sei, da der endgültige Vertragstext noch nicht festgelegt sei, dass es beim Anbietenden noch immer bei dessen Beanstandungsrecht verbleibt und er somit selbst entscheiden kann, ob die Änderung für ihn wesentlich oder unwesentlich sei.

183 So u.a.: MüKoHGB-Ferrari, Art. 19 CISG, Rn. 15.

184 So z.B.: Ebenroth, öster. JBl 1986, S. 686; Huber, RabelsZ 1979, S. 445; Murray, J. L.&Com. 1988, S. 42 ff.; Vergne, 33 Am.J.Comp.L., S.256 f..

185 In diesem Sinne auch: van der Velden, Liber Amicorum Sauveplanne, S. 243.

186 Bianca/Bonell-Farnsworth, Art. 19 CISG, Anm. 2.5.; Herber-Czerwenka, Art. 19 CISG, Rn. 18; Reinhardt Art. 19, Rn. 8; Staudinger-Magnus, Art. 19 CISG Rn. 22; Siehe dazu ausführlich für den angloamerikanischen Bereich, in dem diese Lösung zur Anwendung kommt: Murray, 20 Journal of Law and Commerce, S. 1 ff.; Schmitthoff's Export Trade, S. 64 f..

187 So auch: MüKoHGB-Ferrari, Art. 19 CISG, Rn. 15.

bb. Restgültigkeitslösung/„knock out rule“

Diese Theorie lässt den Vertrag mit den sich widersprechenden AGB zustande kommen, reduziert den Vertragsinhalt jedoch auf den Teil der jeweiligen Bedingungen, zu dem Konsens herrscht. Im Übrigen gelten die gesetzlichen Bestimmungen.[188] Das heißt, dass dem konsensualen Parteiwillen insoweit Rechnung getragen wird, als dass dieser Geltung behält, sofern er nicht voneinander abweicht.[189] Sofern die Vertragsparteien sich demnach einander partiell inhaltlich übereinstimmende AGB übersandt haben, so gilt der sich deckende Teil als vereinbart. Soweit Abweichungen gegeben sind, ist auf das Vertragsstatut zurückzugreifen.

cc. Stellungnahme

Welcher Theorie zu folgen ist, wird uneinheitlich beantwortet. Um das Für und Wider streiten sich sowohl das Schrifttum als auch die Rechtsprechung[190]. Das hat dazu geführt, dass es keine einheitliche Handhabung gibt, was zu Rechtsunsicherheiten führt. Das Bestreben muss sein, eine einheitliche Verfahrensweise, sprich die einheitliche Anwendung einer der beiden Theorien, zu finden.

Der BGH hat diesbezüglich eindeutig Position bezogen, dies zugunsten der Restgültigkeitslösung.[191] Dieses wird nicht weiter begründet, da die Anwendung der Theorie des letzten Wortes in dem betreffenden Urteil zu dem gleichen Ergebnis geführt hätte. Das Gericht lässt jedoch keinen Zweifel daran, dass es die Restgültigkeitslösung als die primär anzuwendende sieht.

Dieser Ansicht ist zuzustimmen. Die Vertragspraxis kommt mittels Anwendung der Restgültigkeitstheorie zu ausgewogeneren Ergebnissen als die Gegenmeinung. Die Anwendung der Theorie des letzten Wortes führt zu schwer kalkulierbaren Ergebnissen. Oftmals ist es nicht klar, welche übersandten AGB die letzten in der Kette waren bzw. wann genau diese zugegangen sind. Diese

188 So z.B.: Achilles, UN-Kaufrecht, Art. 19 CISG, Rn. 5; Schlechtriem-Schlechtriem, Art. 19 CISG, Rn. 20; Staudinger-Magnus, Art. 19 CISG, Rn. 23 ff.; Hoyer/Posch-Jametti Greiner, S. 53; Niggemann, RIW 1991, S. 377.

189 Herber/Czerwenka, Art. 19 CISG, Rn. 18; Enderlein/Maskow/Strohbach, Art. 19 CISG, Rn. 4.

190 Der Theorie des letzten Wortes entsprechend u.a.: Öster. OGH, Urteil vom 13.9.2001, AZ: 6 Ob 73/01 f in: CISG Austria-Online; CLOUT Case No. 232; ICC Award No. 8611/1997; für die Restgültigkeitslösung u.a.: Cour de Cassation, Urteil vom 16.07.1998, Rec. Dalloz 1999, S. 117; AG Kehl, Urteil vom 06.10.1995 in NJW-RR 1996, S. 565, auch zu finden bei: *www.cisg.law.pace.edu/cisg/wais/db/cases2/951006g1.html.*

191 BGH Urteil vom 09.01.2002 in IHR 2002, S. 16 ff..

Lösung lädt dazu ein, zu taktieren und zu manipulieren, da nicht mehr der gemeinsame Konsens der Parteien im Vordergrund steht, sondern entweder die favorisierten AGB der einen oder jene der anderen Seite. Der sich ergebende permanente Versand eigener AGB in der Hoffnung der Letzte zu sein, widerstrebt somit dem im CISG vorherrschenden Grundsatz von Treu und Glauben im internationalen Geschäftsverkehr.

Insbesondere der Verkäufer würde eine Übervorteilung erfahren, da er mit Übersendung der Auftragsbestätigung oder des Lieferscheins stets als letzter die Möglichkeit hat, seine AGB einzubringen.[192]

So kommt es weiterhin zu rein zufälligen Ergebnissen, wer den „last shot" abgeben kann, da bei den oftmals langwierigen Vertragsverhandlungen im internationalen Warenhandel derjenige seiner AGB-Einbringoption beraubt wird, der als erstes die bis dato verhandelten Punkte zu einem Angebot zusammenfasst, welches dann von der anderen Vertragseite „AGB-lastig" bestätigt wird.[193]

Weiterhin muss sich die Theorie des letzten Wortes entgegenhalten lassen, dass selbst wenn man sie rechtdogmatisch für vertretbar hielte, sie doch an der vorherrschenden Vertragspraxis vorbeigeht. Anders als bei den Bedingungen, die bei individuell ausgehandelten Verträgen konkret dem vorangegangenen Angebot entgegengesetzt werden, sind es im internationalen Handelsverkehr zumeist immer gleich bleibende AGB-Standardformulare, wie jenes der ICC, die jede Partei einbringt.[194] Davon auszugehen, dass diese standardisierten Formulare detailliert gelesen, durchdacht und bewertet werden, ist wohl eine zu optimistische Betrachtungsweise.[195] Die auf den Einzelfall bezogene vermutete Zustimmung zu den übersandten AGB, welche ihnen Geltung verschafft, lässt sich zwar konstruieren, geht aber tatsächlich am Parteiwillen vorbei. Oftmals wird der generierte Dissens von eigenen und fremden AGB nicht einmal bewusst wahrgenommen werden, sofern gegenseitig Standard-AGB Formulare ausgetauscht werden.[196]

Es ist daher bei dem vom BGH (s.o.) bereits festgelegten Ansatz zu bleiben, wonach der Inhalt eines mit kollidierenden AGB geschlossenen Vertrages sich

---

192 Ventsch/Kluth, IHR 2003, S. 64.

193 Vergleiche auch: Kröll/Hennecke, RIW 2001, S. 739 f.

194 Regelmäßig sind diese Formulare zudem mit einer Abwehrklausel versehen, durch die eine ausschließliche Geltung erreicht werden soll.

195 Siehe dazu: Wolf/Horn/Lindacher, § 2, Rn. 35, die dieses Phänomen für den deutschen Rechtsverkehr beschreiben. Bedenkt man, dass AGB im internationalen Geschäftsverkehr meist nicht in der jeweiligen Muttersprache verfasst sind, unterstützt dies nur das genannte Phänomen.

196 Farnsworth, Formation of contracts, S. 3-15: "the parties are unlikely to pay any attention to the discrepancies between terms"; zu finden unter: *http://www.cisg.law.pace.edu/cisg/biblio/farnsworth1.html#305*.

zunächst nach den Bedingungen richtet, über die die Parteien Einvernehmen erzielt haben. Dazu gehören neben den individuell vereinbarten Bedingungen diejenigen Standardbedingungen, welche sich in beiden Standardformularen decken. Im Übrigen gelten die Bestimmungen des CISG.[197] Im Ergebnis sollte die einheitliche Anwendung der Restgültigkeitslösung angestrebt werden, da sie in höherem Maße dem eigentlichen, übereinstimmenden Parteiwillen entspricht, was mit dem vorrangigen Ziel des CISG, den internationalen Warenhandelsverkehr zu vereinfachen, einher geht.

c. Fazit zur Verwendung Allgemeiner Geschäfts- und Lieferbedingungen

Die Verwendung von Allgemeinen Geschäfts- und Lieferbedingungen hat im internationalen Geschäftsverkehr eine große Bedeutung. Durch sie wird der Geschäftsverkehr erheblich vereinfacht, da zeitintensive, individuelle Verhandlungen unterbleiben können. Die vorliegende Bearbeitung geht konform mit dieser Ansicht, indem neben den Standardverträgen der ICC und der ITC weiterhin die Allgemeinen Lieferbedingungen der UNECE und des ORGALIME-Verbundes betrachtet werden.

Die Rechtsprechung tut gut daran, aus zuvor erörterten Gründen bei einer Kollision von Allgemeinen Geschäftsbedingungen die Restgültigkeitslösung anzuwenden, da durch sie parteiinteressennähere Urteile und Schiedssprüche zu erwarten sind.

2. Kaufgegenstand, Art. 2 ICC-general conditions, Art. 1 ICC-specific conditions

Um Missverständnisse bezüglich eines sehr wichtigen, wenn nicht dem wichtigsten Vertragspunkt, zu vermeiden, ist es unerlässlich, den Kaufgegenstand exakt und umfassend zu beschreiben.[198] Dies gilt gleichermaßen sowohl für die genaue Spezifizierung, die Qualität als auch die Quantität.[199] Erfahrungsgemäß führen Unklarheiten bei der Bestimmung des Vertragsgegenstandes oftmals zu Streitigkeiten.[200] Je genauer und bedachter die Vertragsparteien den eigentlichen Vertragsgegenstand bestimmen, desto geringer ist die Wahrscheinlichkeit, dass es aus diesem Teil des Vertrages zu Unstimmigkeiten kommt, namentlich ob mögli-

---

197 So auch: Schlechtriem-Schlechtriem, Art. 19 CISG, Rn. 20, Staudinger-Magnus, Art. 19 CISG, Rn. 24.

198 Lehr, Optimierung des Exportgeschäfts, S. 133.

199 Stahr, Exportpraxis, Rn. 4.3.1.1.

200 Allmendinger, Praxis des Außenhandels, S. 7.

cherweise eine Falschlieferung vorliegt. Gerade bei technischen und chemischen Produkten wird häufig eine genaue Spezifikation der Ware notwendig sein, die von den Parteien als Anhang dem Vertrag beigefügt wird. Der hier vereinbarte Vertragsgegenstand wird für das weitere Kaufgeschäft der Maßstab sein, nach dem sich bestimmt, ob der Verkäufer seiner Leistungspflicht nachgekommen ist bzw. ob die Ware vertragsgemäß ist.

a. Anforderungen des Art. 14 CISG

Das CISG hat bezüglich der Bezeichnung des Kaufgegenstandes wenige besondere Anforderungen. Regelungen wie etwa die in Art. 35 Abs. 2 CISG haben lediglich eine ergänzende Funktion zur eigentlichen Vertragsvereinbarung.[201] Gemäß Art. 14 Abs. 1 CISG ist ein Angebot zum Abschluss eines Vertrags bestimmt genug, wenn es die Ware bezeichnet und ausdrücklich oder stillschweigend die Menge und den Preis festsetzt oder dessen Festsetzung ermöglicht. Demnach müssen die essentialia contractus nicht einmal bestimmt sein, es reicht schon deren Bestimmbarkeit zu einem Vertragsschluss.[202] Ferner kann sich der Vertragsinhalt auch aus handelsüblichen Bräuchen und Gepflogenheiten der Vertragsparteien ergeben.[203]

b. Vertragsformular der ICC, Art. 2 ICC-general conditions

Der ICC Model International Sale Contract bietet unter Punkt A-1 den Parteien ausreichend Platz, den Kaufgegenstand zu benennen. Anscheinend wird auch hier von einer umfangreichen Beschreibung ausgegangen, da neben dem zur Verfügung gestellten Platz, sofern dieser nicht ausreicht, angeraten wird, einen zusätzlichen Vertragsanhang zu nutzen, um den Kaufgegenstand zu beschreiben. Die entsprechende Regelung in den Allgemeinen Bedingungen des ICC Sale Contract führt unter Ziffer 2.1. aus, dass sämtliche Extra-Beschreibungen zu den Kaufgegenständen und deren Nutzung (z.B. in Werbeanzeigen oder sonstigen

---

201 Staudinger-Magnus, Art. 35 CISG, Rn. 10; Bianca/Bonell-Bianca, Art. 35 CISG, Anm. 2,1; Witz/Salger/Lorenz-Salger, Art. 35 CISG, Rn. 1; MüKoHGB-Benicke, Art. 35 CISG, Rn. 2; Honsell-Magnus, Art. 35 CISG, Rn. 12.

202 Siehe: Staudinger- Magnus, Art. 35 CISG, Rn. 13.

203 Dazu das Urteil des öster. OGH vom 27.02.2003 in: IHR 2004, S. 25 ff.; Soergel-Schüßler-Langeheine, Art. 35 CISG, Rn. 7; Denkschrift zum Übereinkommen in Bundestagsdrucksache 11/3076, S. 48; auch Reinhard, UN-Kaufrecht, Art. 35 CISG, Rn. 3, der allerdings die Beachtung von Gepflogenheiten und Gebräuchen über Art. 9 CISG herleitet.

Katalogen) nur vertragsrelevant werden, wenn die Vertragsparteien sie ausdrücklich zum Vertragsgegenstand machen.[204]

c. ITC-Mustervertrag, Art. 2

Das Musterformular des ITC sieht eine noch detailliertere Beschreibung der Kaufgegenstände vor. Zunächst soll unter Ziffer 2 des Vertrages eine genaue Beschreibung der Kaufartikel erfolgen, die Auskunft über Qualität und, sofern es angebracht und zweckdienlich ist, auch Angaben zur Herkunft der Ware macht.

Der folgende Absatz sieht vor, dass zudem Angaben bezüglich Menge, eventuell vereinbarter Ratenzahlung und etwaig zulässiger Mengenabweichungstoleranzen gemacht werden.

Der zugehörige „users´ guide" stellt klar, dass die Vertragsparteien sofern sie die genaue Liefermenge erst später bestimmen wollen oder können, einen Schlüssel bereithalten, mittels dessen die zukünftige Liefermenge zumindest bestimmbar ist.

d. Bedingungen der ECE und des ORGALIME-Verbundes

Die allgemeinen Lieferbedingungen der ECE und des ORGALIME-Verbundes konkretisieren den Kaufgegenstand nicht näher. Eine solche Bezeichnung wäre Bestandteil des Vertragstextes.

e. Fazit zur Kaufgegenstandsregelung

Die aufgezeigten geringen Anforderungen des CISG sollen nicht darüber hinweg täuschen, dass in der Rechtspraxis ein deutliches Überschreiten der Mindestanforderungen angezeigt ist.

Der Kaufgegenstand ist nach Art, Anzahl und Eigenschaft so genau als nur möglich zu spezifizieren, denn die Frage, ob die Ware vertragsgemäß ist, richtet

---

[204] Art. 2.1. der general conditions zum ICC International Sale Contract. *Klotz* führt hierzu aus, dass dies eine für den unaufmerksamen Käufer gefährliche Klausel sei. Dieser werde sich auf die zuvor getätigten Abreden zwischen den Parteien verlassen und wohlmöglich nicht bemerken, dass diese durch die Klausel 2.1. der „general conditions" keinen Wert hätten. *Klotz* mahnt daher den Käufer an, die zuvor getätigten Versprechen unbedingt ausdrücklich zum Vertragsgegenstand zu machen. Siehe: Klotz, Critical Review of The ICC Model International Sale Contract, Art. B- 2.1..

sich in erster Linie nach den Vereinbarungen, die die Vertragsparteien getroffen haben.[205]

Wahlweise bestehen hierbei für die Vertragsparteien die Möglichkeiten, den Vertragsgegenstand direkt im Vertragstext festzuhalten oder sich für die genauere Bestimmung einer Anlage zum Vertrag oder eines Annexes zu bedienen. Um verbreiteten Streitigkeiten aus dem Weg zu gehen, ob bestimmte Anlagen dem Vetrag beigefügt waren oder nicht, ist bei dem heutigen Stand der computergestützten Technik, die ein unkompliziertes Hineinkopieren der Produktbeschreibung ohne viel Aufwand bei geringem Fehlerrisiko gestattet, die erste Variante vorzugswürdig.[206]

3. Software als Kaufgegenstand, Art. 2 Abs. 2 ICC-general conditions

Die Frage, inwieweit der Verkauf von Software unter die Bestimmung des Kaufgegenstandes passt und somit Thema der Bearbeitung wird, ist insofern beachtlich, als das der ICC-Mustervertrag in den general conditions dem Thema der Urheberrechte einen von insgesamt zwei Anmerkungspunkten betreffend den Kaufgegenstand widmet.[207]

a. Software als Ware im Sinne von Art. 1 Abs. 1 CISG

Mittlerweile ist von der herrschenden Meinung in der Literatur, aber auch der Rechtsprechung[208] anerkannt, dass Softwarekaufgeschäfte unter den Warenbegriff des Art. 1 CISG fallen und das CISG dementsprechend auf solche Käufe Anwendung findet, wenn die Software über einen Träger nutzbar ist.[209] Jeden-

205 Art. 35 Abs. 1 CISG. Siehe dazu u.a.: Hovioikeus (Court of Appeal) Turku vom 12.04.2002 in IHR 2003, S. 277 ff.. Hier garantiert der Verkäufer die Brauchbarkeit der von ihm gelieferten Forstmaschinenersatzteilen.

206 So auch: Piltz, Exportvertrag, S. 382.

207 So nämlich Art. 2.2. der general conditions zum ICC International Sale Contract, der festlegt, dass sofern nicht anderes vereinbart wurde, der Käufer keinerlei Eigentums- und Schutzrechte an den ihm angebotenen Waren wie Software oder Zeichnungen erhält. Diese sollen im Eigentum des Verkäufers verbleiben.

208 So u.a.: OLG Koblenz vom 17.09.1993 in: RIW 1993, S. 934; LG München CLOUT 10/1996, Case 131; OLG Köln, RIW 1994, S. 669 ff.; Hof s'-Hertogenbosch, Nederlands Internationaal Privaatrecht 1997, S. 123; Öster. OGH, Urteil vom 21.06.2005 in IHR 2005, S. 195 ff. mit Anmerkungen von Piltz auf S. 197 f..

209 So u.a.: Schlechtriem-Ferrari, Art. 1 CISG, Rn. 38; Witz/Salger/Lorenz, Art. 1 CISG, Rn. 6; Staudinger-Magnus, Art. 1 CISG, Rn. 44; Achilles, Art. 1, Rn. 4; Schlechtriem, AJP 1992, S. 346; ders., Internationales UN-Kaufrecht, Rn. 32 ff.; eingehend

falls findet das CISG bei so genannter „Standardsoftware" Anwendung.[210] Zudem findet das CISG nach nahezu einhelliger Meinung auch Anwendung bei dem Kauf digitaler Daten.[211]

b. Software-Lizenzverträge

Wesentlich problematischer hingegen ist die Frage, wie Verträge einzuordnen sind, die lediglich die Lizenz zum Gebrauch und der Nutzung der Software zum Gegenstand haben. Hierbei wird das dem Eigentum an Sachen vergleichbare Urheberrecht nicht mit übertragen, da es zumeist auch nicht mit übertragen werden kann.[212]

Für diesen Fall gilt es in folgende zwei Vertragsarten zu unterscheiden:

aa. Zeitlich befristete Nutzungsüberlassung

Für den Fall, dass dem Käufer ein zeitlich begrenztes Nutzungsrecht an der Software eingeräumt wird und er nach Ablauf dieser Frist sämtliche ihm überlassenen Gegenstände sowohl körperlicher als auch nichtkörperlicher Art zurückzugeben hat, wird das Vertragsverhältnis nicht als CISG-Kaufvertrag einzuordnen sein.[213] Vielmehr liegt eine Typenkumulation von Werkvertrag und Mietvertrag vor, sofern es sich um eine Individualsoftware handelt.[214]

bb. Zeitlich unbeschränkter Softwareerwerb

Zumeist wird es sich so verhalten, dass der Käufer Software endgültig erwirbt und nicht bloß ein zeitlich begrenztes Nutzungsrecht erlangt. Mit Kaufpreiszahlung erhält der Käufer ein nahezu uneingeschränktes Nutzungsrecht, vergleichbar mit dem Recht des Eigentümers. Lediglich die entgeltliche Weiterübertragung ist ihm nicht gestattet.[215] Das volle, uneingeschränkte Eigentum als Gegenstand des Kaufes ist aber nicht die notwendige Voraussetzung für die An-

---

und ausführlich: Schmitt, CR 2001, S. 145 ff.; für den Sonderfall der Individualsoftware: Wulf, UN-Kaufrecht und eCommerce, S. 28 ff.; andere, aber wohl veraltete Ansicht: Enderlein/Maskow/Strohbach, Art. 1, Rn. 2.

210 Schlechtriem-Ferrari, Art. 1 CISG, Rn. 38; Staudinger-Magnus, Art. 1 CISG, Rn. 44 mit weiteren Nachweisen.

211 Piltz, IHR 2005, S. 197 mit weiteren Verweisen zu entsprechender Rechtsprechung.

212 Siehe etwa: § 29 Abs. 1 UrhG.

213 Schlechtriem, Internationales UN-Kaufrecht, Rn. 32 b.

214 Marly, Softwareüberlassungsverträge, S. 22.

215 Schlechtriem, Internationales UN-Kaufrecht, Rn. 32 b.

nahme eines Kaufvertrages. Für den endgültigen Nutzungserwerb sind die Kaufrechtsnormen des CISG passend und daher anzuwenden.[216]

c. Fazit zum Softwarekauf

Für den erstgenannten Fall, dass der Käufer bei einem UN-Kaufvertrag lediglich ein zeitlich begrenztes Nutzungs- oder Lizenzrecht an zum Vertragsgegenstand zugehöriger Software erwirbt, etwa weil diese lediglich zur Erstinstallation des Kaufgegenstandes gebraucht wird, sollte diese Überlassung gesondert vertraglich festgehalten werden, da ansonsten das Softwareüberlassungsgeschäft mit dem restlichen Vertragsinhalt im Widerspruch steht. Eine einheitliche Regelung durch das UN-Kaufrecht ist nicht möglich, so dass die Vertragsparteien festlegen müssen, wie das Randgeschäft der Softwareüberlassung im Streitfall zu regeln ist.[217]

IV. Kaufpreis, Art. 2 ICC-specific conditions, Art. 4 ICC-general conditions

Die Vereinbarungen, die über den Kaufpreis getroffen werden, sind von gravierender Bedeutung, zählt der Kaufpreis zu den wesentlichen, essentiellen Bestandteilen eines jeden Kaufvertrages.

1. Anforderung des CISG/Preisbestimmbarkeit, Art. 14 CISG

Art. 14 Abs. 1 Satz 2 CISG bestimmt, dass ein Angebot zum Vertragschluss nur dann bestimmt genug ist, wenn neben dem Kaufgegenstand auch der Preis festgelegt oder zumindest festlegbar ist. Dies ist gegeben, wenn der Preis als Gesamtpreis oder pro Einheit benannt wird und sich durch Multiplikation bestimmen lässt. Um nachteilige Konsequenzen aus einer mangelnden Preisbestimmbarkeit zu vermeiden, muss daher dafür gesorgt werden, dass der Preis stets objektiv bestimmt werden kann.[218] Die in Widerspruch zu Art. 55 CISG[219] stehende Formulierung hat umfangreiche Debatten und zum Teil kontroverse In-

---

216 So auch öster. OGH vom 14.10.1997 in: öster. JBl. 1998, S. 577 ff. mit weiteren Anmerkungen von Staudegger in öster. JBl 1998, S. 604 ff.. Hier wird der Kauf von Standardsoftware als „Zielschuldverhältnis“ und somit als Kauf eingeordnet.

217 Siehe auch: Piltz, Exportvertrag, S. 383.

218 Herber/Czerwenka, Art. 55, Rn. 2; Bonell, RIW 1990, S. 697.

219 Art. 55 CISG regelt den Fall, dass die Parteien keinerlei Preisabsprache getätigt haben, in der Weise, dass dann der allgemein übliche Preis für die Kaufware maßgeblich wird. Siehe: Staudinger-Magnus, Art. 55 CISG, Rn. 1 ff..

terpretationen ausgelöst.[220] Die Vielfalt der dazu gehörigen Meinungen reicht von der Leugnung des Widerspruchs[221] über die Ansicht, es handele sich um einen bewusst gesetzten Widerspruch innerhalb des CISG[222]. Ferner wird die Ansicht vertreten, Art. 55 CISG sei lex specialis gegenüber Art. 14 CISG und ist daher vorrangig anzuwenden.[223] Endlich wird verbreitet ein grundsätzlicher Vorrang des Art. 14 CISG gegenüber Art. 55 CISG angenommen.[224] Allerdings sei ein Vertragsschluss mit einem offenen Kaufpreis möglich, da Art. 14 CISG von den Parteien abdingbar sei.[225]

In der Vertragspraxis ist die angesprochene Problematik jedoch nicht von übermäßiger Bedeutung, schließlich wird es nur in absoluten Ausnahmefällen so sein, dass der Kaufpreis bei einem Kaufvertrag weder bestimmt noch bestimmbar ist.[226] Eine solche Konstellation wäre so konfliktträchtig und daher so nachteilig für beide Vertragsseiten, dass sie in der Vertragspraxis kaum zu finden sein wird.

Im Ergebnis ist der letztgenannten Meinung zuzustimmen. Schon der eindeutige Wortlaut des Art. 55 CISG stellt klar, dass diese Norm gegenüber Art. 14 CISG subsidiär anzuwenden ist.[227] Voraussetzung für die Anwendung des Art. 55 CISG ist ausdrücklich, dass ein Vertrag zuvor gültig geschlossen sein muss. Dies

---

220 Siehe dazu: Magnus, IPRax 1996, S. 145 ff., der diese Diskrepanz eingehend betrachtet und zutreffend löst.

221 So u.a. Honnold, Rn. 137.5. mit dem Argument, Art. 14 CISG würde nur das reine Angebot betreffen, nicht aber den daran anschließenden Vertragsschluss. Weiterhin: MüKoHGB-Ferrari, Art. 14 CISG, Rn. 33. Dazu auch: Carr, International trade law, S. 73 f.; Garro, 23 International lawyer, S. 443 ff..

222 Die Entscheidung, ob ein Vertragsschluss auch bei einem offen gelassenen Preis zustande kommt, bleibt hierbei dem jeweiligen nationalen Recht überlassen, siehe Darstellung bei Staudinger-Magnus, Art. 14 CISG, Rn. 29.

223 Bianca/Bonell-Eörsi, Art. 55 CISG, Anm. 2.2.4. Begründet wird dies vor allem damit, dass nicht alle Unterzeichnerstaaten den Teil II des CISG ratifiziert haben und somit Art. 14 CISG in den betreffenden Staaten keine Anwendung findet. Inwieweit für eine vorrangige Anwendung des Art. 55 CISG darüber hinaus Raum besteht, ist hingegen fraglich, siehe: Witz, Der unbestimmte Kaufpreis, S. 226 f.; Tallon, The buyer´s obligations, S. 7 ff.; Fortier, J.D.I. 1990, S. 381.

224 Herber/Czerwenka Art. 14 CISG, Rn. 6; Schlechtriem-Hager, Art. 55 CISG, Rn. 5; Thieffry, Int. bus. lawyer 1988, S. 1030.

225 Schlechtriem-Schlechtriem, Art. 14, Rn. 11; Piltz, Internationales Kaufrecht, § 3, Rn. 24.

226 Rudolph, Art. 14, Rn. 5. Sie sieht eine solche Konstellation der offenen Preisfrage allenfalls beim eiligen Kauf von Ersatzteilen; siehe ferner: Staudinger-Magnus, Art. 55 CISG, Rn. 8; Herber/Czerwenka, Art. 55, Rn. 2; MüKoHGB-Benicke, Art. 55 CISG, Rn. 5.

227 So auch: Sekretariatskommentar, Art. 55 CISG, Nr. 2; Soergel/Lüderitz-Budzikiewicz, Art. 55 CISG, Rn. 3; Dessemontet, Contrats de vente internationales, S. 70.

ist jedoch nur dann der Fall, wenn die Voraussetzungen des Art. 14 CISG gewahrt sind, ansonsten würde es zu gar keinem Vertragsschluss kommen.[228]

2. Kaufpreisregelung gemäß dem ICC-Mustervertrag, Art. 4 ICC-general conditions, Art. 2 ICC-specific conditions

Das ICC-Mustervertragsformular sieht in Art. 2 der specific conditions eine kurze Regelung der Kaufpreisfrage vor und beschränkt diese auf die Angabe der zu zahlenden Währung sowie den zu zahlenden Betrag in Wort und Ziffer. Die general conditions sind in ihrem Regelungsgehalt ausführlicher.

a. Grundsätzliche Preisbestimmung durch ausdrückliche Vereinbarung

Der ICC-Mustervertrag geht grundsätzlich davon aus, dass die Vertragsparteien einen bestimmten Festkaufpreis vereinbaren. Dafür spricht die bereits genannte Regelung des Art. 2 ICC-specific conditions. Die Vereinbarung eines solchen Festpreises bindet den Exporteur. Er hat weiterhin das Risiko von Kostenerhöhungen der zu liefernden Ware zu tragen, von welchem er sich nur schwer lossagen kann.[229]

b. Preisbestimmung anhand anderer Kriterien, Art. 4.1. ICC-general conditions

aa. Preisbestimmung anhand einer Preisliste, Art. 4.1. Satz 1 der ICC-general conditions

Der ICC-Mustervertrag bietet zudem die Möglichkeit, den Kaufpreis noch nicht bei Vertragsschluss festzulegen, sondern erst zu einem späteren Zeitpunkt.

---

228 So auch: Schlechtriem-Hager, Art. 55 CISG, Rn. 5; Magnus, IPRax 1996, S. 148.

229 v. Bernstorff, Vertragsgestaltung, S. 120. V. Bernstorff verweist auf die zwei Institute des deutschen Rechts, nämlich den Wegfall der Geschäftsgrundlage und das Anfechtungsrecht wegen Irrtums. Allerdings sei diese Reaktionsmöglichkeit durch die deutsche Rechtsprechung sehr eingeschränkt worden.
Ein Wegfall der Geschäftsgrundlage sei nur bei einem krassen Missverhältnis von Leistung und Gegenleistung anzunehmen, so: BGHZ 7, S. 346 und BGH in WM 1976, S. 429. Hiernach ist bei einer Fremdwährungsvereinbarung ein Wertverlust aufgrund der Fremdwährung von unter einem Drittel unbeachtlich.
Das Anfechtungsrecht wegen Irrtums wird regelmäßig ausscheiden, da der Exporteur die Kalkulation seiner Preisforderung nicht offen legt und es sich daher nur um einen unbeachtlichen Motivirrtum handelt.

Daher ist in den general conditions vorgesehen, dass die endgültige Preisfestsetzung auf der Grundlage eines einzelnen festen Angebots[230] oder anhand einer Preisliste in ihrer jeweils gültigen Fassung getroffen wird.[231] Das Mustervertragsformular der ICC sieht die Verwendung einer solchen aktuellen Preisliste in Art. 4.1. der general conditions vor. Die Verwendung solcher Preislisten genügt den Anforderungen des CISG, denn dem Preis wird dadurch eine hinreichende Bestimmtheit gegeben.[232] Sofern es möglich ist, anhand von Dokumenten den zu zahlenden Kaufpreis festzulegen, ist das Angebot hinreichend bestimmbar.[233] Nicht notwendig ist dabei, dass die Preise im Moment des Vertragschlusses feststehen. So muss ein Angebot, das sich auf einen zukünftigen Listen- oder Marktpreis bezieht, als bestimmt genug angesehen werden.[234]

bb. Gewöhnlicher Preis zum Zeitpunkt des Vertragsschlusses, Art. 4.1. Satz 2 der ICC-general conditions

Art. 4.1. Satz 2 der general conditions zum ICC-Mustervertrag sieht vor, dass sofern keine Preislisten vorliegen, der zum Zeitpunkt des Vertragsschlusses gewöhnlich geltende Preis maßgeblich sein soll.

Diese Regelung entspricht in ihrem Gehalt der Norm des Art. 55 CISG, die die Vermutensregel aufstellt, dass sofern die Vertragsparteien noch keinen Kaufpreis festgesetzt haben, der Preis als stillschweigend vereinbart gilt, der zum Zeitpunkt des Vertragschlusses allgemein unter vergleichbaren Umständen berechnet worden wäre.[235] Der allgemein übliche Preis wird durch drei Elemente näher konkretisiert: Abgestellt wird auf den Preis, der für derartige Ware in dem betreffenden Geschäftszweig unter vergleichbaren Umständen berechnet wird.

---

230 Sog. „quoted price“.

231 v. Bernstorff, Allgemeine Lieferbedingungen, S. 501. Zur Klausel, die Preise nach der jeweils gültigen Preisliste festzulegen, siehe: Urteil des BGH vom 16.01.1985 in: NJW 1985, S. 853.

232 So im Ergebnis das OLG Rostock, Urteil vom 10.10.2001, in: IHR 2003, S. 17 ff.; Sekretariatskommentar, Art. 12, Anm. 15; Piltz, Internationales Kaufrecht, § 3, Rn. 24; Staudinger-Magnus, Art. 14 CISG, Rn. 23.

233 Schweizer Bundesgericht, Urteil vom 05.04.2004, zu finden unter: *http://www.cisg-online.ch*; Schlechtriem-Schlechtriem, Art. 14 CISG, Rn. 5; Brunner, Art. 14 CISG, Rn. 4.

234 Siehe: Soergel-Lüderitz/Fenge, Art. 14 CISG, Rn. 4; MüKoHGB-Ferrari, Art. 14 CISG, Rn. 29; aus der französischen Rechtsprechungssichtweise: Witz/Wolter, RIW 1995, S. 810.

235 Siehe dazu den Schiedsspruch der ICC-Paris 8324/1995 veröffentlicht bei: UNILEX, E. 1995-35.

Es handelt sich dabei um einen objektiven Maßstab.[236] Der maßgebliche Geschäftszweig wird durch den Markt definiert, der beide Parteien umfasst.[237] Die Ermittlung eines solchen Preises setzt nicht voraus, dass es auf dem zuvor ermittelten Referenzmarkt eine absolute Festlegung eines Marktpreises gibt, vielmehr ist ausreichend, dass eine Preisspanne gegeben ist, aus der sich ein Mittelwert bestimmen lässt.[238]

Der maßgebliche Zeitpunkt der Preisberechnung ist jener des Vertragschlusses und nicht der der Lieferung. Dadurch kann der Verkäufer nicht von Preiserhöhungen, der Käufer nicht von Preissenkungen profitieren.[239]

c. Umsatzsteuer (VAT), Art. 4.2. Alt. 1 ICC-general conditions

Art. 4.2. Alt. 1 der general conditions zum ICC-Mustervertragsformular bestimmt, dass der vereinbarte Preis keine Umsatzsteuer beinhaltet, sofern nichts anderes schriftlich vereinbart wurde. Dies entspricht den steuerrechtlichen Regelungen des Umsatzsteuergesetzes (UStG), dessen § 4 Nr. 1a UStG in Verbindung mit § 6 und 6a UStG Ausfuhrlieferungen und innergemeinschaftliche Lieferungen umsatzsteuerfrei stellt.[240] Diese Vorschrift dient in Verbindung mit dem Vorsteuerabzug einer der Hauptaufgaben des deutschen Mehrwertsteuersystems, nämlich der vollständigen Entlastung des Exports von der Umsatzsteuer. Dadurch soll die Wettbewerbsgleichheit der Exportwaren auf dem Weltmarkt er-

236 OLG Rostock, Urteil vom 10.10.2001, zu finden bei: CISG-online, Nr. 671; Schlechtriem-Hager, Art. 55 CISG, Rn. 8, der beispielsweise übliche Listenpreise als Maßstab anführt. Weiterhin werden auch Börsen- oder Marktpreise als objektiver Maßstab benannt, siehe: Staudinger-Magnus, Art. 55 CISG, Rn. 9.

237 MüKo-Huber, Art. 55 CISG, Rn. 11; Schlechtriem-Hager, Art. 55, Rn 8; Witz/Salger/Lorenz, Art. 55 CISG, Rn. 3, wonach im Zweifel der Marktpreis am Verkäuferort maßgeblich ist. Anders: Staudinger-Magnus, Art. 55 CISG, Rn. 9, der den Marktpreis als maßgeblich bezeichnet, an dem sich Parteien von der Art des Käufers gewöhnlich eindecken. So auch: Enderlein/Maskow/Strohbach, Art. 55, Anm. 8; Brunner, Art. 55 CISG, Rn. 3.

238 Staudinger-Magnus, Art. 55 CISG, Rn. 8. Anderenfalls würde der Anwendungsbereich des Art. 55 CISG verschwindend gering sein. Siehe dazu: MüKo-Huber, Art. 55 CISG, Rn. 11; Heuzé, S. 265; Witz/Salger/Lorenz, Art. 55 CISG, Rn. 3; Ferner die Entscheidung des öster. OGH vom 10.11.1994 in: öster. JBl. 1995, S. 253 ff. mit Anmerkung von Magnus in: IPRax 1996, S. 145 ff.; siehe auch die Anmerkung von Gabuardi, Review of the Convention on Contracts for the International Sale of Goods 2004, S. 101 ff..

239 Enderlein/Maskow/Strohbach, Art. 55 CISG, Anm. 7; Schlechtriem-Hager, Art. 55 CISG, Rn. 9.

240 Näher hierzu: Langer, DB 1992, S. 340 ff..

reicht werden. Nach dem Bestimmungslandprinzip kann jedes Land, in welches Waren eingeführt werden, selbst darauf Verbrauchsabgaben erheben.[241]

d. Preisanpassung/Preisrevisionsklausel, Art. 4.2. Alt. 2 ICC-general conditions

Weiterhin kann nach Art. 4.2., 2. Alt. des ICC-Mustervertrages die Geltung einer Preisanpassungs- oder Preisrevisionsklausel vereinbart werden. Preisgleitklauseln weisen in der Praxis im Vergleich zu weiteren Preissicherungsinstrumenten wie Festpreiseinschlüssen, Preisvorbehalten oder offenen Abrechnungen den größten Verwendungsgrad auf.[242] Hierbei wird die Fixierung des endgültigen Preises von der Preisentwicklung bestimmter Elemente wie beispielsweise Löhnen und Materialpreisen abhängig gemacht und der Käufer so am Preisentwicklungsrisiko beteiligt.[243]

e. Gesamtpreisvereinbarung (contract price), Art. 4.3. Satz 1 ICC-general conditions

Art. 4.3. Satz 1 der ICC-general conditions bestimmt, dass der in Art. 2 der ICC-specific conditions angegebene contract price die beim Verkäufer anfallenden Kosten abschließend abdeckt.

Diese Regelung entspricht dem CISG, das auch vorsieht, dass mit dem vereinbarten Kaufpreis alle Leistungen des Verkäufers einschließlich der von ihm zu tragenden Kosten[244] abgegolten sind. Weitergehende, vom Verkäufer getätigte Aufwendungen, die nicht vertraglich vereinbart wurden, wie beispielsweise den Weitertransport der Ware über den eigentlich vereinbarten Lieferort hinaus, trägt, soweit nicht weiteres vereinbart wurde, der Käufer.[245] Dies wird in Satz 2 des Art. 4.3. der ICC-general conditions ausgeführt, wobei nicht nur auf das oben genannte Beispiel, sondern auch zudem auf eine zusätzliche Versicherung der Kaufware Bezug genommen wird. Ein Recht des Verkäufers, den einmal festgelegten Kaufpreis einseitig zu ändern, besteht nicht, es sei denn, es liegen weitergehende Absprachen vor, wie beispielsweise die bereits angesprochene Preisrevisionsklausel. Daher hat der Verkäufer streng darauf zu achten, dass seine

---

241 Siehe: Bunjes/Geist-Heidner, § 4 Nr. 1, Rn. 2.

242 Zentes/Neidhart, Standardisierungsansätze, S. 852; Backhaus, Industriegütermarketing, S. 535.

243 Zentes/Swoboda, Grundbegriffe des Marketing, S. 438.

244 Der Verkäufer hat grundsätzlich alle Kosten zu tragen, die erforderlich sind, um die von ihm zu erbringende Lieferhandlung an den vereinbarten Lieferort durchzuführen. Siehe: Piltz, Internationales Kaufrecht, S. 134.

245 Piltz, Internationales Kaufrecht, S. 134.

Preiskalkulation bereits bei Vertragsschluss endgültig feststeht und die Grundlage für den vereinbarten Gesamtpreis stellt.[246]

3. Kaufpreisregelung nach den weiteren begutachteten Vertragsmustern

a. ITC-Mustervertrag, Art. 4

Der ITC-Mustervertrag sieht in Art. 4 die Festlegung des Kaufpreises vor. Dieses soll in den folgenden zwei Schritten geschehen:

Zunächst soll die Preisgestaltungsweise festgelegt werden, namentlich, ob es sich bei der Kaufpreiszahlung um eine Gesamtpreis- oder eine Einzelpreisvereinbarung handelt. Der sich ergebende Betrag soll sowohl in Ziffern als auch in Worten dargestellt werden. Weiterhin wird in dem Vertragsmuster die Angabe der Währung gefordert, in welcher der Kaufpreis zu zahlen ist.

Sofern eine Einzelpreisvereinbarung getroffen wurde, ist dann in einem zweiten Schritt die Methode festzulegen, mit der der Preis zu bestimmen ist. Für den Fall der Gesamtpreisvereinbarung bleibt es bei der zuvor getroffenen Festlegung.

Für den Fall, dass der Kaufpreis weder bestimmt noch bestimmbar ist, wird die Regelung getroffen, dass der gewöhnliche Preis, der in vergleichbaren Situationen gelten würde oder wenn so ein Preis nicht bestimmt werden kann, ein „reasonable" also angemessener Preis, gelten soll.

Der zugehörige „users' guide", der das Vertragswerk kommentiert, empfiehlt den Parteien, sowohl Kaufpreis als auch Zahlungswährung so genau wie möglich zu bestimmen.[247]

Ausführlich wird beschrieben, wie mit der Währungsbestimmung umzugehen ist. Während für gewöhnlich die Zahlungswährung der im Vertrag bestimmten Währung entspricht, soll nach den Anleitungen der ITC neben einer Zahlung in der Vertragswährung zudem eine Zahlung in der Währung des Zahlungsortes möglich sein, sofern die dortige Währung frei konvertierbar ist. Diese Option ist an die UNIDROIT-Prinzipien[248] angelehnt und wird in deren Art. 6.1.9. geregelt. Allerdings soll diese Option nur dann Anwendung finden, wenn die Vertragsparteien dies im Vertragstext vereinbart haben.

---

246 So auch: Piltz, Internationales Kaufrecht, S. 138.

247 Siehe: Anmerkungen zu Art. 4 im ITC „users'guide" auf S. 13 des Gesamtvertragswerkes.

248 UNIDROIT-Grundregeln der Internationalen Handelsverträge. Eine Übersetzung des Regelwerkes ins Deutsche findet sich unter: http://www.unidroit.org/german/principles/contracts/principles2004/blackletter2004.pdf.

Für den Fall, dass die Vertragsparteien vereinbart haben, dass in einer anderen Währung gezahlt werden soll als in derjenigen, die im Kaufvertrag den Kaufpreis bestimmt, sind die Vertragsparteien gehalten, zu bestimmen, wer das Währungsrisiko tragen soll. Die weiteren Kommentierungen geben den eigentlichen, aus sich heraus verständlichen Vertragstext wieder und bringen keine weitergehenden Vertragsmodifikationen mit sich.

b. ECE- und ORGALIME-Lieferbedingungen

Die Allgemeinen Bedingungen der UNECE und des ORGALIME-Verbundes beinhalten keinerlei Regelungen den Kaufpreis betreffend.

4. Vereinbarkeit der Kaufpreisfestsetzung in den Musterverträgen mit dem CISG

Bei der vorangegangenen Begutachtung fallen vor allem zwei Merkmale ins Gewicht, die mit den Regelungen des CISG kollidieren:

a. Maßstab des „gewöhnlichen Preises“

Sowohl der Mustervertrag der ICC als auch der des ITC sehen vor, dass soweit nichts anderes von den Vertragsparteien vereinbart wurde bzw. keine gültigen Preislisten vorliegen, der für den Kaufgegenstand gewöhnliche Verkaufspreis maßgeblich sein soll. Um zu einer solchen Bestimmung eines angemessenen, gewöhnlichen Preises zu kommen, müssen die Vertragsparteien von einer genauen Preisbestimmung abgesehen haben. Unabhängig von der bereits geführten Diskussion zum Verhältnis des Art. 14 CISG zum Art. 55 CISG stellt sich die Frage, ob die Bezugnahme auf den gewöhnlich geltenden Marktpreis den Regelungen des CISG zuwider läuft oder mit dem CISG vereinbar ist, bzw. die Bezugnahme als wirksamer Ausdruck der Parteiautonomie angesehen werden kann.

Mittels Art. 4.1. S. 2 der ICC-general conditions vereinbaren die Vertragsparteien, dass im Falle einer unterbliebenen genauen Preisfestlegung, der marktübliche Preis bei Vertragsschluss gelten soll. Eine solche Verweisung ist mit den Regelungen des CISG, insbesondere mit Art. 14 CISG, vereinbar.[249] Sofern die

---

[249] So auch: Staudinger-Magnus, Art. 14 CISG, Rn. 23; Sekretariatskommentar, Art. 12, Anm. 14. Selbst wenn entgegen der eben dargestellten Auffassung keine hinreichende Bestimmtheit angenommen werden würde, wäre in der vertraglichen Regelung eine Abbedingung des Erfordernisses des Art. 14 CISG zu sehen, die von dem Grundsatz der Parteiautonomie gedeckt wird. Siehe dazu: Magnus, IPRax 1996, S. 148.

Kaufpreiseinigung sich auf einen gültigen Marktpreis bezieht, sind die Anforderungen des Art. 14 CISG gewahrt und es bedarf nicht der Abbedingung selbiger Vorschrift.

b. Einbeziehung einer Preisanpassungs-/Preisrevisionsklausel

Die Vereinbarung einer Preisanpassungsklausel geht ebenfalls mit den Regelungen des CISG einher und führt zu keiner Kollision. Diese Ansicht hat weitgehende Bestätigung gefunden.[250]

Nach einer Entscheidung des französischen Cour de Cassation[251] führt allein die Tatsache, dass die Parteien eine Preisrevisionsklausel vereinbart haben, die ihnen unter bestimmten Voraussetzungen eine Änderung des Preises ermöglicht, nicht dazu, dass der Kaufpreis unbestimmt im Sinne der Artt. 14 Abs. 1 S. 2; 55 CISG ist.[252] Dieser Ansicht ist zu folgen, da das CISG der Möglichkeit einseitiger Preisbestimmung nicht entgegensteht.[253] Ebenso wie Tagespreisklauseln genügen Preisrevisionsklauseln dem Bestimmtheitserfordernis des Art. 14 CISG, da der Preis zumindest bestimmbar ist.[254] Daher kommt es zu keiner Anwendung des Art. 55 CISG.[255] Aus praktischer Sicht wird es sich für die Vertragsparteien dennoch stets empfehlen, den Kaufpreis objektiv bestimmbar zu machen, da die Bestimmbarkeit des Preises noch immer kontrovers diskutiert wird und die hier vertretene Ansicht nicht allgemeine Gültigkeit beanspruchen kann.[256]

V. Verkäuferpflichten

Nach dem in der vorangegangenen Bearbeitung Vertragsregelungen begutachtet wurden, die für beide Parteien gleichermaßen verpflichtend sind, wird in der Folge eine Betrachtung der vertraglichen Regelungen zu den einzelnen Parteipflichten vorgenommen.

---

250 Siehe dazu ferner: Piltz, Exportvertrag, S. 350; Schluchter, Gültigkeit von Kaufverträgen, S.142 ff..

251 Cour de Cassation Recueil Dalloz 1995, 289 = CISG-Online Nr. 138

252 So auch: Staudinger-Magnus, Art. 55 CISG, Rn. 8; MüKo-Huber, Art. 55 CISG, Rn. 3.

253 Ebenso: Rehbinder, Vertragsschluss, S. 157; Huber, RabelsZ 43 (1979), S. 437.

254 So auch: Staudinger-Magnus, Art. 14 CISG, Rn. 24.

255 Staudinger-Magnus, Art. 55 CISG, Rn. 8, der allerdings einwendet, dass eine spätere Preisfestsetzung dem Gutglaubensgebot des Art. 7 Abs. 2 CISG unterliegen muss und daher nicht unangemessen weit von dem Maßstab des Art. 55 CISG entfernt sein darf.

256 So auch: Piltz, Exportvertrag, S. 350.

1. Die Lieferpflicht als Hauptleistung des Verkäufers, Artt. 3 ff. ICC-specific conditions, Artt. 8 ff. ICC-general conditions

a. Anforderungen des CISG, Artt. 30 ff. CISG

Das CISG regelt die sich für den Verkäufer ergebenden Pflichten aus dem Kaufvertrag in den Artt. 30-52 CISG.[257] Diese Regelungen werden in mehrere Abschnitte aufgegliedert. Der erste Abschnitt umfasst die Artt. 30-34 CISG, in denen geregelt wird, wann der Verkäufer an welchem Ort die Ware zu liefern hat und welche zugehörigen Dokumente mit übergeben werden müssen. Der darauf folgende Abschnitt von Art. 35-44 CISG normiert die Obliegenheiten des Verkäufers, welche Qualität die zu liefernde Ware haben muss, um vertragsgemäß zu sein. Der letzte Abschnitt der Art. 45-52 CISG regelt die Ansprüche des Käufers bei Pflichtverletzungen seitens des Verkäufers, die durch die Art. 71-73 und 85-88 zu einem abschließenden Regelungskomplex ergänzt werden.[258]

b. Lieferpflicht und -ort nach Artt. 30, 31 CISG

Art. 30 CISG bestimmt, dass der Verkäufer verpflichtet ist, die Ware zu liefern und zu übereignen sowie die zugehörigen Dokumente[259] auszuhändigen. Insoweit entspricht die Regelung dem § 433 Abs. 1 S. 1 BGB, der im deutschen Recht die Besitzverschaffungspflicht bestimmt.[260] Der Inhalt der Lieferpflicht ergibt sich aus den Artt. 31 bis 33 CISG, die diese Obliegenheit ausgestalten. Bereits an dieser Stelle sei erwähnt, dass die gesetzlichen Regelungen dann zurücktreten, wenn sich aus den vertraglichen Absprachen, aus bestehenden Gebräuchen und Gepflogenheiten oder aus dem stets geltenden Gebot des Art. 7 CISG eine andere und somit vorrangige Regelung ergibt. Dass in der Vertragspraxis insbesondere von vertraglich fixierten Sonderabsprachen zur Lieferung Gebrauch gemacht wird, wird in der folgenden Bearbeitung gezeigt.

Wie der Eigentumsübergang hingegen zu erfolgen hat, bestimmt sich nicht nach dem CISG, sondern nach dem durch das Kollisionsrecht anzuwendenden

---

257 Siehe dazu: Sarcevic/Volken-Enderlein, S. 133 ff..

258 Siehe hierzu: Staudinger-Magnus, Vorbemerkungen zu Artt. 30 ff. CISG, Rn. 2.

259 Die zu übergebenden Dokumente ergeben sich aus den betreffenden vertraglichen Vereinbarungen, aus Treu und Glauben (Art. 7 CISG) sowie aus bestehenden Gebräuchen und Gepflogenheiten, Enderlein/Maskow/Strohbach, Art. 34, Anm. 1.

260 Schlechtriem, Internationales UN-Kaufrecht, Rn. 121.

nationalen Sachenrecht[261], denn die Übertragung des Eigentums wird nicht durch das CISG geregelt.[262]

Für den Fall, dass der Kaufvertrag keine Güterbeförderungspflicht vorsieht[263], ist unter der Lieferung die Zurverfügungstellung der Ware im Sinne des Art. 31 CISG zu verstehen.[264] Es ist dann die Pflicht des Käufers, die gekaufte Ware abzuholen, da die Lieferschuld aus dem Vertrag sich auf eine „Holschuld" beschränkt.[265] Demnach umfasst die Lieferung, sofern eine Übergabe erforderlich ist[266], drei Teilmerkmale, nämlich neben der eigentlichen Lieferhandlung noch den Lieferort und die Lieferzeit.[267]

Sofern der Vertrag eine Beförderung des Kaufgegenstandes durch den Verkäufer vorsieht, stellt das CISG in Art. 31 die Lieferpflicht des Verkäufers in der Weise fest, dass dieser die Ware an den Beförderer zu übergeben hat, welcher die Ware dann an den Käufer übermittelt. Sofern mehrere Beförderer tätig werden, bestimmt Art. 31 a CISG, dass die Übergabe an den ersten Beförderer die Lieferpflicht erfüllt.[268]

---

261 Siehe: Art. 4, Satz 2, lit. b CISG. Die dinglichen Wirkungen, die der geschlossene Kaufvertrag erzeugt, sind ausdrücklich vom sachlichen Anwendungsbereich des CISG ausgenommen. Es gilt daher das Recht des Belegenheitsortes (lex rei sitae) gem. Art. 43 Abs. 1 CISG.

262 Schlechtriem-Huber/Widmer, Art. 30 CISG, Rn. 7.

263 Diese Konstellation ist nicht erst dann erreicht, wenn eine Beförderungspflicht ausdrücklich abbedungen wird, sondern auch schon dann, wenn die Parteien im Vertragstext zu einer denkbaren Beförderung der Kaufgegenstände gar keine Stellung nehmen. Das CISG sieht keinerlei Beförderungspflicht des Verkäufers vor, so dass dieser grundsätzlich die Ware an seiner Niederlassung zur Verfügung stellen muss. Art. 31 c CISG stellt somit die Grundregel der Lieferhandlung auf. Siehe auch: Staudinger-Magnus, Art. 31 CISG, Rn. 8.

264 MüKo-Gruber, Art. 30 CISG, Rn. 2.

265 Siehe: Artt. 31 b, c CISG. Dazu Schlechtriem-Huber/Widmer, Art. 31 CISG, Rn. 2.

266 So beispielsweise nach § 929 Abs. 1 BGB, Art. 714 Abs. 1 ZGB, § 425 ABGB. Anders verhält es sich bei Rechtsordnungen, die dem Konsensualprinzip folgen. Hier geht das Eigentum bereits mit Abschluss des Kaufvertrages über und es bedarf keiner besonderen dinglichen Einigung, so etwa im italienischen Spezieskauf gem. Art. 1376 Codice civile, im französischen Zivilgesetzbuch Art. 1583 Code civil.

267 Piltz, Internationales Kaufrecht, § 4, Rn. 11; Schackmar, Rn. 181.

268 Diese Regelung steht im Gegensatz zum EKG, das in dessen Art. 19 Abs. 1 eine Aushändigung der Kaufware an den Käufer vorsah. Dazu: Schlechtriem/Magnus, Internationale Rechtsprechung zu EKG und EAG, S. 193 ff..

c. Üblicherweise: Verwendung von Lieferklauseln in der Vertragspraxis

Im internationalen Warenhandel ist es üblich, die vertragstypischen Primärpflichten durch die Verwendung von Kurzformeln zu regeln.[269] Diese nahezu allgemein bekannten Klauseln vermeiden ein mühseliges Aushandeln und vertragliches Fixieren jeder einzelnen Lieferverpflichtung der Parteien und tragen somit zu einer erheblichen Vereinfachung des Handelsgeschäfts bei.

aa. INCOTERMS im ICC-Mustervertrag, Art. 3 ICC-specific conditions, Artt. 1, 8, 9 ICC-general conditions

Bei internationalen Warenkaufverträgen werden oftmals die international commercial terms, kurz INCOTERMS[270], von den Parteien verwendet, um die laut dem Vertrag bestehenden Lieferpflichten zu bestimmen und zu konkretisieren.[271] Sie sind die am meisten verwendeten Handelsklauseln, mit denen Unternehmen die vertragsgemäßen Lieferobliegenheiten feststellen.[272] Sie sind auch das Produkt aus dem Gedanken, dass im internationalen Handel die Vereinheitlichung von Kauf- und Verkaufsbedingungen einen vorteilhaften, weil vereinfachenden Effekt mit sich bringt.[273]

Der ICC Mustervertrag bestimmt die „delivery terms" in den specific conditions in Art. 3 und erläutert diese in den general conditions unter Artt. 1, 8 und 9 in aller Kürze. Hier wird klar gestellt, dass jegliche Bezugnahme auf Handelsklauseln innerhalb des Kaufvertrages sich ausschließlich auf die ICC INCOTERMS bezieht.[274]

(1) Bedeutung und Inhalt der INCOTERMS 2000

Von sämtlichen international verwendeten Handelsklauseln sind die INCOTERMS die wohl bekanntesten und am meisten genutzten Vertragsklauseln[275] und deshalb die mit Abstand wichtigsten Lieferbedingungen für den internationa-

---

269 Piltz, INCOTERMS und UN-Kaufrecht, S. 20.

270 INCOTERMS = International Commercial Terms. Diese sind abgedruckt in der ICC-Publikation Nr. 560 der Internationalen Handelskammer.

271 Siehe auch: Piltz, INCOTERMS und UN-Kaufrecht, S. 20; Schackmar, Rn. 88; Magnus/Lüsing, IHR 2007, S. 5.

272 Winship, Int. Law, Vol. 29, No. 3, S. 545.

273 So u.a. auch: Todd, Cases and materials on international trade law, S. 741.

274 Siehe: Art. 1 Nr. 1.3. der general conditions.

275 Dies gilt zumindest für den europäisch orientierten Rechtsraum, siehe: Piltz, INCOTERMS und UN-Kaufrecht, S. 20; Winship, Int. Law, Vol. 29, No. 3, S. 525.

len Handel. Sie wurden 1936 von der ICC aufgestellt, um die bis dahin bestehenden trade terms unabhängig von den geltenden Handelsbräuchen und -usancen zu vereinheitlichen.[276] In den Jahren 1953, 1967, 1976, 1980, 1990 und 2000 wurden sie neu ausgelegt und an die Weiterentwicklung des internationalen Handelsverkehrs angepasst.[277] Sie enthalten einheitliche Regelungen zu den wesentlichen Pflichten von Käufer und Verkäufer bei internationalen Handelsgeschäften. Ihre Verwendung brachte die Möglichkeit, bestehende Obligationen beider Vertragsparteien branchenunabhängig und länderübergreifend einheitlich auszulegen.[278] Sie können daher als großer Schritt zur Vereinheitlichung des internationalen Handelsrechts angesehen werden und tragen zur Förderung des internationalen Welthandels bei.[279]

Die INCOTERMS 2000 bestimmen durch ihre 13 Klauseln[280] die wesentlichen Pflichten der Vertragsparteien bei einem internationalen Liefervertrag.[281] Und regeln dabei vorrangig die Lieferung des Kaufgegenstandes als die Hauptpflicht des Verkäufers. Entsprechend steht spiegelbildlich dazu die Pflicht des

---

276 Siehe Baumbach-Hopt, HGB, INCOTERMS, Rn. 3; Lehr, VersR 2000, S. 548; Magnus/Lüsing, IHR 2007, S. 5.

277 Die Hauptneuerungen der Fassungen von 1990 und 2000 sind darin zu sehen, dass nunmehr auch der elektronische Datenaustausch (EDI = elecronic data interchange) sowie neue Transporttechniken, wie der multimodale Transport (dazu: Koller, Transportrecht, § 407 HGB, Rn. 118), die Bildung von Containerladungseinheiten oder der Ro-Ro-Transport, berücksichtigt werden. Siehe: Ramberg, INCOTERMS, S. 8; Bredow/Seiffert, Incoterms 1990, Einführung, Rn. 7.

278 So auch: Bredow/Seiffert, INCOTERMS, S. 1; Insbesondere soll den Firmen, die sich nicht auf branchentypische allgemeine Verkaufs- und Lieferbedingungen berufen können, eine Gelegenheit gegeben werden, feststehende Regelungen anzuwenden, siehe: Reithmann/Martiny, Internationales Vertragsrecht, S. 603.

279 Schneider, RIW 91, S. 91.

280 Die Klauseln sind jeweils durch einen Dreibuchstabencode abgekürzt, dessen Inhalt sich erschließen lässt, wenn man die Anfangsbuchstaben der englischsprachigen Originalklauseln aneinanderreiht. Sie lassen sich in vier Gruppen unterteilen:
-Abholklausel: EXW -Haupttransport zahlt der Käufer, Lieferort und Gefahrenübergang am Werk des Verkäufers.
-F-Klauseln: FCA, FAS, FOB = Haupttransport zahlt der Käufer, Lieferort und Gefahrübergang im Versandland.
-C-Klauseln: CFR, CIF, CPT, CIP = Haupttransport zahlt der Verkäufer, bei den CIF- und CIP- Klauseln zusätzlich eine Transportversicherung, Lieferort und Gefahrübergang sind im Versandland.
-D-Klauseln: DAF, DES, DEQ, DDU, DDP = Haupttransport zahlt der Verkäufer, Gefahrenübergang ist am festgelegten Lieferort im Importland, bei der DDP-Klausel werden die Importabgaben vom Verkäufer getragen.
Siehe dazu: v. Bernstorff, Vertragsgestaltung, S. 157.

281 Wertenbruch, ZGS 2005, S. 136.

Käufers, die Ware abzunehmen. Ein weiterer Regelungsbereich betrifft die Festlegung, ab welchem Zeitpunkt die Gefahr der Lieferung übergegangen ist, d.h. den Zeitpunkt, ab dem der Verkäufer seinen Anspruch auf Kaufpreiszahlung behält, obwohl die verkaufte Ware beschädigt oder zerstört wurde.[282] Weiterhin wird geregelt, wer mit den anfallenden Transportkosten bzw. der Organisation einer Transportmöglichkeit belastet wird und welche Transportdokumente zu übergeben sind. Einige Klauseln bestimmen weiterhin, ob und von wem eine Versicherung der Kaufware vorzunehmen ist.[283] Endlich werden durch die INCOTERMS 2000 die Fragen hinsichtlich der Aufteilung von Pflichten im Hinblick auf die Ein- und Ausfuhr der Kaufware geregelt, Fragen hinsichtlich etwaiger Verpackung der Ware sowie mögliche Benachrichtigungspflichten.[284]

(2) INCOTERMS 2000 im Verhältnis zum CISG

Obwohl die INCOTERMS mittlerweile seit vielen Jahren im internationalen Handelsverkehr verwendet werden, besteht nach wie vor keine allgemeine Ansicht zu ihrer Rechtsnatur und ihrem Geltungsgrund. Überwiegend wird dafür das CISG als maßgeblich betrachtet, was wohl an der bemerkenswerten Häufigkeit von Handelsverträgen liegt, in denen die INCOTERMS verwendet werden, die dem CISG in ihrer Regelung unterfallen, sofern selbiges nicht abbedungen wurde.[285]

(a) Rechtsnatur und Geltungsgrund der INCOTERMS gem. Art. 9 CISG

Da die ICC keinerlei Rechtssetzungsbefugnis hat, sondern lediglich für die Vereinten Nationen einen beratenden Status innehält, können die INCOTERMS kein gesetztes Recht darstellen.[286] Dies wird zuweilen in der Handelsvertragspraxis

---

282 Siehe: Lehr, VersR 2000, S. 550.

283 So die Klauseln „CIF“ und „CIP“, die eine Verpflichtung zur Versicherung normieren. Dazu: Piltz, RIW 2000, S. 486.

284 Weiterhin zum Regelungsgehalt der INCOTERMS: Magnus/Lüsing, IHR 2007, S. 6. Hier wird klar gestellt, dass diese nicht für Fragen des Vertragsschlusses sowie für solche der Leistungsstörungen gelten, ebenso wenig wie für Fragen des jeweiligen Beförderungsvertrages.

285 So auch: Piltz, RIW 2000, S. 487.

286 Goode, ICQL 46, S. 26; Schneider, RIW 1991, S. 92; Piltz führt dazu aus, dass sich trotz jahrzehntelanger Anwendung eine gesicherte Grundlage zum Geltungsgrund der INCOTERMS noch nicht ausmachen lasse. Einigkeit bestehe allerdings dahingehend, dass die INCOTERMS kein unmittelbar verbindliches, gesetzesähnliches Recht darstellen, siehe: Piltz, Vertragsrecht und Vertragsgestaltung bei internationalen Kaufverträgen, S. 62.

anders empfunden, wo die Vertragsklauseln als gesetzesgleich angesehen werden.[287] Eine kurzzeitige Ausnahmesituation bestand lediglich für Spanien und den Irak im Jahr 1953. Dort wurden die INCOTERMS für rechtsverbindlich erklärt.[288] Deshalb wird von der überwiegenden Ansicht angenommen, dass es sich bei den INCOTERMS um einen einverständlich berufenen Handelsbrauch im Sinne des Art. 9 Abs. 1 CISG handelt, sofern die Vertragsparteien übereinstimmend die INCOTERMS 2000 als Vertragsbestandteil vereinbart haben.[289] Die INCOTERMS ändern bzw. ergänzen das CISG in diesem Fall.[290] Nehmen die Vertragsparteien ausdrücklich und unmissverständlich Bezug auf die INCOTERMS, so sind sie, vergleichbar mit sonstigen Allgemeinen Geschäftsbedingungen, Vertragsbestandteil geworden.[291] Die ebenfalls vertretene Ansicht, bei den INCOTERMS würde es sich insgesamt oder partiell um Handelsbräuche handeln, die aus sich selbst heraus Geltung beanspruchen, wird bislang zu Recht überwiegend abgelehnt.[292] Eine Geltung aus sich heraus scheitert schon deshalb, da die INCOTERMS lediglich 13 verschiedene Regelungsvarianten bereit halten, die Wahl, welche dieser Varianten aber zum Zuge kommen soll, für die Vertragsparteien offen bleibt.[293]

Für den Fall hingegen, dass die Vertragsparteien lediglich ein Buchstabenkürzel ohne jeden weiteren Zusatz zum Vertragsinhalt machen, ist fraglich, ob auch dann die INCOTERMS zur Anwendung kommen. Eine Anwendbarkeit könnte allenfalls dann erfolgen, wenn die INCOTERMS gemäß Art. 9 Abs. 2 CISG als üblicher Brauch zwischen den Parteien einzuordnen wären und bewiesen werden könnte, dass dieser zum Auslegungsmaßstab erkannt wurde.[294] In diesem Fall sollten die INCOTERMS als Auslegungsmittel herangezogen werden.[295] Eine

---

287 Vergleiche: Basedow, RabelsZ 43, S. 125.

288 Schmitthoff, Export Trade, S. 66 mit weiteren Nachweisen; Schneider, RIW 1991, S. 93.

289 Das Hinzufügen der Jahreszahl ist wichtig, um die genaue Fassung der INCOTERMS festzulegen. So bleiben die Verträge mit einer vereinbarten Klausel: „INCOTERMS 1990“ durch die im Jahre 2000 erfolgte Revision unverändert. Es steht den Vertragsparteien auch nach der Revision offen, die vorangegangene Fassung des Regelwerks als Vertragsbestandteil zu vereinbaren. Siehe: Bredow/Seiffert, INCOTERMS 2000, S. 6.

290 Piltz, Vertragsrecht und Vertragsgestaltung bei internationalen Kaufverträgen, S. 62.

291 Reithmann/Martiny, Internationales Vertragsrecht, S. 603; Schüssler, DB 1986, S. 1162; Ebenroth/Boujong/Joost-Kort, HGB, § 346, Rn. 105; Schmidt, HGB, § 30 Abs. 1, 3d.

292 Bredow/Seiffert, INCOTERMS, Einf., Rn. 13; Eisemann/Melis, Incoterms, S. 30 f.

293 MüKoHGB-Ferrari, Art. 9 CISG, Rn. 18; Staudinger-Magnus, Art. 9 CISG, Rn. 8.

294 Piltz, RIW 2000, S. 487.

295 So auch: Staudinger-Magnus, Art. 9 CISG, Rn. 32; Herber/Czerwenka, Internationales Kaufrecht, Art. 9 CISG, Rn. 16; Piltz, Vertragsrecht und Vertragsgestaltung bei

solche Einordnung der INCOTERMS ist aber wie bereits dargestellt, nicht vorzunehmen.

Bei Geltung der INCOTERMS aufgrund von Art. 9 Abs. 1 CISG geht ihr Regelungsgehalt den gesetzlichen Bestimmungen des UN-Kaufrechts vor.[296]

Die INCOTERMS selbst haben einen dispositiven Charakter und können von den Vertragsparteien durch Abrede modifiziert werden.[297] Deshalb empfiehlt sich die bereits unmissverständliche Wahl des INCOTERM-Klauselwerkes ohne weitere Zusätze.[298]

(b) Benachrichtigungspflichten nach den INCOTERMS und dem CISG

Die ICC sieht in der Fassung der INCOTERMS 2000 zu jeder Klausel jeweils unter A7 und B7 des INCOTERMS Regelungstextes Benachrichtigungspflichten für die Vertragsparteien vor.[299]

Der jeweiligen Klausel entsprechend haben die Vertragsparteien mitzuteilen, wie die Lieferung bewirkt werden soll. Dadurch soll insbesondere der Käufer in die Lage versetzt werden, über die Ware zu disponieren, sie eventuell zu versichern oder auch nur ihre Entgegennahme vorzubereiten.[300] Allerdings wird nicht geregelt, ob der Erklärungsabsender die Benachrichtigung nur absenden muss oder ob er zudem auch für deren Zugang einzustehen hat.

Das CISG hält eine Regelung für die genannten Pflichten in Art. 27 bereit. Diese Vorschrift sieht als grundsätzlich geltende Regel vor, dass bei Erklärungen im Sinne des III. Teil des CISG der Erklärungsempfänger das Risiko der Erklärungsverzögerung, des -verlustes oder der fehlerhaften Übermittlung trägt. Zur Pflichterfüllung seitens des Erklärenden ist es ausreichend, dass dieser die Erklä-

---

internationalen Kaufverträgen, S. 63; auch: Fogt, EuLF 2003, S. 69, der allerdings zur bloßen Vereinbarung eines Buchstabencodes weiterhin ein bestimmtes Verhalten gem. Art. 8 CISG, eine stillschweigende Annahme nach Art. 9 Abs. 1 CISG oder ein sonstiges Indiz fordert, damit die Gerichte sich im Streitfall auf eine einheitliche Auslegung der Vertragsregelungen verständigen können.

296 Staudinger-Magnus, Art. 31 CISG, Rn. 3 und 6; Piltz, RIW 2000, S. 487.

297 Piltz, RIW 2000, S. 487.

298 Dies wird auch von Schneider so empfohlen, der allenfalls noch die Publikationsnummer der ICC hinzufügen würde, siehe: Schneider, RIW 1991, S. 96. Weiterhin: Piltz, Exportvertrag, S. 438. So ist es unter anderem im internationalen Handelsverkehr insbesondere mit chinesischen Vertragspartnern dazu gekommen, dass diese dem äußeren Anschein nach INCOTERMS gleichenden Klauseln in der Weise modifizierten, dass diese zu einer massiven Benachteiligung der zumeist nicht-chinesischen Lieferanten geführt haben.

299 Siehe dazu: Magnus/Lüsing, IHR 2007, S. 7.

300 Piltz, Exportvertrag, S. 390.

rung in geeigneter Weise auf den Weg bringt.[301] Dieses Absendeprinzip gilt im Zweifel auch für von den Parteien zusätzlich vereinbarte Mitteilungspflichten, eben auch solche, die sich aus den INCOTERMS ergeben.[302]

(c) Versicherungspflicht der Ware nach den INCOTERMS und dem CISG

Eine Kollision von INCOTERMS und dem CISG tritt hinsichtlich der Pflicht auf, die Ware zu versichern. Das CISG sieht eine solche Pflicht weder für den Verkäufer noch für den Käufer vor.[303] Insbesondere folgt eine solche Pflicht nicht aus Art. 32 Abs. 2 CISG, der lediglich den Transport der Kaufware regelt.[304] Eine Versicherungspflicht des Verkäufers könnte sich allenfalls und wohl nur ausnahmsweise über Art. 9 Abs. 1 CISG ergeben, wenn die Transportversicherung sich als Handelsbrauch in dem konkreten Fall manifestiert hat und zu den beachtlichen Gebräuchen oder Gepflogenheiten zählt.[305] Daher bedarf es auch nicht der noch weiter gehenden Ansicht, eine Transportversicherung sei immer dann vom Verkäufer abzuschließen, wenn ihm dies als pflichtgemäßes, geschäftsangemessenes Verhalten abverlangt werden kann.[306] Eine solche Pflicht ist zu unbestimmt und würde stets über die bereits genannte Lösung mit abgedeckt.

(d) INCOTERMS und Softwarekaufverträge

Bereits im vorangegangenen Teil der Arbeit wurde erläutert, dass Kaufverträge über Software auch einer möglichen Regelung durch das CISG unterfallen können.[307]

Daher stellt sich die Frage, ob die INCOTERMS eventuell ebenfalls anwendbar sind. Die Frage ist jedoch negativ zu beantworten, da die INCOTERMS aus-

301 Staudinger-Magnus, Art. 27 CISG, Rn.1.

302 Siehe: OGH, öster. JBl 1999, S. 252; Herber/Czerwenka, Art. 27 CISG, Rn. 6; Enderlein/Maskow/Strohbach, Art. 7, Rn. 7, Staudinger-Magnus, Art. 27 CISG, Rn. 12. Anderer Ansicht sind Bredow/Seiffert, die das Risiko einer Verzögerung stets dem Absender der Mitteilung auferlegen wollen, siehe: Bredow/Seiffert, INCOTERMS 2000, S. 32.

303 Staudinger-Magnus, Art. 32 CISG, Rn. 22; Bianca/Bonell-Lando, Art. 32 CISG, Anm. 2.4.; Soergel-Lüderitz/Schüssler-Langeheine, Art. 32 CISG, Rn. 10.

304 Schlechtriem-Huber, Art. 32 CISG, Rn. 28.

305 Herber/Czerwenka, Art. 32 CISG, Rn. 8; Piltz, Internationales Kaufrecht, S. 133.

306 Achilles, UN-Kaufrecht, Art. 32 CISG, Rn. 7;Schlechtriem-Huber, Art. 32 CISG, Rn. 28.

307 Siehe oben unter C III 3.

drücklich keine Lieferverträge über nichtkörperliche Gegenstände erfassen.[308] Aus dem dispositiven Charakter der INCOTERMS geht jedoch die jederzeitige Möglichkeit für die Vertragsparteien hervor, die INCOTERMS für einen Softwarekaufvertrag als Regelwerk zu bestimmen, auch wenn diese nicht für solche Arten von Kaufgegenständen geschaffen wurden.[309]

(e) Unterlassene Wahl einer INCOTERM-Klausel

Auch wenn der ICC-Mustervertrag auf die Wahl einer INCOTERM-Lieferklausel zugeschnitten ist und diese nahezu einfordert, können die Vertragsparteien dennoch von der Verwendung der INCOTERMS absehen und entweder eine Individualvereinbarung treffen oder auch jedwede Vereinbarung unterlassen. In letztgenanntem Fall ist die Lieferpflicht nach den Artt. 31-33 CISG zu beurteilen.

bb. Lieferklauseln in den weiteren begutachteten Vertragsmustern

Den hohen Stellenwert der INCOTERMS kann man auch daran erkennen, dass die weiteren begutachteten Musterverträge sämtlichst die INCOTERMS verwenden. Es wird durchweg die Verwendung von Lieferklauseln vorgeschlagen und dies stets in Form der Wahl einer INCOTERM-Klausel.

(1) Lieferklauseln im ITC-Mustervertrag

(a) Grundsätzliche Anwendung der INCOTERMS

Der Mustervertrag des ITC verlangt, ähnlich dem Vertrag der ICC, die Regelung der Lieferpflicht anhand der INCOTERMS. Der eigentliche Vertragstext sieht in Art.3 die Eintragung der anzuwendenden INCOTERM-Klausel vor, erläuternd wird direkt im Vertragstext festgelegt, dass die aktuellste Fassung der INCOTERMS Anwendung finden soll. Weiterhin soll zum einen der Lieferort, zum anderen das Lieferdatum bzw. die Lieferzeit festgesetzt werden. Sofern ein Transport mittels einer dritten Person vereinbart wird, sind deren Kontaktdaten festzuhalten.

Der „users' guide" untermauert in den Kommentierungen zu Art. 3 des Vertragstextes den Vorschlag, den ICC INCOTERMS den Vorzug gegenüber einzelnen, detaillierten Vereinbarungen zu geben. Den Vertragsparteien wird aufgegeben, sowohl Lieferort als auch Lieferzeit zu bestimmen oder zumindest

---

308 Siehe: ICC, INCOTERMS 2000, S. 5.
309 Piltz, RIW 2000, S. 488.

festzulegen, wie diese Daten bestimmt werden können. Hier wird den Artt. 31 bis 33 CISG entsprochen, die die Obliegenheiten des Verkäufers bezüglich seiner Lieferverpflichtung festlegen.

(b) INCOTERMS als Checkliste bei individuell vereinbarten Lieferpflichten

Sofern die Vertragsparteien eine individuell vereinbarte und spezifizierte Lieferpflicht vorsehen wollen, wird ihnen, dem „users' guide" nach, angeraten, sich trotzdem mit den INCOTERMS auseinander zu setzen, da diese einen Rahmen von Regelungspunkten gesteckt haben, den es zu stets zu beachten gilt. Eine völlige Missachtung des INCOTERM-Regelungsgehaltes sei daher nicht empfehlenswert. Der „users' guide" rät an, die INCOTERMS zumindest als Checkliste für die individuelle Vertragsgestaltung zu verwenden.

(c) „Fall-back"-Klausel

In der Situation, in welcher die Vertragsparteien keinerlei Aussage über die Lieferverpflichtungen treffen, beinhaltet Art. 3 des ITC-Mustervertrages eine so genannte „Fall-back"-Klausel. In dieser Klausel wird bestimmt, dass dann eine Lieferpflicht entsprechend der „ex works (exw)"- INCOTERMS-Klausel gelten soll.[310] Das meint, dass der Verkäufer zur Erfüllung seiner Lieferpflichten, die Ware an seinem Firmengelände zur Abholung bereitzustellen hat.

(2) Lieferklauseln nach den ECE-Bedingungen

Die allgemeinen Lieferbedingungen für den Export von Maschinen und Anlagen der Wirtschaftskommission der Vereinten Nationen gehen auch von einer Anwendung der INCOTERMS aus. Art. 6.1. der ECE-Bedingungen bestimmt, dass der Gefahrenübergang der Warenlieferung sich nach den INCOTERMS in der jeweils aktuellen Fassung bemessen soll. Es wird in den ECE-Bedingungen davon ausgegangen, dass im Kaufvertrag grundsätzlich eine INCOTERM-Klausel bestimmt wird. So findet sich schließlich auch hier im Folgesatz des Art. 6.1. eine „Fall-back"-Klausel, die für den Fall, dass eine anderweitige Bestimmung unterblieben ist, eine Lieferung „ab Werk" vorsieht. Art. 6.2. der ECE-Bedingungen regelt die dann anfallenden Benachrichtigungspflichten über den Zeitpunkt, an dem die Ware abgenommen werden kann.

---

310 Siehe dazu: Bredow/Seiffert, INCOTERMS 2000, S. 26 ff..

(3) Lieferklauseln nach den ORGALIME-Bedingungen

Die vom ORGALIME-Verbund herausgegebenen allgemeinen Lieferbedingungen sind ebenfalls an die INCOTERMS gekoppelt. Art. 9 Satz 1 der ORGALIME-Bedingungen bestimmt, dass vereinbarte Lieferklauseln nach den jeweils aktuellen INCOTERMS auszulegen sind. Diese Formulierung ist missverständlich, können so die INCOTERMS als eine reine Auslegungshilfe für eine beliebig vereinbarte Lieferklausel verstanden werden. Meines Erachtens ist die vertragliche Regelung jedoch so zu verstehen, dass die Vertragsparteien eine INCOTERM-Klausel zum Vertragsbestandteil machen können und nicht eine beliebige andere Vereinbarung. Die Regelung bezieht sich daher auf das gesamte Regelwerk der ICC und möchte dieses nicht lediglich als Auslegungshilfe nutzen.

Dafür spricht auch die im nächsten Satz des Art. 9 der ORGALIME-Bedingungen festgelegte „Fall-back-Klausel", die im Falle einer unterbliebenen Vereinbarung die Anwendung der „exw"-Klausel bestimmt. Hier wird deutlich, dass auch die ORGALIME-Bedingungen eine enge Bindung an die INCOTERMS halten.

d. Fazit zur mustervertraglichen Verwendung von Lieferklauseln, insbesondere der INCOTERMS, vor dem Hintergrund des CISG

Die gravierende Bedeutung der INCOTERMS im internationalen Handelsverkehr ist bereits daran zu erkennen, dass sämtliche Vertrags- und Bedingungsmuster, die Gegenstand der vorliegenden Arbeit sind, eine Verwendung eben dieses Klauselwerkes vorsehen. Die Verwendung von solchen Kurzformeln, um die typischen Primärpflichten festzulegen, gibt es seit langer Zeit.

Durch die Verwendung solcher Lieferklauseln wird es den Parteien erleichtert, Lieferpflichten zu bestimmen, ohne jedes Detail aushandeln zu müssen. Aus europäischer Sicht sind dabei die INCOTERMS mittlerweile so etabliert, dass es kaum möglich sein wird, einen internationalen Liefervertrag zu schließen, ohne sich zuvor Überlegungen dazu gemacht zu haben, die Lieferpflicht bzw. die Annahmepflicht, durch eine INCOTERM-Klausel darzustellen.

Meines Erachtens spricht für einen europäischen Händler viel für die Verwendung der INCOTERMS:

Die INCOTERMS sind mittlerweile so bekannt und deren Verwendung so erprobt, dass es den Vertragsparteien ermöglicht wird, ohne großes Risiko ein Missverständnis einzugehen, die Parteipflichten festzulegen.

Durch die permanente Überarbeitung und Anpassung im Rahmen mehrfacher Revisionen, sind die INCOTERMS den aktuellen Gegebenheiten, vor allem den technischen Transportmöglichkeiten, angepasst. Sie vermögen es, den Bedürfnissen des alltäglichen Handelsverkehrs gerecht zu werden.

Mit der ICC als Herausgeberin ist eine weitgehende Unabhängigkeit ab von staatlichen Interessen gewährleistet.

Wie aufgezeigt besteht eine weitgehende Harmonie von CISG und INCOTERMS. Angesichts dieser häufig auftretenden Kombination im internationalen Handelsverkehr ist es von großem Vorteil, wenn die beiden Regelwerke aufeinander abgestimmt werden können. Hinzu kommt, dass die INCOTERMS, dem CISG vergleichbar, von den Vertragsparteien nach Belieben modifiziert, also geändert bzw. ergänzt werden können, und dem Grundgedanken der Parteiautonomie somit gerecht werden. Insoweit ist es zu begrüßen und nachzuvollziehen, dass die betrachteten Musterregelungswerke sich der INCOTERM-Klauseln bedienen.

2. Verzugsregelung und sich daraus ergebende Rechtsfolgen, Art. 10 ICC-general conditions

a. Lieferzeit und Verzug des Lieferers nach dem CISG, Art. 33 CISG

Neben dem zu vereinbarenden Kaufpreis ist der Zeitpunkt, wann die gekaufte Ware geliefert werden soll, einer der wichtigsten Einigungspunkte im Rahmen eines internationalen Kaufvertrages. Das CISG hat sich bezüglich der Regelung des Lieferzeitpunktes auf wenige Regelungspunkte beschränkt und überlässt es weitgehend den Parteien, diesen Vertragseckpunkt festzulegen.[311] Das CISG regelt die Lieferzeit in Art. 33. Diese Vorschrift bestimmt, wann die Leistung des Verkäufers zu erbringen ist.

aa. Fester Lieferzeitpunkt

Vorrangig ist der Zeitpunkt beachtlich, den die Vertragsparteien vertraglich vereinbart haben.[312] Hier schlägt der Grundsatz der Parteiautonomie aus Art. 6 CISG durch, der den Parteien umfassend ermöglicht, deren konkrete Verpflichtungen selbst zu bestimmen.[313] Wird ein fester Lieferzeitpunkt bestimmt[314], so ist

---

311 Piltz, UN-Kaufrecht, S. 54; Ferrari/Flechtner/Brand, UNCITRAL digest, S. 621.

312 Siehe: Art. 33 lit. a CISG.

313 Staudinger-Magnus, Art. 33 CISG, Rn. 7.

314 Hierbei muss der Termin zumindest bestimmbar sein, wobei auch eine Bezugnahme auf einen anderen Termin wie etwa „am 1. Werktag eines Monats“ ausreicht, siehe: Staudinger-Magnus, Art. 33 CISG, Rn. 9.

der Verkäufer nicht frei, auch zuvor zu liefern, die Lieferung hat exakt zu diesem festgesetzten Datum zu erfolgen. Der Käufer hat in diesem Fall gemäß Art. 52 Abs. 1 CISG das Recht, die Abnahme der ihm angebotenen Ware zu verweigern.[315]

bb. Lieferzeitraum

In der Vertragspraxis ist es gängig und nicht unüblich, den Lieferzeitpunkt entsprechend Art. 33 lit. b CISG nicht auf einen Stichtag festzulegen, sondern stattdessen einen Lieferzeitraum zu bestimmen, in welchem der Verkäufer seine Pflicht erfüllen kann.[316] Der Verkäufer hat dann die Flexibilität, die Warenlieferung vorzubereiten, wie etwa für Beschaffung, Transport oder Verpackung der Kaufgegenstände zu sorgen.[317] Dem Verkäufer ist überlassen, wann er innerhalb des vereinbarten Zeitraumes liefert.[318] Dem Käufer obliegt es bei einer solchen Vereinbarung, sich gemäß Art. 60 CISG abnahmebereit zu verhalten.[319]

cc. Unterlassene Lieferzeitbestimmung

Art. 33 lit. c CISG hält eine Auffangklausel für den Fall bereit, dass die Parteien keine Vereinbarung zur Lieferzeit getroffen haben. Enthält der Kaufvertrag keine Bestimmung, wann die Ware geliefert werden soll, so hat der Verkäufer innerhalb einer angemessenen Frist zu liefern.[320] Bei der Bestimmung einer angemessenen Lieferfrist sind vertragliche Vorgaben, mögliche Handelsbräuche sowie alle anderen Umstände zu berücksichtigen, die den Vertragsparteien bei Schluss

315 Siehe: MüKoHGB-Benicke, Art. 33 CISG, Rn. 2.

316 So zum Beispiel: „Lieferung in der 30. Kalenderwoche." Siehe: Piltz, UN-Kaufrecht, S. 54.

317 MüKoHGB-Benicke, Art. 33 CISG Rn. 3; Neumayer/Ming, Art. 33 CISG, Rn. 4.

318 Allerdings kann sich eine Situation ergeben, in der der Käufer berechtigt ist, zu bestimmen, wann innerhalb der zuvor vereinbarten Zeitspanne der Verkäufer die Ware zu liefern hat. So beispielsweise, wenn der Käufer laut Vereinbarung für den Haupttransport der Ware zu sorgen hat und sich dafür mit dem Verfrachter auf einen festen Termin geeinigt hat. Dazu: Piltz, UN-Kaufrecht, S. 54; Schlechtriem-Huber/Widmer, Art. 33, Rn. 9. Weiterhin die Schiedssprüche ICC Nr. 9117, ICC Int. Court of Arbitration Bull. 2000, S. 83.

319 Zu den Mitwirkungspflichten des Käufers siehe: Schlechtriem-Huber/Widmer, Art. 33, Rn. 11.

320 Gegebenenfalls muss er sich jedoch an vereinbarte Benachrichtigungsvereinbarungen halten; Honsell-Karollus, Art. 33, Rn. 11; Schlechtriem-Huber/Widmer, Art. 33 CISG, Rn. 18.

des Vertrages bekannt und erkennbar waren.[321] So ist unter anderem zu berücksichtigen, ob der Verkäufer die Kaufware noch beschaffen oder gar herstellen muss.[322] Weiterhin ist von Bedeutung, ob die Vertragsparteien vor Vertragsschluss besondere Absprachen bezüglich der Lieferzeit verabredet haben[323], mögliches nachvertragliches Verhalten, insbesondere mögliche nach Vertragsschluss erfolgte Terminabsprachen[324], sowie die vorbehaltlose Annahme der gekauften Ware.[325]

Für eine angemessene Frist hält das CISG keine Regeln parat. Die Angemessenheit der Frist richtet sich nach den Umständen eines jeden einzelnen Geschäfts und den dazugehörigen Usancen der jeweiligen Branche.[326]

b. Eintritt des Verzuges und Rechtsfolgen nach dem CISG, Artt. 33, 45 ff., 74 CISG

Wird von den Parteien eine Lieferzeit bestimmt, so hat der Verkäufer sich an diese Bestimmung zu halten. Er muss die vertraglich vereinbarte Lieferhandlung vornehmen. Art. 33 CISG bestimmt für diesen Fall auch, ab wann der Verkäufer sich mit der Lieferung in Verzug befindet, nämlich eben dann, wenn er die Lieferfrist ungenutzt verstreichen lässt. Die sich daraus ergebende Rechtsfolge bestimmt sich nach der Generalnorm des Art. 45 CISG und den sich anschließenden Rechtsbehelfsnormen des CISG.[327] Anders als beispielsweise nach deutschem nationalem Recht, bedarf es keiner weiteren Mahnung oder Fristsetzung an den verspäteten Verkäufer.[328]

Möchte der Käufer infolge der verzögerten Lieferung den Kaufvertrag aufheben, so ist dies nur unter bestimmten Anforderungen möglich, nämlich dann,

---

321 Sekretariatskommentar, Art. 31, Anm. 8; Honsell-Karollus, Art. 33, Rn. 11; MüKo-HGB-Benicke, Art. 33 CISG, Rn. 7.

322 Witz/Salger/Lorenz-Witz, Art. 33 CISG, Rn. 7.

323 Dazu der Hof Amsterdam am 08.06.1977 noch zum EKG in: Schlechtriem/Magnus, S. 197.

324 Sekretariatsbericht, O.R., S. 31, comm. 5.

325 Dazu das LG Heidelberg am 30.01.1979 auch zum EKG in: Schlechtriem/Magnus, S. 200.

326 Sekretariatskommentar, Art. 31 CISG, Rn. 8: „acceptable commercial conduct"; Staudinger-Magnus, Art. 33 CISG, Rn. 22.

327 Schlechtriem-Huber/Widmer, Art. 33 CISG, Rn. 2.

328 So Welser in: Doralt, UNCITRAL-Kaufrecht, S. 108; Schlechtriem-Huber/Widmer, Art. 33 CISG, Rn. 2; Piltz, Exportvertrag, S. 394; Ziegler, Leistungsstörungsrecht, S. 57.

wenn die verspätete Lieferung eine wesentliche Vertragsverletzung[329] nach Art. 49 Abs. 1 CISG begründet.[330] Ferner hat der Käufer das Recht zur Vertragsaufhebung nach Art. 49 Abs. 1 lit. b CISG. Diese Regelung ermöglicht dem Käufer, den Vertrag aufzuheben, wenn dem Verkäufer eine angemessene Nacherfüllungsfrist im Sinne von Art. 47 Abs. 1 CISG gesetzt wurde und diese ohne Erfolg verstrichen ist. Ob die Nachfrist angemessen ist oder nicht, bestimmt sich nach den Umständen des Einzelfalls. Wird zunächst eine zu kurze Frist anberaumt, setzt dies automatisch auch eine angemessene Frist in Gang.[331] Das zuvor beschriebene Prognoserisiko, ob die Zuspätlieferung eine wesentliche Vertragsverletzung oder eine unwesentliche war, entfällt hierbei auf den Käufer.[332] Die Pflicht zur Nacherfüllungsfristsetzung entfällt jedoch, wenn der Verkäufer die Erfüllung endgültig verweigert, da insoweit eine wesentliche Vertragsverletzung im Sinne von Art. 25 CISG vorliegt, bei der sich das Aufhebungsrecht nach Art. 49 Abs. 1 lit. a CISG richtet.[333]

c. Lieferzeit- und Verzugsregelungen in den begutachteten Mustervertragswerken

aa. Art. 10 ICC-specific conditions, Art. 10 ICC-general conditions des ICC-Mustervertrages

Art. 10 der general conditions zum ICC-Musterkaufvertrag regelt die Zuspät- bzw. Nichtlieferung der gekauften Ware und die für diesen Fall zur Verfügung stehenden Rechtsmittel des Käufers. Art. 10.5. stellt die in Art. 10 gefassten Re-

---

329 Ausführlich zur wesentlichen Vertragsverletzung nach dem CISG: Ferrari, IHR 2005, S. 1 ff.; ferner: Lurger, IHR 2001, S. 91 ff.; dies., IHR 2005, S. 221 ff..

330 Regelmäßig wird bei einer verspäteten Lieferung keine wesentliche Vertragsverletzung anzunehmen sein, es sei denn, es liegt ein Fix- oder ähnliches Geschäft vor, siehe dazu: Enderlein/Maskow/Strohbach, Art. 49 CISG, Rn. 3; Herber/Czerwenka, Art. 47 CISG, Rn. 4, Welser in: Doralt, UNCITRAL-Kaufrecht, S. 120; Freiburg, Vertragsaufhebung, S. 75. Daher hat der Käufer der Ware, sofern er die Aufhebung des Vertrages anstrebt, dem Verkäufer gemäß Art. 49 Abs. 1 lit. B CISG eine Nachfrist zu setzen, bei deren Nichteinhaltung ein weiteres Aufhebungsrecht entsteht, siehe dazu: Staudinger-Magnus, Art. 49 CISG, Rn 12.; Mischke, BB 1997, S. 1497; Gillette/Walt, Sales Law, S. 358 f.

331 Staudinger-Magnus, Art. 47 CISG, Rn. 20; Honsell, SJZ 1992, S. 352 f.; Schlechtriem-Huber, Art. 47 CISG, Rn. 10 ff..

332 Verweyen, Käuferrechtsbehelfe, S. 174.

333 Piltz, Internationales Kaufrecht, S. 234; Schlechtriem-Huber, Art. 47 CISG, Rn. 21.

gelungen gegenüber etwaigen anderen Rechtsmitteln des Käufers im Falle ausbleibender oder verspäteter Lieferung als ausschließlich fest.[334]

(1) Anspruch auf Verzugsschadensersatz

Der ICC-Mustervertrag regelt den Schuldnerverzug jeweils in Art. 10 der specific sowie der general conditions. Art. 10 der specific conditions soll jedoch nur dann Anwendung finden, sofern von den Artt. 10.1., 10.4., 11.3. der general conditions abgewichen werden soll. In den specific conditions wird den Parteien dann die Möglichkeit gegeben, entweder als erste Alternative einen Prozentsatz des Kaufpreises festzulegen, der pro Woche als Verzugsschadensersatz vom Verkäufer zu zahlen ist. Dazu besteht die Möglichkeit, eine Schadensersatzobergrenze festzulegen, in der der maximale Prozentsatz vom Kaufpreis festgelegt wird.

Alternativ kann ein bestimmter Festbetrag, der im Fall einer verzögerten Lieferung seitens des Verkäufers zu zahlen ist, festgelegt werden.

Als dritten Punkt regelt Art. 10 der specific conditions den Fall, dass es auf Grund der verspäteten Lieferung des Verkäufers zu einer Vertragsaufhebung gekommen ist. Hier wird den Vertragsparteien die Möglichkeit gegeben, eine Haftungsgrenze des Verkäufers zu bestimmen, die sich prozentual am Gesamtkaufpreis bemisst.

Diese speziellen Vertragsvereinbarungen sollen jedoch nicht den Regelfall darstellen. Die eben erläuterten Regelungen sollen nur dann Anwendung finden, sofern die Vertragsparteien die grundsätzliche Festlegung von Verzögerungstatbeständen in den general conditions modifizieren wollen. Diese generellen Bestimmungen sind dort ebenfalls in Art. 10 geregelt, der sich seinerseits in fünf Unterpunkte aufgliedert.

Art. 10.1. der general conditions regelt den Schuldnerverzug in der Weise, dass der Käufer einen Schadensersatz von 0,5% des Kaufpreises pro vollendet verspäteter Woche verlangen kann, die der Verkäufer die Ware zu spät liefert.[335] Dies setzt voraus, dass der Käufer den Verkäufer über die verspätete Lieferung benachrichtigt. Eine spezielle Eigenart besteht darin, dass die Höhe des Schadensersatzes davon abhängig ist, ob der Käufer seine Benachrichtigungsobliegenheit innerhalb oder nach einer Frist von 15 Tagen ab dem eigentlich verein-

---

334 Wie diese Ausschließlichkeit zu verstehen ist, wird nicht ganz klar. Der Vertragstext schreibt vor: „ The remedies under this article are exclusive of any other remedy for delay in delivery or non-delivery." Siehe Artikel 10.5. general conditions ICC-Mustervertrag.

335 Es wird allerdings bereits hier klargestellt, dass die Vertragsparteien einen anderen Prozentsatz vereinbaren können und die Regelung von 0,5% pro Woche nur als Vorschlag zu verstehen ist.

barten Lieferdatum erfüllt. Tut er dies innerhalb von 15 Tagen, so beginnt der Zeitraum, für den Schadensersatz verlangt werden kann, ab dem vereinbarten Lieferdatum. Zeigt der Käufer die Verspätung erst nach der fünfzehntägigen Zeitspanne an, so beginnt der Zeitraum, für die der Käufer Schadensersatz verlangen kann, erst ab dem Moment der Anzeige. Weiterhin sieht Art. 10.1. der general conditions vor, dass der insgesamt an den Käufer zu zahlende Schadensersatz, nicht mehr als 5% des Kaufpreises betragen soll.[336]

(2) Recht auf Vertragsbeendigung, Art. 9 ICC-specific conditions, Artt. 10.2., 10.3., 10.4., Art. 10.5. ICC-general conditions

Zudem sieht der ICC Kaufvertrag das Recht des Käufers vor, die Vertragsbeziehung zu beenden, wenn die folgenden Voraussetzungen eingetreten sind:

Zum einen können die Vertragsparteien sich auf ein Datum einigen, ab dem der Käufer berechtigt sein soll, den Vertrag umgehend durch Benachrichtigung an den Verkäufer zu beenden. Dabei soll gemäß Art. 9 der specific conditions bzw. Art. 10.2. der general conditions der Grund für die Verspätung des Verkäufers unbeachtlich sein.[337]

Diese Vereinbarung der Vertragsparteien ist optional, es kann auf die Festlegung eines so genannten „cancellation-date" verzichtet werden, was die grundsätzlichen Regelungen in den allgemeinen Bestimmungen zur Anwendung kommen ließe.

Diese sehen in Art. 10.3. vor, dass im Fall der Nichtanwendbarkeit von Art. 10.2. der Käufer das Recht zur Vertragsbeendigung haben soll, sofern das in Art. 10.1. festgesetzte Maximum an Schadensersatz erreicht wurde und trotzdem noch keine Lieferung der Ware stattgefunden hat. In diesem Fall hat der Käufer dem Verkäufer schriftlich anzuzeigen, dass dieser den Vertrag bezüglich der verspäteten Warenlieferung beenden wird. Allerdings gilt diese Ankündigung nicht mit sofortiger Wirkung. Dem Verkäufer wird die Möglichkeit eingeräumt, innerhalb der nächsten fünf Tage die Ware vertragsgemäß zu liefern und so einer Vertragsbeendigung zu entgehen. Das heißt, dass der Käufer nach einer zehnwöchigen Wartefrist das Recht hat, den Vertrag zu beenden, sofern kein „cancellation date" vereinbart wurde.

---

336 Auch hier wird noch einmal ausdrücklich erwähnt, dass die Parteien frei sind, eine höhere oder niedrigere Grenze zu bestimmen sowie auf eine Höchstgrenze ganz zu verzichten. Der Text der general conditions sieht keine Pflicht vor, mögliche Schadensersatzforderungen zu begrenzen und ist insoweit disponibel.

337 Insbesondere wird auch die höhere Gewalt als Verspätungsgrund mit umfasst.

Endlich sieht Art. 10.4. vor, dass im Falle einer Vertragsbeendigung aus eben genannten Gründen, der Käufer berechtigt ist, zusätzlich zu einer möglichen Forderung gemäß Art. 10.1. Schadensersatz zu verlangen. Dieser darf die Summe von 10% des Warenwertes der nicht gelieferten Güter jedoch nicht überschreiten. Sofern eine anderweitige Schadensersatzobergrenze von den Vertragsparteien vereinbart wird, finden diese für eine solche modifizierende Vereinbarung Gelegenheit in Art. 10 der specific conditions.

(3) Stellungnahme zur Vereinbarkeit der Regelungen mit dem CISG

Die Regelung verspätet gelieferter Kaufware im ICC-Mustervertrag unterscheidet sich in einigen Punkten von den Regelungen des CISG.

(a) Festgesetzte Schadensersatzbeträge bzw. -berechnungsmethoden

Im Vordergrund des ICC-Mustervertrages stehen zuvor festgesetzte Schadensersatzbeträge, bzw. deren Methode sie zu berechnen. Diese fallen wöchentlich bei verspäteter Lieferung an.

Dies widerspricht dem Grundgedanken des CISG, nach dem im CISG der Grundsatz der Totalreparation herrschen soll.[338] Nach diesem Prinzip des vollständigen Schadensausgleichs hat das Schadenskonzept des CISG einzig die Funktion, die geschädigte Vertragspartei so zu stellen, wie sie bei ordnungsgemä-

---

338 Siehe dazu: ICC-Schiedsspruch Nr. 7197/1992 in JDI 1993, S. 1028 ff. mit Anmerkungen von Hascher; ferner Schiedsspruch der Bundeskammer der gewerblichen Wirtschaft Wien vom 15.06.1994 = CLOUT Nr. 93; Ferner: OGH vom 14.01.2002 unter *www.unilex.info*; Achilles, Art. 74 CISG, Rn. 4; Magnus in: Festgabe für Herber, S. 28; MüKo-Huber, Art. 74 CISG, Rn. 17; MüKoHGB-Mankowski, Art. 74, Rn. 10 ff.; Staudinger-Magnus, Art. 74 CISG, Rn. 19; Schlechtriem-Stoll/Gruber, Art. 74 CISG, Rn. 2; Roßmeier, RIW 2000, S. 408.

ßer Erfüllung des Vertrages gestanden hätte.[339] Es soll somit ein Ausgleich für das verletzte Erfüllungsinteresse geschaffen werden.[340]

Demnach können die Schadensersatzbeträge nicht pauschal bei Vertragsschluss bestimmt werden, sondern der zu zahlende Schadensersatz kann erst nach dem begründenden Ereignis berechnet werden.[341] Auch wenn es sich häufig so darstellen wird, dass auch nach den Bestimmungen des ICC-Kaufvertrages das positive Interesse des Käufers durch die vereinbarten Schadensersatzraten zumindest finanziell abgedeckt sein wird, scheint dies nicht der Faktor zu sein, der maßgeblich für den Schadensersatz nach dem Mustervertrag sein soll. Nahe liegender scheint viel eher, dass es sich bei dem Gedanken des Schadensersatzes nach dem ICC-Mustervertrag um einen pönalen Zweck handelt, der mittels des Schadensersatzes erreicht werden soll. Zwar können die Vertragsparteien die Höhe des zu zahlenden Betrages in der Weise bestimmen, dass sie bestimmte Prozentsätze des Gesamtkaufpreises als maßgeblich vereinbaren, jedoch ist klar, dass dadurch kein treffender Schadensausgleich erreicht wird, sondern nur eine vom Schadensereignis losgelöste Zahlung. Unwahrscheinlich – wenn nicht unmöglich – wird sein, dass vor Vertragsschluss der bestimmte Prozentsatz so genau kalkuliert wird, dass er dem tatsächlich anfallenden Schaden entspricht.

Solch pönale oder präventive Zwecke sind dem CISG fremd. So genannten Strafschadensersatz (punitive damages, exemplary damages), wie er im amerikanischen Recht gegeben ist, gibt es nach dem CISG nicht.[342] Da das CISG die Frage des vertraglichen Schadensersatzes abschließend regelt, ist die Vereinba-

---

339 Nach Art. 74 CISG ist der „infolge der Vertragsverletzung entstandene Verlust, einschließlich des entgangenen Gewinns, zu ersetzen", wobei der Schadensersatz denjenigen Verlust nicht übersteigen darf, den die „vertragsbrüchige Partei bei Vertragsabschluss als mögliche Folge der Vertragsverletzung vorausgesehen hat oder unter Berücksichtigung der Umstände, die sie kannte oder kennen musste, hätte voraussehen müssen." Siehe dazu: Sekretariatskommentar, S. 59; Honnold, Uniform Law, Rn. 403; Andere Ansicht: Freise, Grenzen der formularmäßigen Freizeichnung im Einheitlichen Kaufrecht, S. 122 f., die allerdings in ihrer Begründung nur auf Verweisungen zum BGB in alter Fassung Bezug nimmt und daher nicht mehr überzeugen kann.

340 Magnus in: Festgabe für Herber, S. 28; Schlechtriem in: Lausanner Kolloquium, S. 163.

341 In diesem Sinne auch: Magnus, Festgabe für Herber, S. 28.

342 Honsell, SJZ 1992, S. 361; eingehend dazu: Kirby, 16 J.L.& C., S. 215 ff., die das Spannungsverhätltnis von CISG und amerikanischem Recht betrachtet; Neumayer/Ming, Art. 74 CISG, Rn. 7.

rung einer Strafschadensersatzregelung über die Anwendung nationalen Rechts zudem auch nicht möglich.[343]

Das einzige Schadensersatzziel des CISG ist es, der geschädigten Partei Ausgleich zu beschaffen und dies durch einen finanziellen Wertersatz und nicht etwa durch Naturalrestitution.[344]

(b) Vereinbarte Haftungshöchstgrenze

Ein weiterer entscheidender Punkt, in dem der ICC-Mustervertrag und die Regelungen des CISG sich unterscheiden, ist die Festlegung einer Haftungshöchstgrenze[345], nämlich dem Schadensersatzmaximum, dass der zu spät liefernde Verkäufer zu tragen hat. Die ICC-general conditions gehen, wie bereits dargestellt, von einer Haftungshöchstgrenze von 5% des Warenpreises für eine verspätete Lieferung aus.

Dies würde bei dem vertraglich vorgeschlagenen Verspätungszinssatz von 0,5% pro Woche gemäß Art. 10.1. der general conditions zur Folge haben, dass nach ca. zweieinhalb Monaten Zuspätlieferung die Möglichkeit des Schadensersatzes dafür ausgeschöpft wäre, es somit in den meisten Fällen zur Vertragsbeendigung nach Art. 10.3. der general conditions kommen würde.

Die Parteien haben zwar die Möglichkeit, die Haftungsgrenze an einen anderen beliebigen Punkt zu legen, doch ist eindeutig erkennbar, dass der Mustervertrag grundsätzlich von einer limitierten Haftung ausgeht.[346]

Das CISG kennt ebenfalls eine Haftungsbegrenzung des Verkäufers. Allerdings ist diese nicht auf einen bestimmten Betrag oder einen Anteil vom Kaufpreis festgelegt. Art. 74 S. 2 CISG begrenzt die Schadensersatzpflicht des Verkäufers auf Schadensereignisse, die bei Vertragsschluss voraussehbar waren oder hätten voraussehbar sein müssen (contemplation rule), wobei die Voraussehbarkeit des möglichen Schadens nicht im Sinne eines Verschuldens zu verstehen ist,

---

343 MüKoHGB-Mankowski, Art. 74 CISG, Rn. 9, der allerdings darauf verweist, dass Strafschadensersatz aus mit den vertraglichen Regelungen konkurrierenden deliktischen Ansprüchen durchaus möglich ist.

344 U.a. Herber/Czerwenka, Art. 74 CISG, Rn. 4; Schlechtriem-Stoll, Art. 74 CISG, Rn. 25; MüKoHGB-Mankowski, Art. 74 CISG, Rn. 13; Magnus, Festgabe für Herber, S. 28.

345 Eine solche vereinbarte Grenze ist in der Praxis üblich und vielfach verwandt. Siehe: v. Westphalen, Allgemeine Verkaufsbedingungen, S. 88.

346 So spricht auch die Tatsache dafür, dass die Vertragsparteien selbst für den Fall der Vertragsbeendigung wegen Verzuges eine Haftungslimitierung festlegen können, siehe Art. 10 der ICC-specific conditions a.E..

sondern so, als dass es objektiv voraussehbar gewesen sein muss, dass der Schaden infolge der Vertragsverletzung eintritt.[347]

Die Festlegung einer Schadensersatzobergrenze bei verspäteter Lieferung ist in der Praxis durchaus üblich und wird häufig verwandt.[348] Das CISG steht einer solchen Begrenzung grundsätzlich nicht entgegen.[349] Die Festlegung von Schadensersatzsummen wird durch das CISG gemäß Art. 4 S. 2 lit. a selbst nicht geregelt, da es hierbei nicht um den „äußeren Konsens“ der Parteien geht, sondern um die inhaltliche Gültigkeit des Vertrages.[350] Insofern ist für die Frage, ob Vereinbarungen der Parteien wirksam getroffen wurden, das jeweilige kollisionsrechtliche Vertragstatut maßgeblich.[351] Das bedeutet für den Fall, dass entweder durch Rechtswahl oder durch kollisionsrechtliche Bestimmung deutsches Recht zur Anwendung auf einen internationalen Warenkaufvertrag kommt, sich die Wirksamkeit einer Haftungshöchstgrenze für Schadensersatz aus den Regelungen der §§ 305 ff. BGB ergibt.[352] Diese sind jedoch infolge des § 307 Abs. 2, Nr. 1 BGB nach dem gesetzlichen Leitbild des CISG und nicht nach dem gesetzlichen Modell des BGB anzuwenden.[353] Das CISG bestimmt demnach den Maßstab dafür, ob eine von der gesetzlichen Regelung abweichende Klausel mit dem Grundgedanken des CISG dennoch vereinbar sein kann und somit Wirksamkeit erlangt.

Die Vereinbarung einer Höchstgrenze für Schadensersatzverpflichtungen ist mit dem Leitgedanken des CISG vereinbar.[354] Vor dem dispositiven Charakter des Art. 74 CISG besteht kaum Anlass dazu, die Vereinbarkeit von Schadenser-

---

347 Diese Thematik wird ausführlich von Faust, Die Vorhersehbarkeit des Schadens gemäß Art. 74 Satz 2 CISG, erläutert und auf den Seiten 329 ff. zusammenfassend dargestellt.

348 Moecke, Exportbedingungen, S. 95 f.; Piltz, Exportvertrag, S. 434; ders. empfiehlt die Festlegung einer solchen Grenze in AW-Prax 2002, S. 261; ferner: v. Westphalen, Allgemeine Verkaufsbedingungen, 3. Auflage, S. 84 f.. Dieser verweist darauf, dass es in der Industrie vielfach üblich sei, eine Schadensersatzpauschale in Höhe von 0,5% des Lieferwertes für jede vollendete Verzugswoche bei einem Maximalschadensersatzbetrag von 5% des Lieferwertes anzusetzen und entspricht somit genau der Regelung im ICC Musterkaufvertrag.

349 Lehr, Optimierung des Exportgeschäfts, S. 283.

350 Siehe dazu: Herber/Czerwenka, Art. 4 CISG, Rn. 7; MüKoHGB-Ferrari, Art. 4 CISG, Rn. 5.

351 Dazu: Brunner, Art. 4, Rn. 34; Farnsworth, AmJCompL 27 (1979), S. 247 ff.; siehe auch den Schiedsspruch der ICC Nr. 7197/1992 bei Clunet 1993, S. 1029 ff..

352 Siehe: Ostendorf/Neumann/Ventsch, IHR 2006, S. 23.

353 Teklote, Einheitliche Kaufgesetze, S. 182 ff.; Staudinger-Magnus, Art. 74 CISG, Rn. 59; MüKoHGB-Mankowski, Art. 74 CISG, Rn. 45.

354 Eine Darstellung typischer Vertragsklauseln und deren Vereinbarkeit mit dem CISG findet sich bei Kühl/Hingst, Festgabe für Herber, S. 60 f..

satzlimits als nicht CISG-konform einzustufen. Insbesondere im Hinblick darauf, dass die verschuldensfreie Haftung beibehalten wird, erscheint es dem Gedanken des CISG entsprechend, den Vertragsparteien die Möglichkeit einzuräumen, Haftungslimits festzusetzen und so auch eine uferlose, nicht absehbare Haftung zu verhindern. Insoweit liegt eine Parallelwertung zur Haftungsbegrenzung des CISG auf lediglich bei Vertragsschluss voraussehbare Schäden vor, deren Zweck die Vermeidung von ex-ante unkalkulierbaren Haftungsfällen ist.[355]

(c) Obligatorische Benachrichtigungspflichten des Käufers

Eine beachtliche Abweichung des ICC-Mustervertrags vom CISG besteht in den Benachrichtigungspflichten des Käufers, die diesem durch den Mustervertrag auferlegt werden. Gemäß Art. 10.1. der general conditions ist der Käufer verpflichtet, den Verkäufer über die ausgebliebene Lieferung zu benachrichtigen. Tut er dies innerhalb einer fünfzehntägigen Frist beginnt die festgesetzte Schadensersatzverpflichtung von 0,5% des vereinbarten Kaufpreises pro Verspätungswoche ab dem vereinbarten Lieferzeitpunkt zu laufen. Tut der Käufer dies später, also beispielsweise nach 15 Tagen, so beginnt die Schadensersatzverpflichtung des Verkäufers erst ab dem Zeitpunkt der Benachrichtigung. Dies bringt für den Käufer eine Reduzierung seines Schadensersatzanspruches von 1% für den Fall, dass er den Verkäufer, um bei dem vorgenannten Beispiel zu bleiben, erst am 15. Tag und nicht am Tage zuvor benachrichtigt. Die Mustervertragsregelungen sehen hier eine kostspielige Sanktion für den Käufer vor, der länger als 14 Tage abwartet, ehe er sich an den Verkäufer wendet. Das CISG kennt Benachrichtigungspflichten des Käufers bei verspäteter Lieferung nicht.

Meines Erachtens ist diese Sanktionierung unangemessen. Bei der Abwägung der rechtlichen Bedeutung einer Benachrichtigung seitens des Käufers einerseits mit den kostspieligen Rechtsfolgen bei unterbliebener Benachrichtigung andererseits stellt sich die Frage, aus welchem Grund der sich pflichtwidrig verhaltende Verkäufer, der seinen pünktlichen Lieferverpflichtungen nicht nachkommt, solche Vorteile erfahren soll.

Dem trägt das CISG dadurch Rechnung, dass es auf solche Benachrichtigungspflichten verzichtet. Das alleinige Verstreichen der Lieferzeit setzt unmittelbar die Rechtsfolgen der Artt. 45 ff. CISG in Kraft, ohne dass es einer Mah-

355 Siehe nur: Herber/Czerwenka, Art. 74 CISG, Rn. 10; Schlechtriem-Stoll, Art. 74 CISG, Rn. 4 u. 36: Auch hier wurde die verschuldensunabhängige Haftung beibehalten, der Schadensersatz soll sich lediglich auf das bei Vertragsschluss übernommene Haftungsrisiko beschränken.

nung, einer erneuten Fristsetzung oder einer sonstigen Förmlichkeit bedarf.[356] Die Regelung in Art. 10.1. des ICC Mustervertrages übervorteilt den spät liefernden Verkäufer in nicht nachvollziehbarer Weise. Die Funktion der Verzugsbenachrichtigung ist es, den Verkäufer an seine Versäumnisse zu erinnern. Dem Käufer werden somit Pflichten auferlegt, die nicht in seinen originären Pflichtenkreis, sondern in den des Verkäufers fallen. Dem Verkäufer obliegt es, die verkaufte Ware pünktlich zu liefern. Daher scheint es unbillig, den bereits benachteiligten Käufer, der auf die Lieferung der Ware zu lange untätig wartet, zu sanktionieren.

Im Übrigen wird das starre Setzen der fünfzehntages Frist zu bedenklichen Ergebnissen führen. Das bloße Versäumen des Benachrichtigungsfristablaufs hat für den Käufer kostspielige Folgen. Ohne ersichtlichen tatsächlichen, sachlichen Grund verliert er von einem auf den anderen Tag den Anteil von 1% des vereinbarten Kaufpreises als Schadensersatz.[357]

Ungeachtet der vorstehenden Erwägungen lässt sich diese Regelung jedoch ohne weiteres mit dem CISG vereinbaren, dessen grundsätzlicher Vorrang der Parteiautonomie dazu weitgehend berechtigt, vom CISG abweichende Regelungen zu treffen.

bb. Verzugsregelung im ITC-Mustervertrag, Art. 8

(1) Recht auf Schadensersatz und Vertragsbeendigung, Art. 8 ITC-Mustervertrag

Die Verzugsregelungen im ITC Mustervertrag entsprechen in ihrem Grundaufbau den Regelungen der ICC. Auch hier gibt es einen in Art. 8 des Mustervertrages festgesetzten Prozentsatz vom Kaufpreis, der im Falle einer verspäteten Lieferung als Schadensersatz zu zahlen ist. Entgegen der vorgenannten Regelung im Mustervertrag der ICC beläuft sich dieser auf eine Schadensersatzsumme von 0,5% des Kaufpreises *pro Tag*, der verspätet geliefert wurde. Gegenüber dem vorbeschriebenen Mustervertrag bedeutet dies eine Steigerung des anfallenden Schadensersatzes um das siebenfache.

Voraussetzung für den Schadensersatzanspruch ist auch hier eine Benachrichtigung des Käufers an den Verkäufer über die verspätete Lieferung. Für die Benachrichtigung ist eine Frist von *sieben Tagen* vorgesehen.[358] Innerhalb dieser

---

356 Schlechtriem-Huber/Widmer, Art. 33 CISG, Rn. 2; Welser in: Doralt: UNCITRAL-Kaufrecht, S. 108; Staudinger-Magnus, Art. 33, Rn. 27.

357 So auch: Klotz, Critical Review of the ICC Model International Sale Contract, Art. B 10.

358 Entgegen der fünfzehntägigen Frist des ICC-Mustervertrages.

Frist beginnt wie im zuvor beschriebenen Vertrag der ICC die für den Schadensersatz ursächliche Zeit ab dem vereinbarten Lieferdatum oder dem Ende der vereinbarten Lieferfrist. Benachrichtigt der Käufer später, kann er erst Schadensersatz ab dem Datum der Benachrichtigung verlangen.[359] Ferner legt der Mustervertrag der ITC eine Haftungshöchstgrenze für Verzugsschadensersatz fest, die bei *20%* des vereinbarten Kaufpreises liegt. Gemessen am Vertrag der ICC ist dies eine auffallend hoch gelegte Grenze, die die vorbeschriebene Haftungsgrenze des ICC-Mustervertrages um das Vierfache überschreitet.

Der ITC-Mustervertrag sieht zudem ein Recht des Käufers zur Beendigung des Vertragsverhältnisses vor, sofern der Verkäufer mit der Lieferung der Ware um mehr als 14 Tage in Verzug kommt. Ausgenommen wird bereits an dieser Stelle der Fall der höheren Gewalt.[360] Abgesehen hiervon ist der Grund für die verspätete Lieferung unbeachtlich.

Endlich ist zu erwähnen, dass die in dem Mustervertrag getroffenen Regelungen betreffend die Höhe des Schadensersatzes, die Benachrichtigungsfrist, die Höchstgrenze der Haftung sowie die Frist, die zur Vertragsbeendigung berechtigt, zur Disposition der Parteien stehen. Am jeweiligen Regelungspunkt im Vertragstext wird ausdrücklich festgestellt, dass die betreffenden Regelungsvorschläge nur dann zur Anwendung kommen sollen, sofern die Vertragsparteien keine davon abweichende Regelung vereinbaren. Insoweit verbleibt es dabei, dass das Grundgerüst für eine Verzugshaftung festgelegt wird, eine Konkretisierung durch eigene Vereinbarung stattfindet, diese jedoch durchaus dispositiv sind. Die direkte Aufnahme der Abänderungsmöglichkeit in den Vertragstext deutet zudem nicht darauf hin, dass eine Modifikation durch die Parteien nur in Ausnahmefällen erfolgen sollte, sondern die Vertragsparteien auch bei Anwendung des Mustervertrages weiterhin in der Gestaltung grundlegender Vertragspunkte frei sind.

(2) Stellungnahme zu Art. 8 ITC-Mustervertrages

Bei der im Mustervertrag vorgeschlagenen Schadensersatzsumme von 0,5% pro Tag verspäteter Lieferung sowie der vorgeschlagenen Haftungshöchstgrenze von 20% des vereinbarten Kaufpreises ist augenscheinlich, dass diese recht hoch angesetzt sind.

---

359 Diese Regelung entspricht der Regelung des ICC-Mustervertrages. Die Einschätzung dieser Regelung durch den Verfasser der Arbeit bleibt jedoch unverändert.

360 Eine so genannte „force majeure"-Klausel findet sich zudem in Art. 9 des ITC-Mustervertrages.

Besonders im Vergleich zu dem Mustervertrag der ICC fällt auf, dass die Werte des ITC-Vertrages um ein Vielfaches höher angesetzt sind. So ist der Schadensersatzwert von 0,5% des Kaufpreises pro Tag und nicht wie nach dem ICC-Vertrag pro Woche der Zuspätlieferung angesetzt. Es liegt somit ein um das Siebenfache gesteigerter Schadensersatzwert vor. Die vorgeschlagene Haftungshöchstsumme ist mit 20% des Kaufpreises vier Mal so hoch angesetzt wie im ICC-Vertrag. Dies bedeutet dementsprechend eine Anhebung der Grenze um das Vierfache.

Der Grund für diese erheblichen Abweichungen liegt in der Eigenart des ITC-Vertrages. Dieser ist für den Kauf von verderblichen Gütern konzipiert. Durch die Androhung hoher Schadensersatzsummen wird dieser Eigenart insofern Rechnung getragen, als dass die verspätete Lieferung verderblicher Güter meist sehr gravierende nachteilige Folgen hat.[361]

cc. Verzugsregelungen in den Bedingungen der ECE und des ORGALIME-Verbundes

Die von der ECE sowie des ORGALIME-Verbundes bereitgestellten allgemeinen Lieferbedingungen enthalten weitere spezielle Regelungen den Verzug der Lieferung betreffend. Diese nehmen neben dem Gewährleistungsrecht den umfassendsten Regelungskomplex ein. An dieser Stelle wird ein Vergleich der wesentlichen Regelungen mit den in diesem Punkt korrespondierenden Vertragswerken der ICC und der ITC vorgenommen und auftretende Unterschiede dargestellt.

(1) ECE-Allgemeine Lieferbedingungen, Art. 7

Auch die Allgemeinen Lieferbedingungen für den Export von Maschinen und Anlagen der ECE beruhen auf dem gleichen Grundgerüst. Dort regelt Art. 7 ausführlich die Lieferfrist und deren Nichteinhaltung. Zentrale Bedeutung kommt hierbei der Regelung des Art. 7.3. zu, die eine Schadensersatzpflicht des Verkäufers festlegt. Diese wird jedoch nicht als solche bezeichnet, der Text der Regelung spricht von einer „Ermäßigung des Kaufpreises“[362]. Dass darunter eine Schadensersatzregelung zu verstehen ist, wird durch den letzten Satz des

---

[361] Dennoch ist zu beachten, dass der Vertragstext ausdrücklich die Option für die Parteien bereithält, die vorgeschlagenen Grenzen neu zu setzen und somit Schadensersatzrisiken zu mindern. Den Parteien steht es offen, ihre eigenen Schadensersatzquoten zu bestimmen. Die vorgeschlagenen Werte sollen nur dann zur Anwendung kommen, sofern die Parteien nicht etwas anderes vereinbart haben.

[362] Siehe Art. 7.3. S. 1 der ECE-Lieferbedingungen.

Art. 7.3. deutlich, der „weitere Schadensersatzpflichten“ ausschließt. Weiterhin wird in Art. 7.3. bestimmt, dass eine Ermäßigung des Kaufpreises ausscheidet, sofern der Käufer keinen „Schaden“ erlitten hat. Demnach liegt hier nur eine ungenaue Formulierung vor.

Die ECE-Bedingungen machen das Recht auf Schadensersatz von einer schriftlichen Benachrichtigung des Verkäufers in angemessener Frist abhängig. Diese Frist hat allerdings keinen Einfluss darauf, wann der schadensersatzmaßgebliche Zeitraum beginnt[363]. Dieser wird stets auf den vertraglich vereinbarten Lieferzeitpunkt festgesetzt. Hierbei wird nicht zwischen festem Lieferzeitpunkt oder vereinbarter Lieferfrist unterschieden, beides wird nach dem Vertragstext als möglich vorausgesetzt.[364]

Ab dem vereinbarten Lieferzeitpunkt ist der Käufer berechtigt, Kaufpreisermäßigung/Schadensersatz in Höhe der in der Anlage LW 188 zum Vertrag genannten Maßgaben zu verlangen. Entsprechend der Regelung im ICC-Mustervertrag beläuft sich der zu zahlende Schadensersatz auf 0,5% des Kaufpreises pro Woche. Auch hier wird eine Haftungshöchstgrenze auf 5% des vereinbarten Kaufpreises festgesetzt. In Folge der Einordnung als Kaufpreisermäßigung wird weiterhin bestimmt, dass die Kaufpreisermäßigung mit der Kaufpreiszahlung zu verrechnen ist.

Art. 7.4. der ECE-Bedingungen regelt, dass sofern die Vertragsparteien nur eine ungefähre Lieferfrist bestimmt haben, jede Partei nach Ablauf von 2/3 dieser vagen Frist von der anderen Seite verlangen kann, eine verbindlich geltende Frist zu vereinbaren. Wurde gar keine Frist vereinbart, soll dieses Recht den Parteien nach Ablauf von sechs Monaten nach Vertragsschluss zustehen.

Nach Art. 7.5. der ECE-Bedingungen hat der Käufer das Recht, sich unter folgenden Voraussetzungen vom Vertrag loszusagen: Zunächst muss die maximale Schadensersatzgrenze des Art. 7.3. erreicht sein, also ein mindestens zehnwöchiger Verzug vorliegen. Sind diese zehn Wochen abgelaufen, so hat der Käufer dem Verkäufer eine letzte Frist zu setzen, seine Lieferpflicht zu erfüllen. Wird diese Frist versäumt, hat er Käufer das Recht, den Vertrag zu beenden.

---

363 Entgegen dem ICC-Mustervertrag, s.o..

364 So lautet der Titel des Art. 7 ECE-Lieferbedingungen „Lieferfrist“, in den weiteren Ausführungen dazu wird auch mehrmals von einer vereinbarten Lieferfrist gesprochen. Art. 7 S. 3 hingegen spricht vom vertraglichen Lieferzeitpunkt. Bedenkt man, dass beide Begriffe im gleichen Kontext verwendet werden, so ist auch hier davon auszugehen, dass lediglich die Wahl der Begriffe ungenau bzw. undifferenziert ist.

(2) Bedingungen des ORGALIME-Verbundes, Art. 9 ff.

Die Allgemeinen Bedingungen für die Lieferung von mechanischen, elektrischen und elektronischen Erzeugnissen der ORGALIME regeln die Lieferfrist und auftretende Verzögerungen umfassend in den Bedingungspunkten 10 bis 17.

Gemäß den Bedingungen soll der Liefertermin und die Lieferfrist entweder nach Vereinbarung festgesetzt werden oder sich aus objektiven Zeitpunkten ergeben, die mit der Vertragsdurchführung zusammenhängen, wie etwa dem Vertragsschluss oder der Begleichung aller fälligen Zahlungen. Es werden hierbei mehrere denkbare Zeitpunkte aufgeführt.[365] Unklar ist allerdings, wie die aufgeführten Zeitpunkte anzuwenden sind. So wird nicht beschrieben, ob das Erreichen eines Zeitpunktes[366] die Lieferfrist auslöst oder ob diese nur bei kumulativem Vorliegen aller Zeitpunkte zu laufen beginnt. Sofern die Vertragsparteien nicht eine weitergehende Konkretisierung vornehmen, ist eine Bestimmung der Lieferzeit durch die vorgeschlagenen Lieferbedingungen nicht möglich.

Punkt 13 bestimmt den zentralen Anspruch des Käufers auf Schadensersatz für den Fall der verzögerten Lieferung. Entsprechend der Regelung im ICC-Mustervertrag beträgt die zu zahlende Schadensersatzsumme 0,5% des Kaufpreises pro Woche, wobei diese Maßgabe sich bei einer bereits erfolgten Teillieferung nur auf den Teil bezieht, der noch nicht geliefert wurde oder den der Käufer aufgrund der teilweisen Lieferung nicht bestimmungsgemäß nutzen konnte. Dieser pauschalierte Schadensersatz kann maximal eine Haftungshöchstgrenze von 7,5% des Kaufpreises erreichen.[367]

Punkt 13 der ORGALIME-Bedingungen legt dem Käufer zur schriftlichen Geltendmachung von Verzögerungsschadenersatzansprüchen eine Frist von sechs Monaten auf. Ansonsten verliert der Käufer den Anspruch.

Punkt 14 der ORGALIME-Bedingungen räumt dem Käufer das Recht zur Vertragsbeendigung ein. Ist der Käufer berechtigt, den in Punkt 13 festgesetzten Schadenshöchstbetrag von 7,5% des Kaufpreises zu fordern, weil sich der Verkäufer 15 Wochen in verschuldetem Lieferverzug befindet, so hat er dem Verkäu-

---

365 Punkt 10 der ORGALIME-Bedingungen führt hierbei auf: Abschluss des Kaufvertrages, Abschluss aller offiziellen Formalitäten, Begleichung aller bei Vertragsschluss fälligen Zahlungen, Bereitstellung ggf. vereinbarter Sicherungsmittel sowie Erfüllung anderer vereinbarter Vorbedingungen.

366 Weiterhin wäre für diesen Fall nicht geklärt, ob der maßgebliche Zeitpunkt derjenige sein soll, der erreicht wird oder ob der maßgebliche Zeitpunkt von den Parteien zuvor vereinbart werden muss.

367 Hier werden die Regelungen des ICC-Mustervertrages um 2,5 Prozentpunkte gesteigert, was immerhin eine Haftungserweiterung von 50% betreffend die Haftungshöchstsumme für Verzugsschäden ausmacht.

fer eine endgültige Frist von einer Woche zu setzen.[368] Die Vertragsbeendigung bezieht sich jedoch nur auf den Teil des Kaufgegenstandes, den der Käufer in Folge der Verzögerung nicht bestimmungsgemäß nutzen konnte. Hat bereits eine brauchbare Teillieferung stattgefunden, so bleibt der Vertag diesbezüglich bestehen.

Neben der Vertragsbeendigung verbleibt dem Käufer ein Anspruch auf Schadensersatz. Dieser wird nicht pauschaliert, sondern real in der durch die Verzögerung angefallenen Höhe festgesetzt. Jedoch besteht auch hier eine Haftungshöchstgrenze in Höhe von 15% des jeweiligen Teilkaufpreises.

Punkt 15 legt dieAusschließlichkeit der Verzugsschadensersatzregelungen fest. Weitergehende Ansprüche wegen verspäteter Lieferung als die zuvor genannten hat der Käufer nicht; die Regelungen in den Punkten 10 ff. sind insoweit abschließend.

d. Fazit zur Vereinbarkeit der Musterverträge mit den Regelungen des CISG hinsichtlich des Leistungsverzuges

Die Regelungen in den begutachteten Musterverträgen bzw. -bedingungen, weichen von den Verzugsregelungen des CISG ab. Das CISG steht diesen Abweichungen jedoch nicht entgegen.

Während das CISG einen realen Schadensausgleich vorsieht, der erst im nachhinein festzulegen ist, wird in den Musterverträgen schon zuvor bestimmt, was im Falle des Leistungsverzuges als Schadensersatz anfallen wird, unabhängig davon, ob ein Schaden in dieser Höhe tatsächlich angefallen ist. Es soll mittels der Musterverträge somit keine Totalreparation stattfinden, sondern eine pauschale Zahlungspflicht des verspätet liefernden Verkäufers begründet werden.

Diese Variante der Schadensersatzfestlegung kann entweder zu einer tatsächlich überhöhten Zahlung des Verkäufers führen, andererseits ebenso zu einer tatsächlichen Begünstigung, wenn durch den Verzug erhebliche Schäden entstanden sind. Diese Klippe kann aber von den Vertragsparteien in der Weise überwunden werden, als dass diese durch eine bedachte Festsetzung der zu zahlenden Pauschale reguliert werden kann. Je nach Eigenart des Geschäfts obliegt es den Parteien, einen angemessenen Festbetrag zu bestimmen. Dass der Pauschalschadensersatz unterschiedlich hoch ausfällt, liegt an der Eigenart der Musterverträge und hängt maßgeblich davon ab, mit welchen Waren gehandelt wird. So wurde

---

[368] Diese ist allerdings entbehrlich, wenn sich aus den Umständen zweifelsfrei ergibt, dass es zu einer oben genannten Verzögerung kommen wird, nach Ablauf derer der Käufer berechtigt sein wird, den Vertrag zu beenden, Punkt 14 Abs. 4 der ORGALIME-Bedingungen.

bereits zuvor erklärt, warum der Schadensersatz bei dem ITC-Mustervertrag für den Handel mit verderblichen Gütern wesentlich höher ausfällt.

Die begutachteten Musterverträge haben mit dem CISG gemein, dass vorrangig am Bestehen des Vertragsverhältnisses festgehalten werden soll und eine Vertragsbeendigung nur unter bestimmten, qualifizierten Voraussetzungen stattfinden kann. Das CISG regelt dies über die allgemeine Bestimmung der wesentlichen Vertragsverletzung nach Art. 49 Abs. 1 CISG. Wenn demnach der Lieferverzug so gravierend ist, dass er ausnahmsweise als vertragswesentlich anzusehen ist, bzw. nach lit. b der Verkäufer nicht innerhalb einer ihm gesetzten Nachfrist liefern wird, hat der Käufer das Recht, den Vertrag zu beenden.

Die Musterverträge konkretisieren diese Anforderungen. Die geringsten Anforderungen hierbei hat der ITC-Mustervertrag, was vermutlich daran liegt, dass er für den Handel mit verderblichen Waren konzipiert wurde. Demnach bedarf es keiner weiteren Fristsetzung durch den Käufer bzw. ein längeres Zuwarten. Sofern nichts Abweichendes vereinbart wurde, besteht das Recht des Käufers nach Art. 8, den Vertrag nach 14 Tagen des Lieferverzuges zu beenden.

Die weiteren Musterverträge beinhalten eine moderatere Regelung, die daran anknüpft, wann der maximal zu zahlende Verzugsschadensersatz bzw. ein zuvor vereinbartes Datum erreicht ist, das zur Vertragsbeendigung berechtigt.

Endlich besteht ein wesentlicher Unterschied hinsichtlich der in allen Musterverträgen vorausgesetzten Notwendigkeit der Benachrichtigung des Verkäufers durch den Käufer. Die ORGALIME- und die ECE-Bedingungen verlangen weitergehend sogar die schriftliche Benachrichtigung.

Das CISG hingegen setzt keine weiteren Förmlichkeiten, die der Käufer zu erfüllen hat, wie etwa eine Mahnung, eine Fristsetzung oder die schlichte Benachrichtigung über die verspätete Lieferung, voraus. Es schützt den sich nicht pflichtgemäß verhaltenden Verkäufer weniger und bürdet zu Recht dem wartenden Käufer keine weiteren Pflichten auf. Unbenommen davon ist, dass der Käufer in seinem eigenen Interesse auf die ausbleibende Lieferung hinweisen oder in anderer Weise reagieren kann, er ist jedoch nicht dazu verpflichtet.

3. Mängelgewährleistungspflicht des Verkäufers

a. Anforderungen des CISG

aa. Vertragsgemäßheit der Ware gemäß Artt. 35 ff. CISG

Wie auch das deutsche BGB und HGB verpflichten die Regelungen des CISG den Verkäufer, dem Käufer Ware zu liefern, die frei von Sach- und Rechtsmängeln ist. Art. 35 Abs. 1 CISG verpflichtet den Verkäufer, Ware zu liefern, die in Menge, Qualität[369] und Art den Anforderungen des Vertrages entspricht.[370] Das CISG folgt hier ebenso wenig wie das deutsche BGB vorrangig dem subjektiven Fehlerbegriff[371], wobei auf eine Erheblichkeitsschranke verzichtet wird. Dem entsprechend stehen dem Käufer selbst bei geringfügigen Mängeln Rechtsbehelfe zu.[372] Allerdings wird eine mögliche Unerheblichkeit des Mangels in der Weise berücksichtigt, dass bestimmte Rechtsbehelfe nur dann zur Anwendung gelangen, sofern die Vertragsverletzung „wesentlich" im Sinne des Art. 25 CISG ist.

Ergänzend wird auf die Regelung des Art. 35 Abs. 2 CISG zurückgegriffen. Wenn die Vertragsparteien keine Abreden über die Beschaffenheit der Ware getroffen haben, muss die Ware den in oben genannten Vorschriften objektiven Anforderungen genügen, d.h. sie muss für den gewöhnlichen Gebrauchszweck oder für klar festgelegte spezielle Zwecke geeignet und in üblicher Weise verpackt sein.[373] Ferner ist Ware, die nicht dem zuvor präsentierten Muster- oder Probestück entspricht gemäß Art. 35 Abs. 2 lit. c CISG nicht vertragsgemäß.[374]

Grundsätzlich ist es für den Verkäufer möglich, auch mit mangelbehafteter Ware seine Verpflichtungen zu erfüllen.[375] Der Käufer behält seinen eigentlichen Erfüllungsanspruch nur dann, wenn die vom Verkäufer angediente Ware untauglich ist, die kaufvertraglichen Pflichten zu erfüllen. Wann dies der Fall ist, ist im

---

369 Mit Qualität sind alle der Ware selbst anhaftenden Eigenschaften wie etwa Alter, Zusammensetzung oder Leistung gemeint. Siehe: MüKoHGB-Benicke, Art. 35 CISG, Rn. 3. Auch die Lieferung besserer als die vereinbarte Qualität kann vertragswidrig sein, so: Schlechtriem-Schwenzer, Art. 35 CISG, Rn. 9.

370 Im BGB findet sich diese geforderte Warenbeschaffenheit in § 433 Abs. 1 S. 2, der die Lieferung einer mangelfreien Sache im Gegensatz zum alten Schuldrecht zur Hauptleistungspflicht macht. Siehe: Palandt-Putzo, § 433, Rn. 21. Das bedeutet, dass der Verkäufer mit einer mangelhaften Sache seine Verpflichtungen nicht erfüllen kann.

371 Siehe u.a.: Staudinger-Magnus, Art. 35 CISG, Rn. 10; MüKoHGB-Benicke, Art. 35 CISG, Rn. 3 ff..

372 U.a.: Honsell-Magnus, Art. 35 CISG, Rn. 8; Piltz, Internationales Kaufrecht, S. 185.

373 Siehe dazu u.a.: Sekretariatskommentar, Art. 33 CISG, Anm. 5; Staudinger-Magnus, Art. 35 CISG, Rn. 1, 17 ff.; Gillette/Walt, Sales Law, S. 323 f..

374 Siehe: MüKoHGB-Benicke, Art. 35 CISG, Rn. 14 ff.. Die Regelung des Art. 35 Abs. 2 lit. c CISG findet jedoch keine Anwendung, wenn das zuvor präsentierte Muster- oder Probestück ausdrücklich von den Parteien als unverbindlich bezeichnet wurde. Dazu: Schlechtriem in: Bucher, Wiener Kaufrecht, S. 117.

375 Schlechtriem-Schwenzer, Art. 35 CISG, Rn. 2. Dieses war nach den Vorschriften des EKG noch anders. Art. 19 EKG, demzufolge nur die Lieferung vertragsgemäßer Ware die Lieferpflicht des Verkäufers erfüllt, wurde durch die Neuregelung des CISG ersetzt. Siehe: Dölle-Huber, Art. 19 EKG, Rn. 153 ff.; Staudinger- Magnus, Art. 35 CISG, Rn. 6.

CISG nicht ausdrücklich geregelt. Überwiegend wird jedoch angenommen, dass eine Erfüllungstauglichkeit dann zu verneinen sei, wenn der Käufer wegen der Beschaffenheit der Ware berechtigt wäre, den Vertrag gemäß Art. 49 CISG in Verbindung mit Art. 25 CISG aufzuheben, die mangelhafte Lieferung demnach eine wesentliche Vertragsverletzung bedeute.[376] Ist eine solche Wesentlichkeit nicht gegeben, so verbleibt es bei den Rechtsbehelfen der Artt. 45 ff. CISG, die dem Käufer der mangelhaften, aber erfüllungstauglichen Ware zur Verfügung stehen.[377] Eine Einschränkung normiert Art. 35 Abs. 3 CISG, der eine Haftung des Verkäufers mangelhafter Ware ausräumt, wenn der Käufer von dem Mangel wusste oder hätte wissen müssen. Diese findet ihren Grund darin, dass die objektiven Maßstäbe des Abs. 2 den mutmaßlichen Willen des Käufers darstellen, so dass bei Kenntnis von der abweichenden Beschaffenheit der Ware kein Grund mehr für den Haftungsausschluss besteht.[378]

bb. Rügeobliegenheit des Käufers, Art. 39 CISG

Das CISG erlegt mit Art. 39 dem Käufer die Obliegenheit auf, die gekaufte Ware zunächst auf Sachmängel im Sinne von Art. 35 CISG hin zu untersuchen[379] und, sofern Mängel gefunden werden, diese dem Verkäufer binnen angemessener Frist anzuzeigen.[380] Nach weit überwiegender Ansicht handelt es sich hierbei entgegen dem Wortlaut des Gesetzestextes um eine Käuferobliegenheit und nicht um eine Pflicht des Käufers, da dieser im Falle des Unterlassens der Rüge sich ledig-

---

376 Staudinger-Magnus, Art. 52 CISG, Rn. 27; Herber/Czerwenka, Art. 53 CISG, Rn. 11; Enderlein/Maskow/Strohbach-Maskow, Art. 60 CISG, Anm. 2.1.; Karollus, UN-Kaufrecht, S. 84, 174. Reinhart sieht eine Nichtannahme der Ware nur dann als berechtigt an, wenn der Kaufvertrag bereits vor dem tatsächlichen Angebot der Ware aufgehoben wurde, siehe: Reinhart, UN-Kaufrecht, Art. 60, Rn. 7.

377 Staudinger-Magnus, Art. 35 CISG, Rn. 1.

378 Karollus, UN-Kaufrecht, S. 119.

379 Hinsichtlich möglicher Rechtsmängel besteht diese Obliegenheit der Untersuchung aus Art. 39 CISG nicht. Jedoch müssen auch Rechtsmängel gemäß Art. 43 CISG dem Verkäufer angezeigt werden, um mögliche Rechte aus den Artt. 41 f. CISG zu behalten.

380 Die Rügeobliegenheit umfasst die in Art. 35 CISG aufgestellten Anforderungen, das heißt, dass sowohl Sachmängel im engeren Sinn aber auch eine abweichende Liefermenge oder die Lieferung eines aliuds gerügt werden müssen. Siehe: Herber/Czerwenka, Art. 39 CISG, Rn. 4; Enderlein/Maskow/Strohbach, Art. 35, Rn. 3; auch schon Huber in: RabelsZ 43, S. 482 ff..

lich eigene Rechte abschneiden, nicht jedoch das Vertragsverhältnis verletzen würde.[381]

Zeigt der Käufer mangelhafte Ware nicht innerhalb einer angemessenen Frist an, so verliert er die ihm zustehenden Rechtsbehelfe gegen den Verkäufer.[382] Ihm verbleibt dann nur noch die Möglichkeit, sich für die unterbliebene rechtzeitige Rüge gemäß Art. 44 CISG vernünftig zu entschuldigen.[383] Eine angemessene Frist lässt sich nicht einheitlich festlegen.[384] Sie ist daher entsprechend den gegebenen Umständen anzusetzen.[385] Maßgeblich hierbei können unter anderem die Art und Menge der gehandelten Ware sein[386], ferner, ob der Mangel offensichtlich oder schwer zu entdecken ist[387], ob der Käufer der Ware besonders sachkundig und gut organisiert oder Laie in einem kleineren Betrieb ist[388] und letztlich auch, welcher Rechtsbehelf gewählt wird. So ist eine rasche Rüge bei einem Nachlieferungs- oder Nachbesserungsbegehren, bzw. bei dem Begehren, den Vertrag aufzuheben, weitaus dringender als bei einem Minderungs- oder Schadensersatzbegehren.[389]

Die Frist beginnt spätestens dann zu laufen, wenn der Käufer Kenntnis von der Vertragswidrigkeit der Ware erlangt hat oder sie durch Untersuchung hätte erlangen müssen.[390]

---

381 Siehe: Staudinger-Magnus, Art. 38 CISG, Rn. 12; Soergel/Lüderitz-Langeheine, Art. 38 CISG, Rn. 1; Bianca/Bonell-Bianca, Art. 38 CISG, Anm. 2.1.; Schlechtriem-Schwenzer, Art. 38 CISG, Rn. 5; Escher, RIW 1999, S. 498.

382 Freiburg, IHR 2005, S. 57, die hier die Rügeobliegenheit des Käufers ausführlich beschreibt.

383 Diese Regelung wurde als Ausweg auf Wunsch einiger Entwicklungsländer mit in den Gesetzestext aufgenommen, da diese sich der Gefahr ausgesetzt sahen, aufgrund schlechter vorherrschender Möglichkeiten nicht in der Lage zu sein, eine rechtzeitige Untersuchung der Kaufware durchzuführen. Siehe: Escher, RIW 1999, S. 499; Herber, RIW 1980, S. 605.

384 Staudinger-Magnus, Art. 39 CISG, Rn. 42; Bianca/Bonell-Sono, Art. 39, Anm. 2.4..

385 So auch: Honnold, Uniform Law, Rn. 257; ferner das LG Frankfurt a.M. mit Urteil vom 11.04.2005 in IHR 2005, S. 163 ff., welches die Rüge nach drei Wochen nach dem vereinbarten Liefertag bei einer Schuhlieferung als verfristet erachtete.

386 So wird eine Rügefrist bei schnell verderblicher Kaufware kürzer anzusetzen sein als bei lang haltbarer Ware, siehe u.a.: Urteilsbesprechung zum Urteil des OLG Düsseldorf vom 08.01.1993 von Magnus, IPRax 1993, S. 392 bei der die Rügefrist von Einlegegurken als kurz anzusetzen bestimmt wurde.

387 Staudinger-Magnus, Art. 39 CISG, Rn. 45.

388 Siehe: Hoyer/Posch-Magnus, S. 26.

389 Bianca/Bonell-Sono, Art. 39 CISG, Anm. 1.5.; Staudinger-Magnus, Art. 39 CISG, Rn. 48.

390 MüKoHGB-Benicke, Art. 39 CISG, Rn. 5; Art. 38 CISG, Rn. 6 ff.; Soergel/Lüderitz-Schüßler/Langeheine, Art. 39 CISG, Rn. 5; Staudinger-Magnus, Art. 39 CISG, Rn. 29.

Oftmals wird, sofern die angesprochenen Kriterien keine besondere Fristdauer rechtfertigen, eine Laufzeit von zwei Wochen für die Untersuchung der Ware und die folgende Anzeige angenommen.[391]

cc. Obliegenheit zur Schadensminderung, Art. 77 CISG

Den die Ware empfangenden Käufer trifft nach dem CISG, ebenso wie nach dem nationalen deutschen Recht, die Obliegenheit[392], den erwarteten Schaden so gering wie möglich zu halten bzw. an dessen Eindämmung mitzuwirken.[393] Aus Art. 77 CISG folgt, dass es dem Käufer obliegt, entsprechend den Grundsätzen von Treu und Glauben, dafür Sorge zu tragen, dass ein etwaiger Schaden möglichst gering bleibt.[394] Der Käufer hat demnach unnötig hohe Schadensbeseitigungskosten zu vermeiden, aber auch darauf zu achten, dass nicht übermäßige Folgeschäden entstehen.[395] Tut er dies nicht, so kann der Verkäufer den zu ersetzenden Schaden um den Betrag verringern, um die der Käufer selbst den Schaden hätte geringer halten können. Ein vermeidbarer Schaden ist nach dem CISG nicht entschädigungswürdig.[396]

---

391 Aus der Rechtssprechung: Öster. OGH, Urteil vom 15.10.1998, in öster. JBl 1999, S. 318 ff. mit beiliegender Anmerkung von Karollus, öster. JBl 1999, S. 321 f.. Es ist jedoch stets zu beachten, das die Angemessenheit der Fristdauer von Fall zu Fall variieren kann. So ist eine eher kurze Frist bei beispielsweise verderblicher Ware anzunehmen. Würde der Käufer sich hierbei übermäßig lange Zeit mit der Untersuchung der Ware lassen, ist der vollständige Verlust der Ware zu befürchten. Hingegen ist von einer extensiven Frist zur Untersuchung dann auszugehen, wenn es sich bei dem Kaufgegenstand um ein dauerhaftes Gut handelt oder wenn beispielsweise die komplexe Beschaffenheit der Kaufware eine aufwändige Untersuchung erfordert. Siehe dazu u.a.: MüKoHGB-Benicke, Art. 38 CISG, Rn. 2 ff.

392 Der Rügeobliegenheit entsprechend, handelt es sich hierbei ebenfalls um eine Obliegenheit, die nicht von er anderen Vertragspartei gerichtlich durchgesetzt werden kann und die ferner keine Ansprüche für die geschädigte Partei begründet, sondern der durch Art. 77 CISG belasteten Partei lediglich Rechtsnachteile bringt. Siehe: Bianca/Bonell-Knapp, Art. 77 CISG, Anm. 2.10.; MüKo-Huber, Art. 77 CISG, Rn. 1; MüKoHGB-Mankowski, Art. 77 CISG, Rn. 3.

393 Staudinger-Magnus, Art. 77 CISG, Rn. 19; Roßmeier, RIW 2000, S. 411; Karollus, UN-Kaufrecht, S. 224 f.; Honsell-Magnus, Art. 77 CISG, Rn. 3.

394 Schlechtriem, Internationales UN-Kaufrecht, Rn. 315 f.; Staudinger-Magnus, Art. 77 CISG, Rn. 19, Roßmeier, RIW 2000, S. 411 f..

395 Roßmeier, RIW 2000, S. 412; Huber/Kröll, IPRax 2003, S. 316.

396 In diesem Sinne auch: Enderlein/Maskow/Strohbach, Art. 77 CISG, Anm. 5; Schlechtriem-Stoll, Art. 77 CISG, Rn. 3; Neumayer/Ming, Art. 77 CISG, Rn. 1; Ryffel, Schadensersatzhaftung, S. 80.

dd. Rechtsfolgen bei Lieferung mangelhafter Ware nach dem CISG

Primär steht dem Käufer mangelhafter Ware im Sinne des Art. 35 CISG ein Erfüllungsanspruch zu. Der Käufer kann demnach für den Fall, dass die ihm gelieferte Ware in der Quantität nicht mit den Vertragsvereinbarungen übereinstimmt vom Verkäufer verlangen, dass dieser die noch ausstehende Teillieferung vornimmt.[397]

Besteht hingegen ein Qualitätsmangel oder ist ein aliud geliefert worden, so kann der Käufer Ersatzlieferung gem. Art. 46 Abs. 2 CISG nur dann verlangen, sofern die begründende Vertragsverletzung einen wesentlichen Mangel darstellt. Ebenso verhält es sich für eine Vertragsaufhebung gemäß Art. 49 Abs. 1 lit. a in Verbindung mit Art. 25 CISG.[398] Durch die Einordnung der Vertragsaufhebung als „letztes Mittel" wird den Anforderungen des Wirtschaftsverkehrs entgegengekommen, da den Parteien die nachteilige, weil kostenträchtige, Rückabwicklung des Vertrages erspart bleibt.[399] Vorrangig bleibt demnach der Erfüllungs- bzw. Nacherfüllungsanspruch nach Art. 46 Abs. 1 CISG bestehen; der Käufer soll primär die Erfüllung in Natur erhalten und dem Verkäufer nicht die Möglichkeit eingeräumt werden, wenn es ihm beliebt, sich von seinen vertraglichen Pflichten „loszukaufen".[400] Der Käufer soll dementsprechend nicht die Möglichkeit erhalten, beim geringsten Anlass die eigentliche Vertragsleistung des Verkäufers zu verweigern, um stattdessen Geldersatz zu verlangen. Der eigentliche Vertragszweck wird insoweit durch das CISG gestärkt.[401]

Bei jeglicher Art der Vertragswidrigkeit der Ware, unabhängig davon, ob wesentlich oder unwesentlich, stehen dem Käufer die Ansprüche für eine Minderung des Kaufpreises gemäß Art. 50 CISG[402] sowie auf Schadensersatz nach Art. 74 CISG zu.

---

397 So Art. 51 Absatz 1 CISG in Verbindung mit Art. 46 Abs. 1 CISG. Siehe dazu: Schlechtriem-Schwenzer, Art. 35 CISG, Rn. 43.

398 Im Falle der Lieferung mangelhafter Ware liegt eine wesentliche Vertragsverletzung dann vor, wenn in der Parteivereinbarung die betreffende Eigenschaft als wesentlich bezeichnet wurde oder der Mangel objektiv so gravierend ist, dass das Interesse des Käufers, die Ware zu behalten, objektiv entfällt. Der Käufer soll sich für den Fall, dass das Behalten der Ware für ihn unzumutbar ist, nicht mit einem Schadensersatz- oder Minderungsanspruch zufrieden geben müssen, so: Schlechtriem-Huber, Art. 46 CISG, Rn. 31; MüKoHGB-Benicke, Art. 25 CISG, Rn. 22.

399 So u.a.: Plate, ZVerglRW 2007, S. 3 f..

400 Schlechtriem-Huber, Art. 46 CISG, Rn. 1.

401 Siehe dazu umfassend: Schlechtriem-Huber, Art. 28 CISG, Rn. 2; Zimmermann, Law of obligations, S. 770 ff..

402 Dazu ausführlich: Bergsten/Miller, 27 Am.J.Comp.L (1979), S. 255 ff..

b. Gewährleistungsregelungen des ICC-Mustervertrages bei Lieferung nicht vertragskonformer Ware

aa. Regelung des Art. 11 ICC-general conditions

(1) Artt. 11, 12 ICC-specific conditions

Der Standardvertrag der ICC regelt die Lieferung nicht vertragsgemäßer Kaufware und deren Rechtsfolge hauptsächlich in Art. 11 der allgemeinen Vertragsbestimmungen. Die besonderen Bestimmungen sehen in den Artt. 11 und 12 lediglich eine Haftungshöchstgrenze vor, umfassen jedoch keine Regelung zu haftungsbegründenden Tatbeständen.

(2) Mängelgewährleistung nach Art.11 ICC-general conditions

Art. 11 ICC-general conditions, der die Lieferung nicht vertragsgemäßer Ware und deren Folgen regelt, ist mit acht teilweise recht umfangreichen Unterpunkten der umfassendste Regelungskomplex des Mustervertrages.

Eine Aussage, wann gelieferte Ware nicht dem Vertrag entspricht, wird nicht getroffen. Insoweit kommt Art. 1.2. der ICC-general conditions zur Anwendung, der die Bestimmung, wann die Kaufware mangelhaft ist, primär dem CISG überlässt. Es verbleibt demnach bei dem bereits Gesagten, die Vertragsmäßigkeit der Ware ist anhand der Artt. 35 ff. CISG zu beurteilen.

(a) Untersuchungs- und Rügepflicht des Käufers nach Art. 11.1. ICC-general conditions

Entsprechend der Regelung des CISG sieht Art. 11.1. der general conditions des ICC Mustervertrages eine Untersuchungs- und Rügeobliegenheit des Käufers vor. Dieser hat die gekaufte Ware so schnell wie möglich zu untersuchen und 15 Tage nach Entdeckung oder dem Zeitpunkt an dem er spätestens einen Mangel hätte entdecken müssen, diesen auf schriftlichem Wege dem Verkäufer anzuzeigen. Sämtliche Ansprüche wegen mangelhafter Beschaffenheit der Ware verfallen, wenn der Käufer es unterlässt, eventuelle Mängel innerhalb einer Jahresfrist seit Ablieferung der Ware zu rügen.

(b) Unerhebliche Mängel, Art. 11.2. ICC-general conditions

Art. 11.2. der ICC-general conditions sieht entgegen den Regelungen des CISG eine Erheblichkeitsschranke für auftretende Mängel vor. Gelieferte Ware, die geringfügige Abweichungen vom vertraglich vereinbarten Zustand aufweist, soll nach den vertraglichen Bestimmungen als vertragskonform betrachtet werden, sofern die abweichende Beschaffenheit den üblichen Handelsusancen und –bräuchen entspricht. Der Käufer solcher Ware erhält jedoch im Gegenzug einen Anspruch auf entsprechende Herabsetzung des Preises.

(c) Rechtsfolgen der Lieferung mangelbehafteter Ware nach Art. 11.3. ICC-general conditions

Art. 11.3. ICC-general conditions stellt das Kernstück der Regelung für die Lieferung nicht vertragsgemäßer Ware dar. Unter der Voraussetzung, dass der Käufer den Verkäufer entsprechend Art. 11.1. ICC-general conditions benachrichtigt hat, werden dem Verkäufer drei optionale Wege eingeräumt, seine vertraglichen Pflichten weiter zu erfüllen:

- Zunächst soll der Verkäufer gemäß Art. 11.3. lit. a ICC-general conditions berechtigt sein, die mangelhafte Ware durch mangelfreie zu ersetzen, ohne dass dem Käufer der Ware dafür zusätzliche Kosten entstehen. Es besteht demnach für den Verkäufer die Nacherfüllungsoption.
- Weiterhin hat der Verkäufer gemäß Art. 11.3. lit. b ICC-general conditions die Option, die von ihm gelieferte Ware für den Käufer kostenfrei zu reparieren, sofern dies möglich ist. Der Verkäufer hat demnach die Option, an seiner Lieferung nachzubessern.
- Endlich steht dem Verkäufer gemäß Art. 11.3. lit. c ICC-general conditions der Weg offen, den Vertrag bezüglich der mangelhaften Ware zu beenden, wenn er dem Käufer den gezahlten Kaufpreis erstattet.

Neben diesen Verkäuferoptionen stehen ferner Rechte des Käufers, schließlich hat dieser einen Vertragsbruch des Verkäufers erlitten.

Wählt der Verkäufer sein Nachlieferungs- oder Nachbesserungsrecht gemäß der Art. 11.3. lit. a, b so steht dem Käufer Verzugsschadensersatz gemäß Art. 10.1. zu. Dieser besteht für jede vollendete Woche, in der der Verkäufer nach Benachrichtigung des Verkäufers gemäß Art. 11.1. in Verzug mit der Lieferung vertragsgemäßer Ware ist. Die Ansprüche können kumulativ neben weiteren Verzugsschadensersatzansprüchen (Art. 10.1.) bestehen, jedoch gilt weiterhin die Haftungshöchstgrenze aus Art. 10.1. Auch beim kumulativen Vorliegen verschiedener Verzugsschadensersatzansprüche liegt damit die Haftungshöchstgrenze bei 5% des eigentlichen Kaufpreises.

(d) Vertragsbeendigung nach Art. 11.4. und 5. ICC-general conditions in Verbindung mit Art. 11 der ICC-specific conditions

Art. 11.4. räumt dem Käufer das Recht auf Beendigung des Vertrages ein, wenn der Verkäufer die oben genannten Erfüllungsmaßnahmen nicht so zeitig vornimmt, dass die vorgesehene Verzugsschadensersatzobergrenze von 5% des Kaufpreises noch nicht erreicht ist. Würden die im ICC-Mustervertrag vorgeschlagenen Werte von 0,5% Verzugsschadensersatz pro Woche ab Benachrichtigung des Verkäufers tatsächlich in die Vertragsvereinbarung übernommen, so wäre der Zeitpunkt, der dem Käufer das Recht auf Vertragsbeendigung eröffnet, nach zehn Wochen Verzugszeit erreicht. An dieser Stelle muss jedoch daran erinnert werden, dass die vorgeschlagenen Werte im Mustervertrag nicht bindend für die Vertragsparteien sind und sich die eben genannten Zeitintervalle verschieben können.

Sofern der beschriebene Zeitpunkt erreicht ist, muss der Käufer dem Verkäufer die gewählte Vertragsbeendigungsoption anzeigen und diese Anzeige mit einer letzten fünftägigen Frist zur Nachbesserung bzw. Nachlieferung verbinden. Verstreicht diese Frist erfolglos, hat der Käufer den Vertrag wirksam beendet. Für den Fall der Vertragsbeendigung unter Art. 11 der allgemeinen Bestimmungen des ICC Mustervertrages wird dem Käufer der mangelhaften Ware durch Art. 11.5. ein weiterer Schadensersatzanspruch eingeräumt, der alle weiteren Schadenspositionen umfasst. Hierbei wird die Schadensersatzhöchstgrenze auf 10% des geschuldeten Kaufpreises angehoben.

(e) „Kleiner Schadensersatz“ nach Art. 11.6. ICC-general conditions in Verbindung mit Art. 12 der ICC-specific conditions

Weiterhin hat der Käufer, der mangelhafte Ware empfangen hat, nach Art. 11.6. das Recht, diese zu behalten und im Gegenzug den Betrag als Schadensersatz zu verlangen, der die Differenz zwischen ordnungsgemäß gelieferter Ware und der tatsächlichen Lieferung mangelbehafteter Ware ausmacht. Diese Schadensersatzmöglichkeit ist limitiert auf 15% des vereinbarten Kaufpreises, was zur Folge hat, dass gravierend mangelhafte Ware regelmäßig nicht behalten werden wird, soweit die Wertdifferenz mehr als 15% ausmacht. Diese Regelung entspricht dem Gedanken des Art. 50 CISG, schränkt diesen jedoch zu Lasten des Käufers durch die Maximalgrenze des Minderungsbetrages von 15% des Kaufpreises ein.

(f) Ausschließlichkeit der Mängelgewährleistungsansprüche und -gewährleistungsfrist nach Art. 11.7. und 8. ICC-general conditions

Art. 11.7. des ICC-Mustervertrages stellt den abschließenden Regelungscharakter der unter Art. 11 genannten Rechtsbehelfe dar, weist aber ausdrücklich auf die Möglichkeit einer anders lautenden Parteivereinbarung hin, die in schriftlicher Form abzuschließen wäre. Die vertraglichen Regelungen für die Lieferung nicht vertragsgemäßer Ware finden ihren Abschluss in der Regelung des Art. 11.8., der vorsieht, dass mit Ablauf einer Frist von zwei Jahren nach Ablieferung der Kaufware, der Käufer keinerlei Ansprüche wegen der fehlenden Vertragskonformität mehr geltend machen kann. Dies umfasst außerdem mögliche Aufrechnungen mit Ansprüchen aus Art. 11 im Falle der rechtlichen Verteidigung gegen den Verkäufer.

bb. Vereinbarkeit des Art. 11 ICC-general conditions mit den Regelungen des CISG

(1) Rügeobliegenheit

Sowohl nach dem CISG als auch nach dem ICC-Mustervertrag hat der Käufer der Ware diese nach der Lieferung zu untersuchen und im Falle der Mangelhaftigkeit zu rügen.

Vergleicht man die Bestimmungen des ICC-Mustervertrages mit den Bestimmungen der Artt. 38, 39 CISG, bei denen die kürzestmögliche Untersuchungsfrist und eine angemessene Rügefrist erforderlich sind, so liegt die Ähnlichkeit der Rügepflichten auf der Hand. Allerdings legt sich der ICC-Mustervertrag auf eine feststehende fünfzehntägige Frist nach „Ankunft“[403] der Ware fest, was zur Folge hat, dass zwar Klarheit geschaffen wird, wie lange sich der Käufer der Ware mit der Benachrichtigung Zeit lassen darf. Allerdings wird diese konsequente Bestimmung dadurch wieder eingeschränkt, dass dem Käufer eine unbestimmte Untersuchungszeit gegeben wird. Sofern der Käufer demnach darlegen kann, dass die Untersuchung auch nach beispielsweise elfeinhalb Monaten noch nicht

---

403 Klotz führt hierzu kritisch aus, dass es sich bei dem im Mustervertrag benutzten Begriff „arrival“ nicht um einen im UN-Kaufrecht gebräuchlichen Begriff handele. Das CISG spreche in Art. 39 Abs. 2 lediglich von dem Zeitpunkt der tatsächlichen Übergabe. Er schlägt daher vor, die Formulierung im ICC-Mustervertrag entsprechend anzupassen oder aber die in den INCOTERMS gebräuchliche Wendung „on delivery“ zu nutzen, um so Unklarheiten bezüglich der Zeitpunktfeststellung vorzubeugen. Siehe: Klotz, Critical Review of the ICC Model International Sale Contract, Art. B 11.

hätte abgeschlossen und ein vorhandener Mangel hätte entdeckt sein müssen, verbleibt lediglich die zeitliche Beschränkung durch die Jahresfrist des Art. 11.1. S. 2 des ICC-Mustervertrages generell conditions. Insoweit wird die zuvor beschriebene Klarheit erheblich eingeschränkt.

Weiterhin sind die verschiedenen Anforderungen an den Benachrichtigungsinhalt beachtlich. Grundsätzlich unterliegt die Mängelanzeige keinem Formerfordernis, sie kann sowohl mündlich, schriftlich als auch mittels elektronischer Medien erfolgen.[404] Nach Art. 39 Abs. 1 CISG muss die Vertragswidrigkeit in der Mängelanzeige genau bezeichnet werden. Der Sinn dieser Substantiierungspflicht besteht darin, den Verkäufer der Ware hinreichend klar über die Art des Mangels zu informieren, damit dieser seine angemessene Reaktion überdenken kann.[405] Daher sind allgemeine Missbilligungen der Ware wie beispielsweise: „die Ware sei nicht in Ordnung"[406] oder „weise erhebliche Verarbeitungsmängel auf"[407] oder aber „die Ware sei nicht unseren Vorstellungen und Mustern entsprechend"[408] nach dem CISG zur Erfüllung der Anzeigepflicht nicht ausreichend.

Der ICC-Mustervertrag verzichtet auf eine solche Substantiierungspflicht. Da das CISG einer näheren Ausgestaltung der Untersuchungs- und Rügeobliegenheiten nicht entgegensteht, können die Vertragsparteien die Untersuchungs- und Rügeobliegenheiten nach ihren Wünschen ändern oder ganz abbedingen.[409]

(2) Erheblichkeitsschranke des ICC-Mustervertrages

Der ICC-Mustervertrag sieht vor, dass der Verkäufer auch mit Ware, die geringfügig vom vereinbarten Zustand abweicht, seine Leistungspflicht erfüllen kann. Er muss sich lediglich eine entsprechende Herabsetzung des Kaufpreises entgegenhalten lassen. Eine solche Erheblichkeitsschranke gibt es im CISG nicht. Auch geringfügige Mängel der Ware sind vertragswidrig und lösen die Rechtsbehelfe der Artt. 45 ff. aus.[410] Jedoch werden die Rechtsbehelfe der Vertragsaufhebung und der Ersatzlieferung nicht anzuwenden sein, da diese, wie bereits er-

---

404 Magnus, IHR 1999, S.31; auch: Ferrari, ULR 2001, S. 212.

405 So u.a.: MüKoHGB-Benicke, Art. 39 CISG, Rn. 2; Sekretariatskommentar, Art. 37, Anm. 4; Staudinger-Magnus, Art. 39 CISG, Rn. 21; Honnold, Uniform law, Rn. 256.

406 OLG Hamm vom 17.09.1981 in: Schlechtriem/Magnus, Internationale Rechtsprechung zu EKG und EAG, Nr. 22.

407 LG Heidelberg vom 30.01.1979 in: Schlechtriem/Magnus, Internationale Rechtsprechung zu EKG und EAG, Nr. 11.

408 LG Heidelberg vom 21.04.1981 in: Schlechtriem/Magnus, Internationale Rechtsprechung zu EKG und EAG, Nr. 21b.

409 So das LG Gießen am 05.07.1995 in: NJW-RR 1995, S. 438; MüKoHGB-Benicke, Art. 39 CISG, Rn. 12.

410 Staudinger-Magnus, Art. 35 CISG, Rn. 11.

wähnt, eine wesentliche Vertragsverletzung voraussetzen. Eine solche wird bei geringfügigen Abweichungen nicht vorliegen.[411]

Dieser anscheinend grundsätzliche Unterschied in den Regelungswerken findet allerdings eine beachtliche Einschränkung in Art. 9 CISG, der Gebräuche und Gepflogenheiten, sofern sie von den Vertragsparteien vereinbart wurden[412] oder Handelsbräuche, die für gewöhnlich angewendet werden[413], verbindlich macht.[414] Ist es zwischen den Parteien beispielsweise im Laufe der Geschäftsbeziehungen zu Gepflogenheiten in der Weise gekommen, dass geringfügige Abweichungen der gelieferten Ware vom eigentlich vereinbarten Zustand toleriert werden, so stimmen die Regelungen von ICC-Mustervertrag und CISG wieder überein. Solch gewährte Toleranzen sind im Handelsverkehr nicht ungewöhnlich, werden durch sie wesentliche und häufig auftretende Problempunkte entschärft. Allerdings ist die Regelung im ICC-Mustervertrag, die eine Toleranzpflicht auch ohne zuvor entstandene Gepflogenheiten vorsieht, als noch praktikabler anzusehen. Vor dem Hintergrund, dass im internationalen Handelsverkehr für die eigentliche Lieferung der Ware ein großer Aufwand betrieben wird und oftmals große Distanzen zurückgelegt werden müssen, was eine Menge Zeit in Anspruch nimmt, scheint eine größere Liefertoleranz sachgemäß.

Angesichts dessen, dass die Gewährung von Liefertoleranzen nicht weit vom gesetzlichen Leitbild der vertraglichen Haftung gemäß dem CISG abweicht, spricht von Seiten des CISG nichts gegen die vorliegende Modifizierung der Haftung.

(3) Wahl der Rechtsbehelfe

Der ICC-Mustervertrag stellt dem Verkäufer, der mangelhafte Ware geliefert hat, drei Möglichkeiten zur Wahl einer Rechtsfolge zur Option.[415] Einerseits kann er die mangelhafte Ware durch vertragskonforme Ware ersetzen, er kann die mangelhafte Ware reparieren oder den Vertrag bei Rückerstattung des Kaufpreises und drohendem zusätzlichen Schadensersatz beenden. Ausdrücklich zu erwähnen ist hierbei, dass der Verkäufer das Wahlrecht darüber hat, wie sich die weitere Vertragsbeziehung der Parteien gestaltet. Dem Käufer verbleibt es lediglich, der

---

411 MüKoHGB-Benicke, Art. 35 CISG, Rn. 6; Honsell-Magnus, Art. 35 CISG, Rn. 11; Staudinger-Magnus, Art. 35 CISG, Rn. 11.

412 Siehe Art. 9 Abs. 1 CISG.

413 Siehe Art. 9 Abs. 2 CISG.

414 Siehe dazu u.a.: Ferrari, The draft UNCITRAL digest, S. 191 ff.; Bonell, Öst. JBl. 1985, S. 385 ff.; Holl/Kessler, RIW 1995, S. 457 ff.; Farnsworth, Unification of sales law, S. 81 ff.; Ferrari EuLF 2002, S. 272 ff..

415 Art. 11.3. des ICC-Mustervertrages.

Wahl des Verkäufers entsprechend Schadensersatz zu verlangen oder unter bereits genannten Bedingungen den Vertrag zu beenden.

Das CISG folgt einem anderen System. Es verlangt vom Empfänger mangelhafter Ware die Reaktion darauf. Grundsätzlich kann der Käufer primär vom Verkäufer die Erfüllung von dessen vertraglichen Pflichten verlangen.[416] Dies folgt aus den Artt. 45 Abs. 1 lit. a und 46 Abs. 1 CISG. Dieser Anspruch ist die dogmatische Fortführung des ursprünglichen Leistungsanspruchs des Käufers aus den Art. 30 ff. CISG.[417] Eine Nacherfüllung kommt jedoch für den Fall nicht in Betracht, wenn diese objektiv unmöglich ist. Dies gilt sowohl für die Alternative der Nachbesserung (meist Reparatur) als auch für den Fall der Ersatzlieferung.[418]

Der Erfüllungsanspruch in Gestalt der Ersatzlieferung setzt jedoch voraus, dass es sich bei der mangelbehafteten Lieferung um eine wesentliche Vertragsverletzung im Sinne des Art. 25 CISG handelt.[419]

Sofern die Voraussetzungen des Art. 46 Abs. 2 und 3 CISG vorliegen, hat der Käufer grundsätzlich ein Wahlrecht, ob er sich für die Nachbesserung oder eine Nachlieferung entscheidet. Allerdings hat es der Verkäufer in den Händen, das

---

416 Mit diesem System geht das Nacherfüllungsrecht des Verkäufers aus Art. 48 CISG einher, das ihm unter der Voraussetzung, dass dies weder eine unzumutbare Unannehmlichkeit noch Ungewissheit wäre, ein Recht der „zweiten Andienung" gibt. Siehe dazu: Staudinger-Magnus, Art. 48 CISG, Rn. 1 ff..

417 Siehe: Zahraa/Ghith, ULR 2002, S. 752; Schlechtriem-Huber, Commentary on the CISG, Art. 46, Rn. 1; Vahle, ZVglRWiss 1999, S. 56.

418 Die Unmöglichkeit, sowohl die objektive als auch die subjektive, sind nicht Regelungsgegenstand des CISG. Dennoch wird ein Erfüllungsanspruch im Falle der Unmöglichkeit zu verneinen sein, denn es besteht faktisch keine Möglichkeit, dass der Verkäufer unmögliche Dinge leistet. Siehe in diesem Sinne auch: Staudinger-Magnus, Art. 46 CISG, Rn. 26; Schlechtriem-Huber, Art. 46 CISG, Rn. 15; Plantard, Clunet 1988, S. 361; auch: Neumayer, RIW 1994, S. 107 f.. Anders ist jedoch der Fall zu beurteilen, bei dem es dem Verkäufer subjektiv unmöglich ist, seine Lieferpflicht zu erfüllen. Bei einem solchen Unvermögen soll die Erfüllungspflicht weiterhin bestehen bleiben mit der Ausnahme, dass der Verkäufer über Art. 79 Abs. 1 CISG befreit wird. Siehe: MüKoHGB-Benicke, Art. 46 CISG, Rn. 7 f.. Ansonsten gilt die äußerste Grenze des Rechtsmissbrauchs: Wäre die Geltendmachung des Nacherfüllungsanspruchs rechtsmissbräuchlich, beispielsweise wenn der Vorteil des Käufers außer Verhältnis zum notwendigen Aufwand des Verkäufers steht, so besteht dieser Anspruch nicht. Schlechtriem-Huber, Art. 46 CISG, Rn. 18.

419 Diese Einschränkung folgt erneut aus dem Gedanken, dass bei internationalen Warenkäufen die Transportkosten oftmals sehr hoch sind und im Falle der Ersatzlieferung die zunächst gelieferte Ware wieder zurück zum Verkäufer und die Ersatzware zum Käufer transportiert werden müsste. Siehe: MüKoHGB-Benicke, Art. 46 CISG, Rn. 12; Schlechtriem, Internationales UN-Kaufrecht, Rn.110 f.; Karollus, UN-Kaufrecht, S. 137.

Wahlrecht zu übernehmen, wenn er gemäß Art. 48 Abs. 2 CISG dem Käufer die Art der Mängelbeseitigung anbietet und dieses Angebot nicht unzumutbar ist.[420]

Kommt es zu keiner nachträglichen Vertragserfüllung durch den Verkäufer, so steht dem Käufer gemäß Art. 50 S. 2 CISG nachrangig das Recht zu, den Kaufpreis entsprechend der Mangelhaftigkeit zu mindern. Endlich kann der Käufer unter den bereits beschriebenen Voraussetzungen den Vertrag gemäß Art. 49 CISG und dessen hohen Anforderungen aufheben.[421]

Vergleicht man die Regelungen des ICC-Mustervertrages mit den Regelungen des CISG, so fällt die evidente Verkäuferfreundlichkeit des ICC-Vertrages auf. Während die möglichen Rechtsbehelfe des ICC-Vertrages und des CISG sich der Art nach gleichen und insbesondere bei beiden Regelungswerken erkennbar ist, dass eine Vertragsbeendigung letztlich nur die „ultima ratio" sein soll, liegt der beachtliche Unterschied der Regelwerke in der Stellung der Vertragsparteien. Während nach dem CISG der Käufer den weiteren Fortgang der Vertragsbeziehung bestimmt, indem er das – zwar eingeschränkte – Wahlrecht hat, welcher Rechtsbehelf auf die Lieferung nicht vertragskonformer Ware folgt, legt der ICC-Mustervertrag das weitere Geschehen in die Hände des Verkäufers. Der Verkäufer bestimmt nach Art. 11.3. lit. a.,b.,c., was passieren soll, nachdem er die mangelhafte Ware geliefert hat. Er kann eben nachliefern, nachbessern oder den Vertrag beenden, dies allerdings unter der Voraussetzung, dass der Käufer nicht mitteilt, die Ware so zu akzeptieren. Die Vertragsbeendigung stellt dabei keine besonderen Anforderungen an das Fehlverhalten des Verkäufers, bringt dem Käufer lediglich einen weiteren, höher begrenzten Anspruch auf einforderbaren Schadensersatz.

Diese Regelung ist dem Käufer gegenüber im Vergleich zur gesetzlichen Regelung des CISG nachteiliger und wird dem Interesse des Käufers wenig gerecht. Der Käufer muss sich im Falle verspäteter Lieferung bereits dahingehend organisieren, wie er diese Verspätung kompensieren kann. Oftmals ist die erworbene Ware zur Weiterverarbeitung oder -lieferung bestimmt, so dass den Käufer vertragliche Pflichten gegenüber Dritten treffen, die dieser im Falle verspätet gelieferter Kaufware weiterhin zu erfüllen hat.

Diese durch Schadensersatz kaum aufzufangenden Pflichten werden durch die Regelungen des ICC-Mustervertrages noch erschwert. Hier kann es dem

---

420 Herber/Czerwenka, Internationales Kaufrecht, Art. 48 CISG, Rn. 11; Schlechtriem-Huber, Art. 48 CISG, Rn. 4; Neumayer/Ming, Artikel 48 CISG, Anm. 4; Staudinger-Magnus, Art. 48 CISG, Rn. 32.

421 Hier setzt sich der bereits erwähnte Gedanke des Vorzuges der Vertragsaufrechterhaltung wegen der hohen anfallenden Zusatzkosten bei einer Vertragsaufhebung fort. Siehe: Staudinger-Magnus, Art. 49 CISG, Rn. 4; v.Caemmerer in FS Coing II, S. 50. Siehe weiterhin oben unter Gliederungspunkt 3.a.dd. dieser Arbeit.

Käufer widerfahren, sofern er es unterlässt, in der Mängelrüge ausdrücklich darauf hinzuweisen, dass er an der Ware festhalten will, dass er zunächst die vermeintlich verspätete Lieferung bewältigen muss und ihm in der Folgezeit[422] mitgeteilt wird, dass er mit gar keiner Warenlieferung mehr rechnen kann, weil der vertragsbrüchige Verkäufer den Vertrag beendet hat und sich lediglich einer Schadensersatzverpflichtung stellen muss. Hierbei scheint der zusätzlich zum Verzugsschadensersatz gewährte Schadensersatzanspruch aus Art. 11.5. general conditions des ICC-Mustervertrages für den Käufer insoweit unbefriedigend, als dass auch dieser Anspruch auf 10% des vereinbarten Kaufpreises limitiert ist. Hier ist daher nicht nachvollziehbar, warum der ICC-Mustervertrag den fehlleistenden Verkäufer in solch hohem Maße zu Lasten des Käufers privilegiert.

c. Mängelgewährleistung im ITC-Model Contract

Die Regelungen des Mustervertrages der ITC weichen sowohl systematisch als auch inhaltlich von den vorgenannten Regelungen der Mängelgewährleistung ab. Die Sachmängelgewährleistung wird durch Art. 10, vorrangig jedoch durch Art. 11, bestimmt.

aa. Sachverständigenbegutachtung nach Art. 11 des ITC-Mustervertrages

Art. 11 des Vertrages verpflichtet den Käufer der Ware für den Fall, dass er deren Qualität beanstandet, den Verkäufer so schnell wie möglich darüber zu informieren, spätestens jedoch innerhalb einer Frist von sieben Tagen nach Lieferung der Ware.[423]

Der grundlegende Unterschied des ITC-Mustervertrages findet sich in den folgenden Bestimmungen, nach denen der Käufer sich entweder an eine zuvor vereinbarte, unabhängige Institution, die einen Sachverständigen bestellt, wendet oder aber, für den Fall, dass eine solche Institution nicht zuvor vereinbart wurde, er sich umgehend um einen solchen Sachverständigen bemühen muss.

---

422 Der ICC-Mustervertrag hält keine Regelung dafür bereit, in welcher Zeit der Verkäufer sein Wahlrecht aus Art. 11.3. ausüben muss. Er kann sich daher mit der Ausübung Zeit lassen, da er lediglich dem Verzugsschadensersatzanspruch nach Art. 10.1. ausgesetzt ist, der, wie bereits erwähnt, seine Höchstgrenze bei 5% des vereinbarten Kaufpreises findet. Zu dieser Konstellation siehe auch: Klotz, Critical Review of the ICC Model International Sale Contract, Art. B 11.

423 Bereits hier sieht das Vertragsformular jedoch vor, dass die Parteien sich individuell über die Länge der Frist anderweitig einigen können und stellt klar, dass die vorgeschlagene Siebentagesfrist nur nachrangig zur Anwendung kommen soll.

Dieser Sachverständige soll die vermeintliche Vertragswidrigkeit der Ware gründlich untersuchen und den Parteien darüber Zeugnis erteilen. Dafür darf er die Ware als Gesamtheit betrachten, sich Stichproben aussondern oder Stichproben zur Untersuchung an sich nehmen. Aufgrund der vorangegangenen Untersuchung übersendet der Gutachter den Parteien ein verbindliches Zeugnis, das allerdings von den Parteien durch Anrufung des Schiedsgerichts innerhalb einer zuvor bestimmten Frist[424] angefochten werden kann.

Weitere Regelungen, für welchen Fall mögliche Rechtsfolgen entstehen, sieht der Vertragstext hierbei nicht vor, so dass es durch die Anwendung des Art. 14 CISG zu einer vorrangigen Anwendung des CISG kommt. [425]

bb. Schwerwiegende Mangelleistung nach Art. 10 des ITC-Mustervertrages

Der ITC-Mustervertrag bietet in Art. 10 für den Fall der wesentlichen Vertragsverletzung durch eine Partei, der anderen Seite die Möglichkeit, den Vertrag zu beenden. Was eine solche wesentliche Verletzung ist, wird jedoch nicht näher definiert, der Vertrag nennt lediglich einige Beispiele, bei denen eine Vertragsbeendigung möglich sein soll.[426] Der zugehörige „users' guide" stellt klar, dass es sich bei der im Vertragstext genannten Liste nicht um eine abschließende Auflistung handeln soll, sondern eine exemplarische Liste möglicher Fallbeispiele.[427]

---

424 Sofern die Parteien hierbei keine besondere Frist vereinbaren, sieht der Vertrag eine Fristdauer von 45 Tagen vor.

425 Problematisch ist hier die Situation, dass Art. 14 des Mustervertrages für den Fall, dass das CISG keine Regelung bereit hält, die UNIDROIT-Prinzipien bzw. ein frei gewähltes Recht zur Anwendung kommen lässt. Diese Regelung kollidiert mit den Regelungen des CISG, dessen Art. 7 Abs. 2 für den Fall einer möglichen Lückenschließungsnotwendigkeit die Beachtung der allgemeinen Grundsätze des CISG vorsieht bzw. in derer Ermangelung eine Lückenfüllung durch das anwendbare nationale Recht verlangt. Siehe dazu: Schlechtriem-Ferrari, Art. 7 CISG, Rn. 43; Herber/Czerwenka, Art. 7 CISG, Rn. 10; Honnold, Uniform Law, Rn. 98. Diese Kollision der Regelungen fällt zugunsten der vertraglichen Regelung aus, da das CISG als wichtigen allgemeinen Grundsatz den Vorrang der Parteiautonomie festlegt (Art. 6 CISG) und somit am ehesten dem Parteiwillen entspricht. Siehe u.a.: Bianca/Bonell-Bonell, Art. 7 CISG, Anm. 2.3.2.2.; Schlechtriem-Ferrari, Art. 7 CISG, Rn. 48; Staudinger-Magnus, Art. 7 CISG, Rn. 42.

426 Hierbei wird als einziges Verkäuferverhalten der bereits dargestellte, zur Vertragsbeendigung berechtigende Lieferverzug gemäß Art. 8 des Vertrages erwähnt. Weiterhin stellt auf jeder Seite das Unvermögen zur Leistung für die andere Seite einen Grund zur Vertragsbeendigung dar. Weitere genannte Beispielumstände betreffen das Käuferverhalten.

427 Kommentar zu Art. 10 des „user's guide".

Liegt eine wesentliche Vertragsverletzung vor, kann die verletzte Partei nach eigenem Ermessen den Vertrag beenden und Schadensersatz von der anderen Partei verlangen. Daneben besteht die Möglichkeit für die verletzte Partei, wahlweise die mangelbehaftete Ware anzunehmen oder sie trotz der Mängel weiter zu verkaufen und so entstandene Schadensersatzverpflichtungen der anderen Partei zu mindern. Endlich sieht der ITC-Mustervertrag für den Fall der Vertragsbeendigung aufgrund einer wesentlichen Vertragsverletzung vor, dass aus diesem Grund erwachsene Streitigkeiten durch das vertraglich vereinbarte Streitschlichtungsverfahren gelöst werden sollen.

cc. Vereinbarkeit der Mängelgewährleistungsregelungen des ITC-Mustervertrages mit dem CISG

Die dargestellten Regelungen sind im alltäglichen Handelsverkehr mit leicht verderblichem Handelsgut praktikabel.

Bevor ein lang andauerndes, kostenträchtiges Streitverfahren eröffnet wird, soll ein konsensual gewählter, unabhängiger Sachverständiger die Unstimmigkeit untersuchen und dokumentieren. Unklar ist jedoch, welche Kompetenzen dem Gutachter zukommen. Zunächst wird ihm die Aufgabe erteilt, die gelieferte Ware auf deren Qualität und Quantität zu untersuchen und über die Ergebnisse der Untersuchung in oben beschriebener Weise zu berichten. Von einer weitergehenden Reichweite seiner Kompetenz besagt der Vertragstext nichts. Der „users' guide" zu Art. 11 des ITC-Mustervertrages spricht davon, dass die Parteien anhand des Gutachtens zu einer einvernehmlichen Streitlösung kommen sollen. Dies gilt sowohl für die tatsächliche Beschaffenheit der gelieferten Ware als auch für die daraus resultierenden Folgen. Daher bietet die Expertise nicht mehr als eine Basis für Parteiverhandlungen.

Wie oft eine solche vorgeschaltete Expertise zu einer einvernehmlichen Streitlösung führt, ist der Maßstab dafür, ob die vertragliche Regelung das Vertragsverhältnis erleichtert oder lediglich zusätzliche Kosten produziert und zusätzliche Zeit in Anspruch nimmt. Meines Erachtens ist diese Regelung gerade im Hinblick darauf, dass es sich vorliegend um einen Liefervertrag über verderbliche Waren handelt, vorteilhaft, weil sie den Vertragsparteien ermöglicht, zügig zu einer Streitbeilegung zu kommen. Eine solche Streitbeilegung ist im Interesse beider Seiten, da bei Ausfall der Ware durch Verderb ein Verwertungsausfall droht, bzw. es für den Fall der tatsächlichen Mangelhaftigkeit zu Schadensersatzforderungen kommt. Eine frühzeitige Schlichtung ohne die Bemühung der Gerichte ist somit im Interesse beider Parteien. Dass eine frühe Einigung möglich erscheint, liegt gerade daran, dass den Parteien dringend angeraten wird, auf die

Unabhängigkeit des Gutachters zu achten.[428] Unter diesen Voraussetzungen ist die besondere Regelung der Sachmängelgewährleistung bei Kaufverträgen über die Lieferung schnellverderblicher Ware gut nachvollziehbar und vorteilhaft.

d. Mängelgewährleistung in den Bedingungen der ECE und des ORGALIME-Verbundes

aa. Art. 9 der ECE-Bedingungen

Die ECE-Bedingungen behandeln die Mängelhaftung des Verkäufers in Art. 9, der in 17 Unterpunkte aufgegliedert ist. Die Grundregel stellt Art. 9.1. der ECE-Bedingungen auf, nach der vom Verkäufer jeder die Gebrauchsfähigkeit beeinträchtigende Mangel zu beheben ist, der auf einem Fehler der Konstruktion, des Materials oder der Ausführung beruht. Die weiteren Vorschriften konkretisieren diese Verkäuferpflicht.

Nach Art. 9.8. besteht eine unverzügliche Pflicht des Käufers, mangelhafte Ware schriftlich anzuzeigen, soweit sich dieser auf Art. 9 der ECE-Bestimmungen berufen will. Dem Verkäufer muss dann die Möglichkeit gegeben werden, den betreffenden Mangel festzustellen und zu beseitigen. Die Beseitigungspflicht meint die Mängelbehebung auf Kosten des Verkäufers nach Art. 9.9. der ECE-Bedingungen, wobei offen gelassen wird, ob diese Behebung durch Reparatur oder Übersendung von Ersatzteilen zu geschehen hat.

Die umfassendste Einschränkung der Mängelgewährleistung ist die von den Parteien zu bestimmende Gewährleistungsfrist nach Art. 9.2. der ECE-Bedingungen in Verbindung mit Punkt G des Vertragsanhangs. Demnach können Gewährleistungsansprüche nur innerhalb dieser Frist geltend gemacht werden. Maßgeblich hierbei ist der Zeitpunkt des Erkennens des Mangels. Die Dauer der Frist wird von den Parteien unter Punkt G des Anhangs zum Mustervertrag festgesetzt. Sofern die Parteien es unterlassen, eine Fristdauer zu bestimmen, gilt gemäß Anlage LW 188 zum Mustervertrag unter Punkt 7 Abs. 2, eine einjährige Gewährleistungsfrist, wobei eine Verlängerung der Gewährleistungsfrist durch Art. 7 Abs. 3 der Anlage LW 188 in Verbindung mit Punkt H des Anhanges zum Mustervertrag begrenzt ist. Die Frist ist gemäß Art. 9.3. und 9.4. der ECE-Bedingungen so zu vereinbaren, dass eventuell längere Transportzeiten berücksichtigt werden. Besteht der Kaufgegenstand aus mehreren Teilen, so kann nach Art. 9.4. der ECE-Bedingungen eine jeweils gesonderte Frist vereinbart werden. Die Frist kann sich bei übermäßiger Nutzung des Kaufgegenstandes verkürzen, Art. 9.6.

---

428 So der „users' guide" zu Art. 11, der die besondere Wichtigkeit der Unabhängigkeit hervorhebt.

der ECE-Bedingungen in Verbindung mit Punkt I des Vertragsanhanges. Den Fristbeginn stellt jeweils das Datum der Versandbereitschaft des Kaufgegenstandes dar. Verzögert sich der Versand, so verlängert sich die Gewährleistungsfrist entsprechend.

Der Mängelbeseitigung steht nach Art. 9.7. der ECE-Bedingungen die Lieferung von Ersatzteilen gleich.

Art. 9.8. erlegt dem Käufer eine unverzügliche, schriftliche Mängelanzeige auf, ohne die er sich nicht auf Mängelgewährleistungsrechte berufen kann.

Grundsätzlich ist die Mängelbeseitigung in der Weise zu erbringen, dass der Käufer dem Verkäufer die mangelbehafteten Teile zusendet und dieser sie repariert oder ersetzt, es sei denn, der Mangel bedingt die Beseitigung am Aufstellungsort des Kaufgegenstandes. Die Kosten und das Risiko für den Transport der Ware trägt dabei nach Art. 9.10. der Käufer. Dabei erstreckt sich die Gewährleistungspflicht ausdrücklich nach Art. 9.14. nicht auf Mängel, die auf vom Käufer gelieferten Materialien oder einer von ihm vorgeschrieben Konstruktionsweise beruhen sowie auf Mängel, die durch unsachgemäße Verwendung der Kaufware entstanden sind, Art. 9.15.. Die ausgewechselten mangelbehafteten Teile sollen anschließend dem Verkäufer „zur Verfügung stehen“, Art. 9.12.. In dem Fall, dass der Verkäufer seiner Beseitigungspflicht trotz Mahnung nicht oder nicht in der „nötigen Eile“ nachkommt, steht dem Käufer ein Ersatzvornahmerecht nach Art. 9.13. zu.

Endlich bestimmt Art. 9.16., dass Art. 9 die ausschließliche Regelung für die Sachmängelgewährleistung ist und dass die Haftung für Folgeschäden ausgeschlossen ist, sofern dem Verkäufer kein grobes Verschulden daran trifft. Dieses wird abschließend in Art. 9.17. definiert.

bb. Artt. 22 bis 37 ORGALIME-Bedingungen

Der ORGALIME-Verbund regelt die Haftung für Mängel in den Artt. 22 bis 37, also in ähnlich umfassender Weise wie das zuvor begutachtete Regelwerk. Art. 22 stellt hierbei klar, dass der Lieferer verpflichtet ist, sämtliche Mängel zu beheben, die aus einem Material-, Konstruktions- oder Ausführungsfehler resultieren, sofern diese nicht vom Besteller gemäß Art. 34 zu vertreten sind, bzw. nicht durch unsachgemäße Handhabung des Käufers gemäß Art. 35 verursacht wurden.

Mängel sind nach Art. 25 unverzüglich, unbedingt aber binnen zwei Wochen nach Ablauf der in Art. 23 bestimmten Jahresgewährleistungsfrist schriftlich unter Beschreibung des vorliegenden Mangels zu rügen, ansonsten verfällt das Mängelbehebungsrecht. Ebenso ist der Lieferer darüber zu unterrichten, wenn der vorliegende Mangel gefahrträchtig ist, da ansonsten Folgeschäden nicht dem Lieferer angelastet werden können.

Ist seitens des Käufers der Mangel ordnungsgemäß gerügt worden, hat der Lieferer unverzüglich den Schaden gemäß Art. 26 zu beheben. Dieses soll grundsätzlich am Standort des Liefergegenstandes geschehen, in Ausnahmefällen soll der Lieferer berechtigt sein, sich das defekte Teil zuschicken zu lassen. Der Verkäufer ist nur dann zum Ein- und Ausbau verpflichtet, wenn dazu besondere Fachkenntnisse erforderlich sind. Ansonsten fällt die Montage in den Pflichtenkreis des Käufers.[429] Kosten, die dem Lieferer durch die Verbringung des Liefergegenstandes anfallen, sind nach Art. 30 durch den Käufer zu ersetzen.

Art. 27 bestimmt, dass sofern ein Mangel gerügt wurde, der tatsächlich gar nicht bestand, der Käufer dem Lieferer die daraus entstehenden Kosten zu ersetzen hat.

Kommt hingegen der Verkäufer auch nach nochmaliger Fristsetzung nicht seiner Pflicht zur Mängelbehebung nach, ist der Käufer zur Ersatzvornahme auf Kosten des Verkäufers berechtigt, der Mängelbeseitigungsanspruch ist damit abgegolten.

Für den Fall des Fehlschlags der Nachbesserung ist der Käufer berechtigt, nach Art. 33 den Kaufpreis bis zu 15% zu mindern oder bei einem gravierenden Mangel, vom Vertrag zurückzutreten.

Endlich führt Art. 36 aus, dass die Haftung des Lieferers in jedem Fall maximal zwei Jahre beträgt. Art. 37 schließt die Haftung des Verkäufers für Folgeschäden aus, es sei denn, dieser hat grob fahrlässig gehandelt.[430]

e. Fazit zur Vereinbarkeit der zuvor behandelten Regelungen betreffend die Mängelgewährleistung mit dem CISG

Die Begutachtung der Vertragsmuster hat ergeben, dass diese in ihrer Ausgestaltung die Mängelgewährleistung betreffend, variieren. Gerade bei der Mängelgewährleistung wird deutlich, dass geschäftstypische Besonderheiten im Vertragstext berücksichtigt werden und berücksichtigt werden müssen.

Diese Besonderheiten werden durch das CISG gedeckt. Die vertragliche Modifikation des CISG betreffend die Sachmängelgewährleistung stößt nicht an die

[429] So auch gemäß Art. 28 die mögliche Demontage weiterer anderer Teile um die Demontage des Liefergegenstandes zu ermöglichen, aber auch nach Art. 29 der notwendige Transport der defekten Teile zum Verkäufer.

[430] Es ist davon auszugehen, dass diese Haftungsbeschränkung auch vorsätzliches Handeln umfasst.

Grenzen dessen dispositiver Natur. Dem beherrschenden Grundsatz des CISG, nämlich der Parteiautonomie, wird auch hier vollends Folge geleistet.

Der ICC-Mustervertrag unterscheidet sich vom CISG in der Weise, dass er den Verkäufer mangelhafter Ware sehr günstig behandelt und ihm das Recht gibt, auszuwählen, welche Rechtsfolgen sich aufgrund der Lieferung mangelbehafteter Ware ergeben. Nach dem CISG steht dieses Wahlrecht dem Käufer zu.

Hinzu kommt, dass sofern der Verkäufer wählt, die Ware zu ersetzen oder zu reparieren, er unter einem nur beschränkten Termindruck dafür steht. Art. 11.3. a.E. bestimmt, dass für den benannten Fall der Verkäufer zwar verzugschadensersatzpflichtig ist, diese Pflicht jedoch auf 5% des Preises für die mangelhafte Ware limitiert ist. Ausgehend von der Grundregel des Art. 10.1. für den Verzugsschadensersatz wäre diese Summe nach zehn Wochen erreicht, so dass der Verkäufer, der es nicht schafft, den Mangel zuvor zu beheben, nach Ablauf der zehn Wochen unter keinerlei weiterem Termindruck steht. Ein Vertragsbeendigungsrecht des Käufers entsprechend Art. 10.3. des ICC-Mustervertrages besteht bei der Sachmängelgewährleistung nach Art. 11 nicht.

Auch die Erheblichkeitsschranke des Art. 11.2. ICC-Mustervertrag kommt dem Verkäufer zu Gute. Allerdings ist hierbei zu beachten, dass Art. 11.2. ICC-Mustervertrag dem Käufer das Recht einräumt, einen üblichen Preisnachlass im Falle geringfügiger Mangelhaftigkeit zu verlangen. Das CISG kennt keine Erheblichkeitsschranke, so dass bei Lieferung mangelhafter Ware grundsätzlich die Rechtsfolgen der Artt. 45 ff. ausgelöst werden.[431] Diese unbillig erscheinende Regel wird allerdings dadurch entschärft, dass bei geringfügigen Mängeln eine Vertragsaufhebung oder Ersatzlieferung durchweg ausscheiden wird, da in der Sachmängelhaftung des CISG hierfür eine wesentliche Vertragsverletzung vorausgesetzt wird, die bei einer geringfügigen Abweichung gewöhnlich fehlen wird.[432] Sofern die Toleranz geringfügiger Abweichungen ein für die Parteien nach deren Gepflogenheiten übliches Verhalten ist oder es nach Handelsbrauch anerkannt wird, kommt es zu keiner Vertragswidrigkeit im Sinne des CISG.

Der ITC-Mustervertrag verfolgt einen anderen Aufbau der Sachmängelgewährleistung, allerdings nur die Gewährleistungsgrundlage betreffend, also die Frage, ob ein Mangel an der Ware gegeben ist oder nicht bzw. wie dieser zu bewerten ist. Rechtsfolgen für den Fall der Lieferung mangelhafter Ware beinhaltet der ITC-Mustervertrag nicht. Es muss dafür gemäß Art. 14 des ITC-Mustervertrags vorrangig auf die Regelungen des CISG zurückgegriffen werden. Da das CISG die Rechtsfolgenseite der Sachmängelgewährleistung abschließend regelt,

431 Schlechtriem-Schwenzer, Art. 35 CISG, Rn. 32; Schlechtriem, Internationales UN-Kaufrecht, Rn. 142.

432 So auch: Staudinger-Magnus, Art. 35 CISG, Rn. 11.

bedarf es keines weiteren Rückgriffes auf die UNIDROIT-Prinzipien oder ein weiteres nationales Recht.

Eine Besonderheit ist jedoch die in Art. 11 des ITC-Mustervertrages festgelegte Verfahrensweise, eine mögliche Mangelhaftigkeit der Kaufware zu bestimmen, wobei sich die Eigenschaft „mangelhaft" entsprechend oben Gesagtem ebenfalls aus dem CISG, nämlich dort Art. 35, ergibt. Die bereits besprochene Verfahrensweise der Qualitätsbestimmung der Ware mittels eines unabhängigen Sachverständigen kollidiert nicht mit dem CISG, da dieses nur objektive Kriterien dafür bereit hält, wann die gelieferte Ware als mangelhaft einzuordnen ist, nicht aber über die tatsächliche Bestimmung der Eigenschaft der Ware.

Die Lieferbedingungen der ECE und des ORGALIME-Verbundes sind äußerst praxisnah konzipiert. Im Grundansatz folgen sie dem CISG insbesondere dabei, dass vorrangig am Vertrag festgehalten und der Verkäufer bei Lieferung mangelhafter Ware, diese primär reparieren soll. Dabei gehen die Lieferbedingungen davon aus, dass die Reparatur grundsätzlich am Standort des gelieferten Kaufgegenstandes, so zumeist der gelieferten Maschine oder Anlage stattfindet, und werden somit ihrem besonderen Verwendungsbereich gerecht. Eine Rücksendung solch großer und komplexer Liefergegenstände ist weit weniger praktikabel als die Reparatur vor Ort.

Ebenfalls entsprechen die dargestellten Haftungsbeschränkungen dem Verwendungsbereich der Lieferbedingungen. Der Haftungsausschluss bei unsachgemäßem Gebrauch der gelieferten Maschine ist treffend und nachvollziehbar für den Kauf von Gebrauchsgegenständen, bei denen die Nutzung leicht zu Schäden führen kann. Nur so kann eine übermäßige Haftung für den Verkäufer, der die Kaufware aus seinem Einflussbereich gegeben hat, vermieden werden.

Die Nähe zur Verwendungspraxis spiegelt sich aber auch darin wieder, dass in den Lieferbedingungen zu Teilen Begrifflichkeiten genutzt werden, die im Streitfall auszulegen sind. Hier verlassen die Bedingungen die eindeutige Formulierung des CISG und verwenden teilweise weniger eindeutige Formulierungen wie beispielsweise in Art. 9.13. der ECE-Bedingungen die Formulierung „...mit der nötigen Eile…" oder aus Art. 33 b der ORGALIME-Bedingungen „…sofern der Mangel so grundlegend ist, dass der Besteller sein Interesse an dem Vertrag verliert…". Diese teilweise umgangssprachlichen Wendungen bergen die Gefahr der Unklarheit, weil Mehrdeutigkeit, und sollten daher in neueren Überarbeitungen bedacht werden.

4. Dokumentenverschaffungspflicht, Art. 8 ICC-specific conditions, Art. 9 ICC-general conditions

Oftmals trifft den Verkäufer im internationalen Handelsverkehr neben der eigentlichen Pflicht zur Warenlieferung die weitere vertragliche Pflicht, dem Käufer die Dokumente auszuhändigen, die sich auf die Ware beziehen, wie beispielsweise Konnossements, Lagerscheine oder Versicherungspolicen.[433]

a. Anforderungen des CISG, Artt. 30, 34 CISG

Die Artt. 30 und 34 normieren im CISG die Verkäuferpflicht, dem Käufer die Dokumente zu übergeben, die sich auf die Kaufware beziehen. Auf diese Verschaffungspflicht sind die Artt. 31 und 33 nicht anwendbar, da diese sich lediglich auf die Lieferung der Ware beziehen.[434] Die Pflicht zur Übergabe dieser Dokumente ist neben der eigentlichen Lieferverpflichtung eine originäre Vertragspflicht.[435] Art. 34 S. 1 CISG regelt die Zeit, den Ort und die Form, in der auszuhändigende Dokumente dem Käufer zu verschaffen sind. Nach dem Wortlaut des Art. 34 CISG wird die Pflicht zur Dokumentenübergabe nicht aus dieser Regelung gefolgert, sondern bereits in der Regelung vorausgesetzt.[436]

Der Begriff „Dokumente“ wird im CISG nicht näher definiert.[437] Daher sind von der Regelung des Art. 34 CISG die Urkunden und Schriftstücke erfasst, die allgemein bei internationalen Warenlieferungsverträgen zur Vertragserfüllung durch den Verkäufer erforderlich sind.[438] Für die Zeit, den Ort und die Form der Übergabe verweist Art. 34 CISG auf den Kaufvertrag und stellt keinerlei eigene Anforderungen. In überwiegender Anzahl werden diese Modalitäten im Kaufver-

---

433 Siehe: Sekretariatskommentar, Art. 32, Nr. 2; Schlechtriem-Huber, Art. 34 CISG, Rn. 1. Eine praxisnahe Zusammenstellung von den durch Art. 34 CISG erfassten Dokumenten findet sich bei Piltz, Internationales Kaufrecht, S. 127 ff..

434 Eine Ausnahme besteht für die Lieferung schwimmender oder ähnlicher Ware, bei der der Verkäufer durch die Übergabe der Dokumente zugleich seine Lieferpflicht erfüllt. Siehe: Neumayer/Ming, Art. 31 CISG, Anm. 13; Honsell-Karollus, Art. 31 CISG, Rn. 36.

435 Schlechtriem-Huber, Art. 34 CISG, Rn. 1; Staudinger-Magnus, Art. 30 CISG, Rn. 9, der entgegen Reinhardt, UN-Kaufrecht, Art. 30, Rn. 4, darauf verweist, dass es missverständlich sei, hierbei von einer „Hauptpflicht“ zu sprechen, da eine Unterscheidung in Haupt- und Nebenpflichten dem CISG fremd sei.

436 Die Formulierung des Art. 34 CISG lautet: „Hat der Verkäufer Dokumente zu übergeben…“. Dazu ferner: Honsell-Karollus, Art. 34 CISG, Rn. 4.

437 Siehe: Sekretariatskommentar, Art. 32 CISG, Anm. 2.

438 Piltz, Internationales Kaufrecht, S. 127; Ferrari/Flechtner/Brand, UNCITRAL digest, S. 625.

trag durch vereinbarte INCOTERMS geregelt werden, welche neben der Verklausulierung der Warenlieferungsmodalitäten zudem Aussagen über die Dokumentenverschaffung treffen.[439]

Daher ergeben sich für die genannten Faktoren die folgenden Grundsätze:

aa. Übergabezeitpunkt

Art. 34 CISG bestimmt, dass der Zeitpunkt, zu dem die warenzugehörigen Dokumente vom Verkäufer übergeben werden müssen, zunächst aus den vertraglichen Vereinbarungen zu bestimmen ist. Sofern die vertraglichen Regelungen keinen bestimmten Zeitpunkt vorsehen, ist der Übergabemoment aus den Gebräuchen und Gepflogenheiten nach Art. 9 CISG festzusetzen.[440]

Tatsächlich jedoch werden die im internationalen Handel üblichen und gebräuchlichen Vertragsformulare eine Regelung dafür enthalten, wann die Übergabe von Dokumenten stattzufinden hat.[441] Sofern dieser Punkt nicht geregelt wurde, gibt es Eckpunkte, mittels derer sich der Übergabezeitpunkt ermitteln lässt. Insbesondere verklausulieren die INCOTERMS oftmals den Zeitpunkt, wann die Dokumente zu übergeben sind.[442]

Ist der Verkäufer verpflichtet, zur Zahlungsabwicklung ein Dokumentenakkreditiv zu stellen, ergibt sich der Übergabezeitpunkt für die Dokumente aus der Laufzeit des Akkreditivs.[443] Hat der Verkäufer den vertraglichen Regelungen zu Folge dem Käufer die Ware zu einem bestimmten Zeitpunkt an einem bestimmten Ort zur Verfügung zu stellen, dann sind die zugehörigen Dokumente so rechzeitig zu übergeben, dass der Käufer die Ware bei ihrer Ankunft am Bestimmungsort übernehmen und abwickeln kann. Hierzu gehören sowohl die Vornahme der Zollabfertigung als auch die Geltendmachung möglicher Ansprüche gegen die Transportversicherung oder den Beförderer.[444]

Liegen keine besonderen Anhaltspunkte vor, ist auf die allgemeinen Grundsätze des CISG auszuweichen (Art. 7 Abs. 2 CISG), wonach es als Grundsatz an-

---

439 Siehe: Ferrari/Flechtner/Brand, UNCITRAL digest, S. 625.

440 Siehe: Piltz, Internationales Kaufrecht, S. 128; Rudolph, Art. 34 CISG, Rn. 5.

441 Schlechtriem-Huber, Art. 34 CISG, Rn. 3; MüKoHGB-Benicke, Art. 34 CISG, Rn. 2.

442 Staudinger-Magnus, Art. 34 CISG, Rn. 8; ausführlich dazu: Schackmar, Rn. 479 ff..

443 Vgl: Honsell-Karollus, Art. 34 CISG, Rn. 6.

444 Sekreteriatskommentar, Art. 32, Bem. 3; Bianca/Bonell-Lando, Art. 34 CISG, Bem. 2.2.; Ferrari/Flechtner/Brand, UNCITRAL digest, S. 626; Piltz, Internationales Kaufrecht, S. 128.

zusehen ist, dass die Dokumente innerhalb eines angemessenen Zeitraumes zu übergeben sind.[445]

bb. Übergabeort

Der Ort, an dem die Dokumente zu übergeben sind, bestimmt sich ebenfalls primär nach den vertraglichen Bestimmungen bzw. der vereinbarten INCOTERM. Für den Fall, dass die Vertragsparteien keinen besonderen Ort bestimmt haben, an welchem die Dokumente übergeben werden sollen, folgt dieser zumeist aus den Kaufpreiszahlungsmodalitäten.[446] Sofern der Käufer verpflichtet ist, dem Verkäufer ein Dokumentenakkreditiv zu stellen, ist davon auszugehen, dass der Übergabeort dort sein soll, wo die Akkreditivbank bzw. deren Zahlstelle (regelmäßig eine Korrespondenzbank im Land des Verkäufers) ihre Niederlassung hat.[447]

Problematisch ist allerdings der Fall, der nicht eine der oben genannten Gegebenheiten erfasst. Für den Fall, dass die Kaufpreiszahlungsmodalitäten nicht so festgelegt sind, dass sie die Leitlinie für den Dokumentenübergabeort darstellen und es auch keine weiteren Umstände gibt, die einen bestimmten Übergabeort indizieren, ist der Ort der Übergabe umstritten.

Einer Meinung nach wird der Dokumentenübergabeort dem Lieferort der Kaufware gleichgesetzt.[448] Die andere Ansicht spricht sich für eine Zusendungspflicht der Warendokumente für den Verkäufer aus. Dieser hätte selbst im Falle einer Bringschuld des Käufers die Pflicht, diesem die Dokumente an dessen Niederlassung zu übergeben.[449]

Für die erste Ansicht sprechen vorwiegend praktische Gründe. Die Einheit von Warenlieferort und Dokumentenübergabeort ist für beide Parteien vorteilhaft. Zum einen besteht Klarheit, wo sämtliche Vertragspflichten zu erfüllen

---

445 Diese Wertung entspricht der Lieferfrist für die Ware nach Art. 33 lit. c CISG.

446 Schlechtriem-Huber, Art. 34 CISG, Rn. 3; Schackmar, Rn. 468; Piltz, Internationales Kaufrecht, S. 128.

447 Schlechtriem-Huber, Art. 34 CISG, Rn. 3; ebenfalls: Schlechtriem-Hager, Art. 57 CISG, Rn. 22; Neumayer/Ming, Art. 34, Anm. 4. Anderes gilt, wenn die Parteien die Klausel „Kasse gegen Dokumente" vereinbart haben. Dann ist davon auszugehen, dass der Verkäufer die Dokumente an der Niederlassung des Käufers vorzulegen hat. Siehe dazu: Schlechtriem-Huber, Art. 34 CISG, Rn. 3; ebenfalls: Schlechtriem-Hager, Art. 57 CISG, Rn. 22; Honsell-Karollus, Art. 34 CISG, Rn. 7.

448 U.a. Staudinger-Magnus, Art. 34 CISG, Rn. 8; Piltz, Internationales Kaufrecht, S. 128; Witz/Salger/Lorenz, Art. 34 CISG, Rn. 6.

449 Honsell-Karollus, Art. 34 CISG, Rn. 7; Schlechtriem-Huber, Art. 34 CISG, Rn. 3; Brunner, Art. 34 CISG, Rn. 4; MüKoHGB-Benicke, Art. 34 CISG, Rn. 4; Achilles, UN-Kaufrecht, Art. 34, Rn. 3.

sind; eine verwirrende Aufsplittung in mehrere Orte entfällt. Zum anderen würde keine der Parteien gegen ihren Willen zusätzlich belastet, da die Pflicht zur Dokumentenübergabe lediglich als Annex an der eigentlichen Lieferpflicht des Hauptvertragsgegenstandes hängt. Daher ist es vorteilhafter für die Vertragsparteien, wenn die Lieferung insgesamt am von beiden Parteien vereinbarten Warenlieferort erfüllt wird.

cc. Form der Übergabe

Wie bei den vorangegangenen Übergabemodalitäten verweist Art. 34 CISG auch bezüglich der Form der Dokumentenübergabe vorrangig auf die vertragliche Vereinbarung. Nachrangig kommt auch hier die Beachtung üblicher Gebräuche und Gepflogenheiten in Betracht.[450]

Unterschiede in der Form der Übergabe von Warendokumenten können sich durch die unterschiedlichen Arten von Dokumenten ergeben. Grundsätzliche Voraussetzung dabei ist, dass es die Dokumente in Aufmachung, Sprache und Anzahl dem Käufer ermöglichen, die Ware zu übernehmen und weiter mit ihr zu verfahren, also die zollrechtliche Abfertigung vornehmen zu lassen oder eventuelle Ansprüche gegen Transporteur oder dessen Versicherer geltend machen zu können.[451] Für den Fall, dass das zu übergebende Dokument ein Orderpapier ist, hat der Verkäufer das Dokument mit einem auf den Namen des Käufers lautenden oder einem Blankoindossament zu versehen und dieses zu übergeben. Dieses Indossament muss so beschaffen sein, dass die Berechtigung des Käufers durch eine lückenlose Kette von Indossamenten auf den ersten im Papier genannten Berechtigten zurückzuführen ist.[452]

b. Art. 8 ICC-specific conditions, Art. 9 ICC-general conditions

Der ICC-Mustervertrag behandelt die Lieferpflicht für die Warendokumente in Art. 9 der general conditions und in den specific conditions unter Art. 8 bzw. der gewählten INCOTERM nach Art. 3.

Im Gegensatz zu den Regelungen des CISG erfordert der ICC-Mustervertrag eine genaue Angabe, welche Dokumente mitzuliefern sind. Neben den Transportdokumenten, welche näher zu spezifizieren sind, und der Handelsrechnung, können zudem Ladelisten, Versicherungsdokumente, Herkunftszertifikate sowie In-

450 Staudinger-Magnus, Art. 34 CISG, Rn. 8 m.w.N..
451 Sekretariatskommentar, Art. 32 CISG, Anm. 3; Piltz, Internationales Kaufrecht, S. 128.
452 Schlechtriem-Huber, Art. 34 CISG, Rn. 4.

spektionsberichte zu übergeben sein. Welche von diesen Dokumenten tatsächlich übergeben werden müssen, muss von den Vertragsparteien individuell bestimmt werden. Art. 8 der besonderen Vertragsbestimmungen verlangt von den Vertragsparteien, zu übergebende Dokumente zu markieren. Zudem wird den Parteien die Möglichkeit gegeben, weitere Dokumentenlieferungen zum Vertragsgegenstand zu machen, die nicht in der vorgegebenen Auflistung erwähnt sind, indem zusätzliche Dokumente individuell hinzugefügt werden können. Die generellen Vertragsbestimmungen beziehen sich lediglich auf die vereinbarte INCOTERM und geben als einzige Neuerung vor, dass, sofern im Ausnahmefall keine INCOTERM anwendbar ist, die üblichen Handelsbräuche zu beachten sind. Grundsätzlich geht der ICC-Mustervertrag von der Wahl der INCOTERMS aus, deren Anwendung wird ausdrücklich im Text der besonderen Vertragsbestimmungen empfohlen.[453]

c. Art. 6 ITC-Mustervertrag

Der ITC-Mustervertrag ist dem ICC-Vertrag, hinsichtlich der Dokumentenverschaffungspflicht sehr ähnlich. Wie auch im ICC-Mustervertrag wird den Parteien die Möglichkeit gegeben, aus einem Katalog auszuwählen, welche Dokumente vom Verkäufer zu übergeben sind. Dabei ist die Auswahl nahezu identisch mit der des ICC-Mustervertrages. Die einzige Abweichung ist die Möglichkeit, die zugehörigen Zollpapiere direkt als übergabepflichtig zu bestimmen.[454] Auch im ITC-Kaufvertrag wird darauf verwiesen, dass die Dokumentenübergabepflichten der INCOTERMS zu beachten sind. Der vertragszugehörige „users' guide" stellt lediglich fest, dass die genaue Benennung der zu übergebenden Dokumente sehr wichtig ist, insbesondere vor dem Hintergrund, dass die Vorlage bestimmter Dokumente für die Zahlungsabwicklung notwendig ist. Der im eigentlichen Vertragstext aufgelistete Katalog von möglicherweise zu übergebenden Dokumenten

453 Unter Art. 3 werden die INCOTERMS unter Bezugnahme auf Nr. 5 der Einleitung zum Vertrag ausdrücklich empfohlen. Die Erläuterungen zu den INCOTERMS sehen unter dem Gliederungspunkt A.8 Abs. 1 vor, dass der Verkäufer dem Käufer bei sog. „F-Klauseln" das übliche Dokument zum Nachweis der Lieferung, bei sog. „C-Klauseln" das Transportdokument und bei „D-Klauseln" das übliche Dokument oder einen anderen Nachweis für die Lieferung, den Auslieferungsauftrag oder das übliche Transportdokument übergeben muss. Siehe dazu: Ramberg, INCOTERMS, S. 30 ff.. Im Falle einer „ex-works"-Klausel hat der Verkäufer keine Pflicht, dem Käufer ein Dokument zu liefern.

454 Diese Änderung ist jedoch nicht sehr gravierend, da im ICC-Mustervertrag die Zolldokumente ohne weiteres als sonstige vom Verkäufer zu übergebenden Dokumente vereinbart werden können.

soll lediglich ein Vorschlag sein, der sich an der gewöhnlichen Handelspraxis orientiert, die üblicherweise die bezeichneten Dokumente zu übergeben verlangt.

Auch im ITC-Mustervertrag zeigt sich demnach, wie praxisorientiert dieser konzipiert wurde. Den Vertragsparteien werden alle Freiheiten gelassen, selbst zu vereinbaren, welche Dokumente zu übergeben sind. Durch den Vorschlagskatalog wird den Parteien jedoch gezeigt, welche möglichen Dokumente zu beachten sind, um einen möglichst reibungslosen Ablauf des Kaufgeschäfts zu ermöglichen.

d. Dokumentenverschaffungspflicht nach den weiteren Musterverträgen

aa. ECE-Bedingungen, Art. 3

Die ECE-Bedingungen behandeln die Übergabepflicht für Warendokumente in Art. 3.. Vorab wird in Art. 3.1. der ECE-Bestimmungen klar gestellt, dass sämtliche die Kaufware beschreibenden Unterlagen nur annähernd maßgeblich sind, es sei denn, es wird auf sie im Vertrag ausdrücklich Bezug genommen. Dann erlangen die betreffenden Unterlagen Verbindlichkeit.

Die folgenden Artikel bestimmen, dass Pläne und Unterlagen, die es ermöglichen, den Kaufgegenstand oder Teile dessen herzustellen und die dem Käufer übergeben werden, nicht in dessen Eigentum übergehen und er diese auch nicht weitergehend nutzen darf. Ausnahmsweise bestehen solche Nutzungs- und Vervielfältigungsrechte, wenn der Kaufvertrag dies ausdrücklich vorsieht oder ein weiterer Vertrag diese Rechte einräumt. Jedenfalls bedarf es dafür der ausdrücklichen Absprache.

Dasselbe Verbot gilt nach Art. 3.3. der ECE-Bestimmungen auch dann, wenn der Käufer dem Verkäufer Dokumente dieser Art übergeben hat. Allerdings wird für diesen Fall keine der spiegelbildlichen Konstellation entsprechende vertragliche Ausnahmeregelung vorgesehen.

Art. 3.4. der ECE-Bedingungen beinhaltet eine Anspruchsnorm des Käufers. Dieser hat das Recht, die Dokumente kostenlos vom Verkäufer zu verlangen, die er zur Installation und Nutzung der gekauften Ware benötigt. Diese Dokumente unterliegen nicht den soeben genannten Nutzungseinschränkungen, der Verkäufer kann lediglich deren vertrauliche Behandlung vorschreiben.

bb. ORGALIME-Bedingungen, Artt. 3, 4

Die Übergabe von Zeichnungen und technischen Unterlagen wird in den Lieferbedingungen des ORGALIME-Verbundes in den Artt. 3 und 4 geregelt. Sie sind den vorangegangenen Bestimmungen recht ähnlich. Art. 3 bestimmt, dass benannte, übergebene Zeichnungen und Unterlagen auch nach Übergabe an die andere Vertragspartei im Eigentum der übergebenden Partei bleiben. Die Unterlagen dürfen von der anderen Partei nur zu dem vereinbarten Zweck verwendet werden und unterliegen Nutzungsbeschränkungen wie in den zuvor behandelten ECE-Bedingungen – sie dürfen also weder vervielfältigt, noch Dritten ausgehändigt oder anderweitig bekannt gegeben werden.

Art. 4 erlegt dem Lieferer der Ware auf, dem Käufer die Unterlagen zur Verfügung zu stellen, die dieser zur Installation und zum Betrieb des Kaufgegenstandes benötigt. Dies beinhaltet jedoch nicht die Übergabe von Werkstattzeichnungen.

e. Fazit zur Regelung der Dokumentenverschaffung

Die Dokumentenverschaffungspflichten im ICC- und ITC-Mustervertrag ähneln einander.

Den Vertragsparteien werden lediglich Vorschläge bzw. Empfehlungen gemacht, welche Dokumente zu übergeben, vereinbart werden könnte. Die Ausgestaltung der Übergabepflicht wird vertraglich nicht geregelt, so dass hier auf das CISG zurückgegriffen werden muss, sofern die Übergabemodalitäten nicht durch eine von den Vertragsparteien bestimmte INCOTERM geregelt werden. Die Musterverträge der ICC und ITC sind für die Wahl der INCOTERMS konzipiert, so dass Zeit, Ort und Form der Übergabe von Warendokumenten sich nach der entsprechenden INCOTERM richten.[455] Hier setzt sich fort, was in der bisherigen Bearbeitung stets zu erkennen war, nämlich die Nähe zum vereinheitlichten, in der Handelspraxis erprobten und bewährten Recht.

Der ICC-Mustervertrag beweist auch in diesem Punkt ein hohes Maß an Nähe zur Handelspraxis. Allerdings ist kritisch anzumerken, dass die Bezeichnung der zur Wahl stehenden Dokumente recht undetailliert ist. Sofern bspw. die Vorlage eines Versicherungsscheines verlangt wird, wäre es sehr hilfreich und eindeutig, wenn diese Anforderung näher spezifiziert würde, beispielhaft, was für eine Versicherung in welcher Form wo abzuschließen ist. Das einfache Setzen einer Markierung lässt hierbei eine Vielzahl an Unklarheiten zu. Ähnlich ist die Sachlage bei weiteren möglichen Vorlagedokumenten, wie beispielsweise notwendigen Inspektionsberichten. Hier wäre eine genaue Darstellung, welche Untersuchung wann und wo stattzufinden hatte, für beide Parteien hilfreich. Die ausdrückliche Empfehlung, die INCOTERMS zum Vertragsgegenstand zu machen, ist aus den oben bereits erwähnten Gründen zu befürworten. Die Regelung

455 Siehe auch: Staudinger-Magnus, Art. 34 CISG, Rn. 8; Sekretariatskommentar, Art. 34 CISG, Rn. 3.

des Art. 8 der besonderen Vertragsbestimmungen ermöglicht es den Parteien darüber hinaus, weitere Dokumente übergabepflichtig zu machen, die beim spezifischen Warenkauf vorteilhaft für eine oder beide Vertragsparteien sind.

Die Lieferbedingungen der ECE und des ORGALIME-Verbundes sind fast identisch im Regelungsinhalt, weichen jedoch von den zuvor genannten Musterverträgen im Hinblick auf die Art der zu übergebenden Dokumente ab. Während die vorgenannten Musterverträge vorwiegend zu übergebende Dokumente vorschlagen, die in einem engen Zusammenhang mit dem Transport der Ware und den dafür erforderlichen formellen Voraussetzungen stehen, sehen die Lieferbedingungen der ECE und des ORGALIME-Verbundes vorrangig eine Übergabepflicht von Anleitungen vor, die die Installation und den Betrieb des Kaufgegenstandes erläutern. Die geringere Nähe zu den INCOTERMS und den damit verbundenen Dokumentenlieferpflichten wird deutlich, was nicht zuletzt daran liegt, dass zumindest die ECE-Bedingungen aus einer Zeit datieren, die weit vor der Kodifizierung der INCOTERMS liegt.[456] Es ist dabei doch stets zu bedenken, dass hinter den allgemeinen Lieferbedingungen der eigentliche Kaufvertrag steht, in welchem sich die weitere Gelegenheit bietet, die Übergabe von Transportdokumenten zu regeln.

5. Gewährung der Inspektion vor Verschiffung, Art. 3 ICC-general conditions, Art. 5 ICC-specific conditions

a. Regelungen des CISG, Art. 38

Das CISG kennt ein solches Recht bzw. eine solche Pflicht nur, wenn die Lieferpflicht des Verkäufers mit Bereitstellung der Ware am Verschiffungskai erfüllt ist.[457] Haben die Vertragsparteien beispielsweise die INCOTERM „FAS" vereinbart, erfüllt der Verkäufer seine Lieferpflicht mit Lieferung der Kaufware zum Schiff. Der Kai am Verschiffungshafen wäre dann der vereinbarte Lieferort. Als Folgerung daraus, dass Art. 38 Abs. 2 und 3 CISG Ausnahmen zum eigentlichen Lieferort benennen ergibt sich, dass die Ware vom Käufer grundsätzlich am Lie-

---

[456] Die ORGALIME-Lieferbedingungen nehmen in Art. 9 zumindest Bezug auf die INCOTERMS und gehen davon aus, das die Vertragsparteien sich vertraglich auf die Wahl einer INCOTERMS-Klausel verständigen.

[457] So Art. 38 Abs. 1 CISG, der eine angemessene Frist zur Untersuchung ab dem Zeitpunkt bestimmt, ab welchem der Verkäufer dem Käufer die Ware am vereinbarten Lieferort zum vereinbarten Lieferzeitpunkt zur Verfügung stellt. Siehe: Schlechtriem-Schwenzer, Art. 38 CISG, Rn. 19; Brunner, Art. 38 CISG, Rn. 8; Herber/Czerwenka, Art. 38 CISG, Rn. 8; Staudinger-Magnus, Art. 38 CISG, Rn. 36.

ferort zu untersuchen ist.[458] Nur für diesen Fall sind die Pflichten aus dem ICC-Mustervertrag und den Regelungen des CISG identisch. Während jedoch der ICC-Mustervertrag die zu treffende Regelung als zusätzliche Untersuchung anbietet, ist die Untersuchung am Verschiffungsort nach dem CISG lediglich die bereits angesprochene Untersuchungspflicht in einem besonderen Fall, wenn nämlich die vereinbarte Lieferbedingung gerade den Verschiffungshafen als Lieferort vorsieht.

b. Art. 3 ICC-general conditions, Art. 5 ICC-specific conditions ICC-Mustervertrag

Der ICC-Mustervertrag sieht in Art. 5 der besonderen Vertragsbestimmungen bzw. Artikel 3 der allgemeinen Vertragsbestimmungen das Recht des Käufers der Ware vor, die Ware vor ihrer Verschiffung zu untersuchen, sofern dies von den Vertragsparteien vereinbart wird. Findet eine solche Vereinbarung statt, muss der Verkäufer dem Käufer mit einer angemessenen Frist vor der Verschiffung mitteilen, dass die Ware zur Untersuchung bereitsteht.[459]

c. Weitere Musterverträge der ITC, ECE, ORGALIME

aa. ITC-Mustervertrag, Art. 2

Der Mustervertrag der ITC sieht in Art. 2 vor, dass die Vertragsparteien sich darüber einigen können, ob und gegebenenfalls wie eine Inspektion der Kaufware stattfinden soll. Die Parteien sind angehalten, für den Fall, dass sie eine Inspektion der Ware vereinbaren, ebenfalls festzulegen, wann, wo und wie diese zu erfolgen hat. Weitere Vorgaben macht der Mustervertrag nicht, so dass entsprechend der Regelung im ICC-Mustervertrag eine Untersuchung der Ware vor der Verschiffung ermöglicht wird.

bb. ECE-Bedingungen, Art. 5

Art. 5 der ECE-Bedingungen regelt das Kontroll- bzw. das Abnahmeprüfungsrecht des Käufers. Dieser hat demnach sowohl das Recht, die Kaufware gemäß Art. 5.1. schon während der Fabrikation am Fabrikationsort zu kontrollieren. Zudem besteht nach Art. 5.3. das Recht des Käufers, die Kaufware im Werk des

---

458 Siehe: Achilles, Art. 38 CISG, Rn. 7; Brunner, Art. 38 CISG, Rn. 14; Staudinger-Magnus, Art. 38 CISG, Rn. 34.

459 So: Art. 3 der ICC-general conditions.

Verkäufers dahingehend zu überprüfen, ob diese abnahmefähig ist. Diese Abnahmeprüfung soll, sofern keine anderweitigen Absprachen vorliegen, im Werk des Verkäufers stattfinden. Auch hier besteht demnach für den Käufer das Recht, die Ware vor dem Transport zu untersuchen.

cc. ORGALIME-Bedingungen, Artt. 5 ff.

Die Bedingungen des ORGALIME-Verbundes unterscheiden sich, im Hinblick auf ein Untersuchungsrecht des Käufers vor Transport der Ware nicht von den ECE-Bedingungen. Auch hier sollen Abnahmeprüfungen grundsätzlich am Herstellungsort vorgenommen werden, sofern die Vertragsparteien nicht anderweitiges vereinbart haben.

d. Fazit

Alle begutachteten Musterverträge bzw. Lieferbedingungen sehen die Möglichkeit für den Käufer vor, die Ware noch am Sitz des Verkäufers zu untersuchen, bevor sie angeliefert wird.

Dieses selbstverständlich anmutende Recht, wird vom CISG nur eingeschränkt getragen. Das CISG geht in Art. 38 davon aus, dass die Kaufware am Lieferort vom Käufer untersucht werden kann. Für gewöhnlich wird sich der Lieferort durch die Parteivereinbarung bestimmen lassen. Wie bereits dargelegt, kann der Lieferort durchaus am Sitz des Verkäufers liegen, häufig wird aber zudem vom Verkäufer die Beförderung der Ware an den Sitz des Käufers geschuldet sein, der Lieferort somit verlegt. Kommt die dann stattfindende Untersuchung durch den Käufer zu dem Ergebnis, dass Beanstandungen gegeben sind, müsste, soweit eine Behebung der Beanstandung am Lieferort nicht möglich ist, was insbesondere bei komplexen Kaufgegenständen wie beispielsweise Maschinen oft der Fall sein wird, die Ware zurücktransportiert werden. Dies ist langwierig und kostenträchtig. Daher ist es meines Erachtens fragwürdig, warum das CISG eine frühzeitige Untersuchung durch den Käufer nicht fördert und fordert, sondern sie allenfalls als eine Gestaltungsmöglichkeit durch die Vertragsparteien zulässt. Diese können lediglich mittelbar durch Bestimmung des Lieferortes eine frühzeitige Untersuchung festlegen bzw. weiterführende vertragliche Abreden treffen.

6. Eigentumsvorbehalt

Im deutschen Handelsverkehr ist es gängig, dass der Verkäufer sich durch die Vereinbarung einer Eigentumsvorbehaltsklausel gegen den dinglichen Verlust der Ware bei ausbleibender Zahlung des Käufers absichert. Dieses Sicherungsinstrument lässt sich im internationalen Handelsverkehr jedoch weit seltener anwenden als bei rein innerstaatlichen Kaufgeschäften, da die anderen Rechtsordnungen teils ein abweichendes Verständnis von diesem rechtlichen Instrument haben und unterschiedliche Anforderungen daran stellen.[460] Aus eben diesem Grunde steht der Eigentumsvorbehalt nicht allein dar, sondern es haben sich daneben weitere Sicherungsmöglichkeiten entwickelt- allen voran das Dokumentenakkreditiv-, die neben, wenn nicht gar vor das Sicherungsinstrument der dinglichen Sicherung getreten sind.[461]

a. Eigentumsvorbehaltsklauseln vor dem Hintergrund des CISG, Art. 4 S. 2 lit. b

Das CISG verpflichtet durch Art. 30 den Verkäufer, dem Käufer der Ware das Eigentum am Kaufgegenstand zu verschaffen.

Jedoch regelt nicht das CISG, wie sich eine vertragliche Regelung auf die Eigentumslage an dem Kaufgegenstand auswirkt, sondern das hierfür anwendbare nationale Recht.[462] Art. 4 S. 2 lit. b CISG schließt ausdrücklich die Wirkungen, die der Vertrag auf das Eigentum der verkauften Ware haben kann, aus. Dies gilt sowohl für den Eigentumsübergang als auch für die Voraussetzungen eines Eigentumsvorbehalts.[463] Nach dem jeweiligen Lageort der Ware (lex rei sitae)[464]

---

460 v. Bernstorff, Vertragsgestaltung, S. 166 ff.; ders., Allgemeine Lieferbedingungen, S. 510 f..

461 Häberle, Dokumentenakkreditive in Praxishandbuch, 4/21; Schlüter, IHR 2001, S. 142, der zudem darauf verweist, dass das Pfandrecht im internationalen Handelsverkehr nahezu durch die Vereinbarung besitzloser Mobiliarsicherheiten verdrängt wurde. Ferner: Piltz, Exportvertrag, S. 392.

462 Zumeist wird dies nach dem „lex rei sitae"-Grundsatz das jeweilige nationale Recht sein, in dessen Anwendungsbereich die betreffende Sache sich befindet. Siehe: Staudinger-Magnus, Art. 4 CISG, Rn. 32; MükoHGB-Benicke, Art. 4 CISG, Rn. 12; Schlüter, IHR 2001, S. 142.

463 So unter anderem das OLG Koblenz vom 16.01.1992 in: RIW 1992, S. 1019; auch das Federal Court Adelaide vom 28.04.1995, veröffentlicht unter: *www.business.vu.edu.au/cisg/*; BGH, NJW 1995, S. 2101 mit Anmerkung von Schmidt-Kessel in: RIW 1996, S. 65; Schlechtriem in: ÖsterRdW 1989, S. 44.

464 v. Bernstorff, Vertragsgestaltung, S. 168; weiterhin zu den mit diesem Grundsatz verbundenen Problemen: v. Bernstorff, Rechtsprobleme im Auslandsgeschäft, S. 19 ff..

entscheidet sich, ob die Vereinbarung eines Eigentumsvorbehalts zulässig ist, unter welchen Voraussetzungen ein Eigentumsvorbehalt vereinbar ist und welche Wirkung er entfaltet.[465] Es bleibt daher dem sicherungsinteressierten Verkäufer lediglich, sich darüber zu informieren, wie in den voraussichtlichen Belegenheitsländern der Kaufsache das Instrument des Eigentumsvorbehalts geregelt und angewendet wird.[466] Trotz großer Anstrengungen war es nicht möglich, eine einheitliche Regelung für die rechtliche Ausgestaltung des Eigentumsüberganges zu erreichen, da die einzelnen nationalen Regelungen erheblich von einander abweichen.[467]

b. Eigentumsvorbehaltsklausel des ICC-Mustervertrages, Art. 6 ICC-specific conditions, Art. 7 ICC-general conditions

Der ICC-Mustervertrag ist bei der Regelung eines zu vereinbarenden Eigentumsvorbehalts kurz gefasst.[468] So lassen die besonderen Vertragsbedingungen lediglich die Wahl, sich für oder gegen einen Eigentumsvorbehalt zu entscheiden. Weitere Erläuterungen hierzu bestehen nicht. Art. 7 der allgemeinen Vertragsbedingungen stellt nur klar, dass sofern die Vertragsparteien eine Eigentumsvorbehaltsregelung treffen, die Ware bis zur vollständigen Bezahlung im Eigentum des Verkäufers verbleibt. Der in der englischen Fassung vorliegende Vertragstext spricht hierbei vom „remaining property of the seller", was aus deutscher Rechtssicht sowohl das Eigentum aber auch den Besitz meinen könnte, doch ist davon auszugehen, dass mit dem Abstraktionsprinzip weniger verbundene Staaten hierunter einzig das Eigentum begreifen.

c. Eigentumsvorbehalt in den weiteren Musterverträgen und Vertragsbedingungen

Während der ITC-Mustervertrag keine Klausel zur Vereinbarung eines Eigentumsvorbehalts bereithält, sehen die ECE-Bedingungen in Art. 8.3. und die OR-

---

465 Piltz, Exportvertrag, S. 393; ders.: UN-Kaufrecht, S. 77, wo gleichzeitig erwähnt wird, dass in der Mehrzahl fremdnationaler Rechte der Eigentumsvorbehalt weit strenger ausgestaltet ist und dadurch dessen Sicherungsmöglichkeit oftmals hinter der deutschen zurückbleibt.

466 Siehe auch: Semler, Kaufvertrag unter UN-Kaufrecht, S. 559.

467 Sekretariatskommentar, Art. 4 CISG, Anm. 4; Schlechtriem-Ferrari, Art. 4 CISG, Rn. 29 f.; Staudinger-Magnus, Art. 4 CISG, Rn. 32.

468 Siehe jedoch zum Eigentumsvorbehalt die ICC-Publikation: Retention of title, Nr. 467.

GALIME-Bedingungen in deren Art. 21 die Vereinbarung eines Eigentumsvorbehalts bis zur vollständigen Zahlung vor.

d. Fazit

Angesichts der mangelnden Regelung des Eigentumsvorbehalts durch das CISG wird das Zusammenspiel der Musterverträge mit selbigem bezüglich dieser Frage nicht weiter vertieft. Aus der Sicht der Handelspraxis kommt dem Eigentumsvorbehalt nur eingeschränkte Bedeutung zu, da die Sicherungsinteressen der Vertragsparteien zumeist durch eine Vereinbarung des dokumentären Zahlungsverkehrs berücksichtigt werden und somit für ein weiteres dingliches Sicherungsmittel kaum Bedarf besteht. Dennoch sollte auf die Vereinbarung des Eigentumsvorbehaltes nicht verzichtet werden, da somit ein zusätzliches Sicherungsmittel gegeben ist, welches für den Fall, dass beispielsweise das Akkreditiv nicht in Anspruch genommen werden kann, greift.[469]

VI. Käuferpflichten

Mit Vertragsschluss entstehen für den Käufer die vertraglich vereinbarten Pflichten: Er muss den Kaufpreis für die Ware in der vereinbarten Währung zur vereinbarten Zeit und am vereinbarten Ort in der vereinbarten Art und Weise bezahlen und die Ware wie vereinbart abnehmen. Wurde jedoch keine Regelung bezüglich der eben genannten Punkte getroffen, sind gemäß Art. 9 CISG die Gebräuche und Gepflogenheiten beachtlich. Schließlich greifen die Vorschriften des CISG.[470]

1. Kaufpreiszahlungspflicht nach dem CISG, Artt. 53 ff. CISG

Regelungen, die die Käuferpflichten konkretisieren, sind im CISG nur wenige zu finden. Insgesamt gibt es gerade einmal zwölf Normen, die sich mit den Käuferpflichten befassen. Der Abschnitt des vereinheitlichten Kaufrechtes fällt daher im Vergleich zu den übrigen Regelungskomplexen kürzer aus.[471]

---

469 So auch: Zahn, Zahlung und Zahlungssicherung, Rn. 2/276 ff.; Piltz, Exportvertrag, S. 341.

470 Siehe: v. Bernstorff, Vertragsgestaltung im Auslandsgeschäft, S. 112; MüKoHGB-Benicke, Art. 53 CISG, Rn. 1.

471 Siehe Witz in: Ferrari/Flechtner/Brand, UNCITRAL digest, S. 424 u. 725.

Das CISG sieht für den Käufer zwei zentrale Hauptpflichten vor. Erstens muss er die gekaufte Ware abnehmen und zweitens für diese den vereinbarten Kaufpreis zahlen.[472] Diese Pflicht wird aus der Sicht des Verkäufers mit Abstand im Vordergrund stehen.[473] Das CISG regelt diese Pflichten in den Artt. 53 ff..[474] Die Artt. 54 bis 59 CISG regeln dabei die Zahlungspflicht des Käufers, Art. 60 CISG die Abnahmepflicht.

Diese Regelungen stellen demnach das Gegenstück zu den in Art. 30 CISG normierten Verkäuferhauptpflichten dar[475] und sind daher im Zusammenspiel die essentialia negotii des Kaufvertrages.[476]

Darüber hinaus können sich für den Käufer weitere Pflichten ergeben, die aus Handelsbräuchen nach Art. 9 CISG oder den Vertragsvereinbarungen selbst resultieren.[477]

a. Art. 54 CISG

Die Artt. 53 ff. des CISG regeln die Pflicht des Käufers zur Zahlung des Kaufpreises. Anders als bei der Lieferpflicht des Verkäufers beschränkt sich die Zahlungspflicht des Käufers nicht auf die Vornahme der Zahlungshandlung, sondern die Vertragserfüllung kommt erst mit der vollständigen Bewirkung des Leistungserfolges zustande.[478] Die Zahlungspflicht des Käufers umfasst nach Art. 54 CISG einerseits alle vertraglich vereinbarten, für die Zahlungsweise festgesetzten Modalitäten, so beispielsweise auch die Stellung eines Akkreditivs oder die Beibringung einer bankmäßigen Sicherheit[479], andererseits aber auch die Beachtung einschlägiger nationaler Vorschriften, wie beispielsweise Devisen-, Transfer- oder Clearingbestimmungen sowie die Einholung notwendiger Geldtransfergenehmigungen.[480] Bezüglich der vertraglich vereinbarten Modalitäten ergibt

---

472 Eine Preisanpassungs- oder Preisnachverhandlungsmöglichkeit sieht das CISG nicht vor, grundsätzlich bleibt es bei dem bei Vertragsschluss festgesetzten Kaufpreis. Siehe dazu: Tercier, Lausanner Kolloquium, S. 121.

473 Piltz, UN-Kaufrecht, S. 77.

474 Siehe auch: v. Bernstorff, Vertragsgestaltung im Auslandsgeschäft, S. 111.

475 Sarcevic in: Ferrari/Flechtner/Brand, UNCITRAL digest, S. 482.

476 Schlechtriem-Hager, Art. 53 CISG, Rn. 2; Wiegand, Berner Tage, S. 143.

477 Im CISG selbst werden diese weiteren Pflichten ausdrücklich in Art. 62 angesprochen, wo die „sonstigen Vertragspflichten" aufgeführt sind. Siehe dazu: Schlechtriem, Internationales UN-Kaufrecht, Rn. 210; Witz/Salger/Lorenz-Witz, Art. 54 CISG, Rn. 3.

478 Witz/Salger/Lorenz-Witz, Art. 53 CISG, Rn. 4.

479 Schlechtriem-Hager, Art. 54 CISG, Rn. 3; Schlechtriem, Internationales UN-Kaufrecht, S.137 f.; Sekretariatskommentar, Art. 50, Nr. 2.

480 Witz/Salger/Lorenz, Art. 54 CISG, Rn. 3; Piltz, UN-Kaufrecht, S. 78.

sich aber im Umkehrschluss, dass, sofern keine Abreden dieser Art getroffen wurden, der Käufer nicht verpflichtet ist, genannte Maßnahmen zu treffen. Anderes gilt nur ausnahmsweise, soweit bestimmte Modalitäten schon durch vorherige Geschäfte zu Gepflogenheiten zwischen den Vertragsparteien geworden sind oder die entsprechenden Modalitäten einen internationalen Brauch darstellen.[481]

Hinzu kommt die Verpflichtung des Käufers, all diejenigen Schritte einzuleiten, die erforderlich sind, um die besagten Pflichten zu erfüllen.[482]

b. Weitere Regelungen des CISG

Weiterhin regelt das CISG die Pflichten des Käufers bezüglich der Kaufpreiszahlung wie folgt:

aa. Zahlung noch zu bestimmender Preise, Art. 56 CISG

Nach Art. 56 CISG gilt in dem Fall, dass die Parteien den Kaufpreis nach dem Gewicht der Ware festsetzen wollen, im Zweifel das Nettogewicht.[483] Unterlässt es der Käufer der Ware, angelieferte Übermengen beim Verkäufer zu rügen, so hat er die Zuviellieferung gemäß Art. 52 Abs. 2 CISG entsprechend dem vereinbarten Preis gemessen an der eigentlichen Kaufmenge zu vergüten.[484]

Das Erfordernis der Bestimmbarkeit des zu zahlenden Kaufpreises wurde bereits zuvor erläutert.[485]

bb. Währung

Eine ausdrückliche Regelung, in welcher Währung die Kaufpreiszahlung zu leisten ist, enthält das CISG nicht.[486]

---

481 So: öster. OGH, RdW 1996, S. 203; Herber/Czerwenka, Art. 54 CISG, Rn. 4; Staudinger-Magnus, Art. 54 CISG, Rn. 4.

482 Hierbei kommt es nicht ausschließlich auf die nach dem Internationalen Privatrecht maßgeblichen Vorschriften an. Faktisch werden oftmals die devisenrechtlichen Vorschriften des Käuferlandes maßgeblich sein. Soweit jedoch ausnahmsweise auch Vorschriften anderer Nationen, also auch des Verkäuferlandes, beachtlich sind, so ist dies unter Kooperation des Verkäufers (Artt. 7 und 9 CISG) zu tun. Siehe: Schlechtriem-Hager, Art. 54 CISG, Rn. 5.

483 Also das Gesamtgewicht der Ware abzüglich der Verpackung bei Eintreffen am Lieferort, siehe: Piltz, Internationales Kaufrecht, Rn. 132.

484 Piltz, UN-Kaufrecht, S. 79; ders., Internationales Kaufrecht, Rn. 132; MüKoHGB-Benicke, Art. 52 CISG, Rn. 16; Staudinger-Magnus, Art. 52 CISG, Rn. 20.

485 Es verbleibt bei der Annahme, dass der Art. 55 CISG subsidiär gegenüber Art. 14 CISG anzuwenden ist, der den Vorrang genießt.

Primär ist der Kaufpreis in der Währung zu begleichen, die im Kaufvertrag von den Vertragsparteien vereinbart wurde.[487] Mangelt es an einer solchen Vereinbarung, wird sich über die zwischen den Vertragsparteien entstandenen Gepflogenheiten oder aber aus üblichen Gebräuchen gemäß Art. 9 CISG die Währung ermitteln lassen, in der der Kaufpreis zu begleichen ist.[488]

Sofern solche Anhaltspunkte nicht vorliegen, ist umstritten, wie die Kaufpreiswährung zu bestimmen ist. Eine Ansicht möchte diese Lücke mittels des Rechtes schließen, das durch das nationale Internationale Privatrecht berufen wird. Das Schweizer Kantonsgericht Wallis hat die gegebene Fragestellung in dieser Weise beantwortet[489] und die von ihm vertretene Ansicht in einem Folgeurteil nochmals bestätigt.[490] Auch in der Literatur finden sich Stimmen, die den Rückriff auf das jeweils anwendbare nationale Recht fordern.[491] Begründet wird dies vorwiegend damit, dass das CISG keine Regelung vorhält, sofern die Parteien es versäumt haben, eine Kaufpreiswährung zu bestimmen und sich diese zudem nicht aus den Gebräuchen und Gepflogenheiten nach Art. 9 CISG bestimmen lässt und somit mittels Art. 7 Abs. 2 CISG das Internationale Privatrecht die Lückenfüllung zu übernehmen hat.

Die andere, meines Erachtens vorzugswürdige Ansicht löst diese Frage in der Weise, dass, sofern keine Vertragsvereinbarung vorliegt und keinerlei Gebräuche oder Gepflogenheiten gegeben sind, die zu nutzende Währung sich von Art. 57 Abs. 1 CISG ableitet und damit aus dem Erfüllungsort der Zahlungspflicht ergibt.[492]

Der letztgenannten Ansicht ist aus genannten Gründen zu folgen. Durch sie ist in diesem wichtigen Vertragspunkt eine einheitliche Regelung zu erzielen. Vor dem Hintergrund der Rechtsvereinheitlichung, welches das vorrangige Ziel des CISG ist, scheint es kaum vertretbar, einen Rückgriff auf die unterschiedlichen nationalen Rechte zu befürworten. Hierdurch würde es zu einer unnötigen Zersplitterung kommen. Daher ist die einheitsrechtliche Lösung vorzuziehen, wo-

---

486 Schlechtriem, Internationales UN-Kaufrecht, S. 138; Lurger, IHR 2005, S. 179.

487 Staudinger-Magnus, Art. 53 CISG, Rn. 20.

488 U.a.: Schlechtriem-Hager, Art. 54 CISG, Rn. 9.

489 Kantonsgericht Wallis, Urteil vom 30.06.1998, abgedruckt in: IHR 2000, S. 13 ff..

490 Kantonsgericht Wallis, Urteil vom 19.08.2003, abgedruckt in: SZIER 2004, S. 106.

491 Schlechtriem-Hager, Art. 54 CISG, Rn. 9; Herber/Czerwenka, Art. 53 CISG, Rn. 5; Bianca/Bonell-Maskow, Art. 54 CISG, Anm. 3.1.; Neumayer/Ming, Art. 54 CISG, Rn. 4.

492 So u.a. auch: Karollus, UN-Kaufrecht, S. 167; Wiegand, Berner Tage, S. 152; Piltz, Internationales Kaufrecht, S. 137; Soergel/Lüderitz-Budzikiewicz, Art. 53 CISG, Rn. 2; Brunner, Art. 4 CISG, Rn. 54 und Art. 54 CISG, Rn. 13 ff.; Staudinger-Magnus, Art. 4 CISG, Rn. 71 und Art. 53 CISG, Rn. 20; ders. in RabelsZ 1989, S. 128 ff..

nach die Währungsvorschriften des Erfüllungsortes der Zahlungspflicht maßgebend sind.[493]

Aus demselben Grund steht dem Käufer der Ware auch nur dann eine Ersetzungsbefugnis, also die Möglichkeit in anderer Währung als der eigentlich vereinbarten zu zahlen, zu, wenn eine solche Befugnis entweder vereinbart wurde, sie sich aus Gebräuchen und Gepflogenheiten ergibt oder im Einzelfall aus dem Grundsatz von Treu und Glauben abzuleiten ist.[494] Eine generelle Ersetzungsbefugnis besteht nach weit verbreiteter Ansicht nicht.[495] Den Vertragsparteien verbleibt es jedoch, die vereinbarte Zahlungswährung nachträglich vertraglich zu bestimmen oder eine bereits vereinbarte Währung umzuwandeln.[496]

cc. Zahlungsort, Art. 57 CISG

Die Frage, an welchem Ort der Käufer die Ware zu zahlen hat, regelt das CISG in Art. 57, sofern die Vertragsparteien keine davon abweichende Vereinbarung getroffen haben[497] sowie durch die maßgeblichen Gepflogenheiten und Gebräuche gemäß Art. 9 CISG. Vorbehaltlich dieser Regelung hat der Käufer nach Art. 57 Abs. 1 lit. a CISG die gekaufte Ware am Sitz des Verkäufers zu zahlen. Das CISG sieht demnach für die Kaufpreiszahlung eine Bringschuld vor, so dass der Käufer das Risiko und die Kosten der Kaufpreisübermittlung zu tragen hat.[498] In dem Fall, dass der Kaufpreis mittels einer Banküberweisung beglichen werden soll, ist die Zahlungspflicht erst mit Gutschrift auf dem Konto des Verkäufers erfüllt.[499] Sofern jedoch der Eintritt des Zahlungserfolges an Umständen

---

493 Schlechtriem, Internationales UN-Kaufrecht, S. 145; Magnus, RabelsZ 1989, S. 128 ff..

494 Staudinger-Magnus, Art. 53 CISG, Rn. 26 ff.; Magnus, RabelsZ 1989, S. 127 ff..

495 So u.a.: Schlechtriem-Hager, Art. 54 CISG, Rn. 10; Magnus, RabelsZ 1989, S. 133.

496 Eine nachträgliche Änderung kann zudem auch konkludent erfolgen, nämlich dann, wenn der Verkäufer im Falle einer vereinbarten Ratenzahlung eine oder gar mehrere Raten in einer anderen als der vereinbarten Währung annimmt und der Zahlung in dieser Weise nicht widerspricht. Die ursprünglich vereinbarte Kaufpreiswährung ändert sich aber nicht und wäre für spätere Kaufpreiszahlungen wieder maßgeblich. Siehe: Staudinger-Magnus, Art. 53 CISG, Rn. 28; Magnus, RabelsZ 1989, S. 127 ff..

497 Gegenüber Art. 59 EKG stellt Art. 57 CISG den Vorrang der Parteiabrede deutlicher heraus.

498 Siehe: Schlechtriem, Internationales UN-Kaufrecht, Rn. 214; Schlechtriem-Hager, Art. 57 CISG, Rn. 4.

499 Piltz, UN-Kaufrecht, S. 81.

scheitert, die offensichtlich in der Sphäre des Verkäufers liegen, trägt der Verkäufer das Risiko nach Art. 80 CISG.[500]

Anders verhält es sich im dokumentären Zahlungsverkehr. In diesem Fall ist gemäß Art. 57 Abs. 1 lit. b CISG der Übergabeort der Dokumente zugleich der Zahlungsort. Verlegt der Verkäufer nachdem der Vertrag geschlossen wurde seine Niederlassung, so hat er dem Käufer die Mehrkosten zu ersetzen, die diesem im Zusammenhang mit der Sitzverlagerung entstehen.

2. Zahlung des Kaufpreises nach dem ICC-Mustervertrag, Art. 7 ICC-specific conditions, Art. 5 ICC-general conditions

Der ICC-Mustervertrag regelt die Zahlungspflicht des Käufers in Art. 5 der general conditions bzw. in den specific conditions durch Art. 7.

Die besonderen Vertragsvereinbarungen hinsichtlich der Zahlungsbedingungen gliedern sich in fünf Unterpunkte, die ihrerseits unterteilt sind. Die allgemeinen Vertragsbestimmungen erläutern in deren Art. 5 die jeweils ausgewählte Variante.

a. Zahlung durch Überweisung nach Rechnungsstellung, Art. 7, 1. Variante ICC-specific conditions, Art. 5.2. ICC-general conditions

Haben die Vertragsparteien keine dokumentäre Zahlungsweise vereinbart, kann stattdessen die Warenlieferung unter Erteilung einer offenen Rechnung vereinbart werden.[501] In diesem Fall trägt der Verkäufer das volle Risiko für die Zahlungsfähigkeit und -willigkeit des Käufers. Er wird sich demnach nur dann auf diese Zahlungsmethode einlassen, wenn er von der Zuverlässigkeit seines Vertragspartners sowie der Vertretbarkeit aller weiteren risikobeeinflussenden Umstände überzeugt ist.[502]

Die erste Variante der besonderen Vertragsbestimmungen des Art. 7 sieht die Zahlung des Kaufpreises auf ein Konto des Verkäufers vor, nachdem dieser dem Käufer für die gekaufte Ware eine Rechnung gestellt hat. Dabei obliegt es den Vertragsparteien, die Zahlungsfrist festzusetzen, indem sie die Zahlungszeit nach Eingang der Rechnung bestimmen. Ansonsten bestimmt Art. 5.1. der ICC-gene-

---

500 So schon: v. Caemmerer, Zahlungsort, S. 119, in Anlehnung an das Urteil des Reichsgerichts vom 13.10.1922 in: RGZ 105, S. 266.

501 Sog. „payment on open account", siehe: Zahn, Zahlung und Zahlungssicherung, S. 298; Lipfert, Nationaler und internationaler Zahlungsverkehr, S. 18 und 115; Piltz, RIW 1999, S. 901.

502 Vergleiche dazu: v. Westphalen, Rechtsprobleme der Exportfinanzierung, S. 181.

ral conditions, dass, sofern nicht etwas anderes von den Vertragsparteien vereinbart wurde, die Zahlung innerhalb einer Frist von 30 Tagen nach Rechnungsstellung zu leisten ist. Weiterhin ist die Zahlung mittels Überweisung des Zahlbetrages auf ein vom Verkäufer eröffnetes Konto bei dessen Hausbank zu veranlassen. Die Pflicht zur Zahlung ist für diesen Fall dann vollständig erfüllt, wenn dem Verkäufer das überwiesene Geld auf dessen Konto zur Verfügung steht.

b. Vorauszahlung, Art. 7, 2. Variante ICC-specific conditions, Art. 5.2. ICC-general conditions

Die zweite Variante des Art. 7 der besonderen Vertragsbestimmungen behandelt den Fall, dass die Vertragsparteien sich über eine Vorauszahlung geeinigt haben. Die Parteien müssen hierbei festlegen, welcher Anteil des Gesamtpreises bis zu welchem Datum gezahlt sein muss. Grundsätzlich gehen die allgemeinen Vertragsbestimmungen in Art. 5.2. von der Zahlung des Gesamtpreises aus, also einem 100%igen Anteil. Dieser vorgeschlagene Anteil ist jedoch für die Parteien nicht bindend, sondern kann nach deren Belieben angepasst werden. Der Zahlungszeitpunkt hängt davon ab, ob die Parteien einen fixen Lieferzeitpunkt bestimmt oder sich auf einen Lieferzeitraum geeinigt haben. Bei Vereinbarung eines festen Lieferzeitpunkt ist die Zahlung mindestens 30 Tage vor dem vereinbarten Termin auf ein vom Verkäufer eröffnetes Konto seiner Hausbank zu leisten. Wenn die Parteien hingegen einen Zahlungszeitraum vereinbart haben, so ist auf ein zu benennendes Konto die Zahlung spätestens bis zum frühesten Zeitpunkt vor dem Liefertermin innerhalb der Frist zu zahlen. Für den Fall, dass zwischen den Parteien eine Teilzahlung vorgesehen wurde, so gilt eben Gesagtes für den fälligen Teil, die weitere Kaufpreiszahlungspflicht für den offen gebliebenen Teil richtet sich nach den weiteren Ausführungen des Art. 5 ICC-general conditions.

c. Dokumenteninkasso, Art. 7, 3. Variante ICC-specific conditions; Art. 5.5. ICC-general conditions des ICC-Mustervertrages

Nach den eben beschriebenen reinen nicht dokumentären Zahlungsabreden folgen in den verbleibenden Zahlungsklauseln die fakultativen Bestimmungen zum dokumentären Zahlungsverkehr. Art. 7 der besonderen Vertragsbestimmungen in der dritten Variante sowie Artikel 5.5. der allgemeinen Vertragsbestimmungen regeln den Fall, dass sich die Vertragsparteien über eine Zahlung mittels eines Dokumenteninkassos einigen.

Das Dokumenteninkasso umfasst hierbei den Auftrag des Verkäufers an seine Bank, den Inkassobetrag beim Käufer, meistens unter Einschaltung einer damit beauftragten Bank im Land des Käufers, einzuziehen.[503] Der Verkäufer übergibt seiner Bank die Versanddokumente[504] mit der Anweisung, diese dem Käufer nur dann auszuhändigen, wenn dieser abhängig von der getroffenen Vereinbarung im Gegenzug den Inkassobetrag bezahlt oder einen entsprechenden Wechsel akzeptiert. Es kommt somit für den Käufer der Ware zu einem Geschäft Zug-um-Zug.[505] Häufig wird das Dokumenteninkassogeschäft in der Weise abgewickelt, dass die beauftragte Bank die Forderung des Verkäufers abkauft und in eigenem Namen einzieht. Wirtschaftlich handelt sich hierbei dann um eine weiterentwickelte Form der Verbindung zwischen Inkasso und Negoziierungskredit.[506]

Mangels einer gesetzlichen Regelung für Dokumenteninkassi werden diese in der Praxis mit Hilfe der „Einheitlichen Richtlinien und Gebräuche für Inkassi" der ICC in der Revision von 1995 gültig seit dem 01.01.1996 als ERI 522[507], behandelt.[508] So legt auch der ICC-Mustervertrag in Art. 5.4. der allgemeinen Vertragsbestimmungen fest, dass die Dokumentenandienung bzw. daraus erwachsende Streitigkeiten, ausschließlich durch die ICC Regelung 522 reglementiert werden.[509] Der ICC-Mustervertrag sieht vor, entweder eine D/P- oder aber eine

---

503 Anders als beim Dokumentenakkreditiv wird die Bank nicht auf Anweisung des Importeurs tätig, sondern wird als „Einreicherbank" vom verkaufenden Exporteur mit den Aufgaben betraut. Siehe: Hoeren/Florian, Rechtsfragen des internationalen Dokumentenakkreditivs und -inkassos, S. 58; Kümpel, Bank- und Kapitalmarktrecht, Rn. 7.78.; Zahn, Zahlung und Zahlungssicherung, S. 275; Blomeyer, Exportfinanzierung, S. 97 ff.; Hakenberg, RIW 1998, S. 906 ff..

504 Zu den Warendokumenten beim Dokumenteninkasso gehören üblicherweise Transportpapiere (vgl. hierzu: § 363, Rn. 11 ff.), Rechnungen, Versicherungspolicen, Verpackungslisten, Ursprungszeugnisse, Qualitätszeugnisse, Zahlungsquittungen und ggf. vom Importeur zu akzeptierende Wechsel. Siehe: Ebenroth/Boujong/Joost-Harkenberg, HGB, Rn. II 433; GK-HGB-Nuissl, nach § 406, Rn. 156; Kümpel, Bank- und Kapitalmarktrecht, Rn. 7.82..

505 Siehe dazu: Häberle, Einführung in die Exportfinanzierung, S. 154; Piltz, Exportvertrag, S. 356 f.; Ebenroth/Boujong/Joost-Harkenberg, HGB, Rn. II 433; Heymann-Horn, § 372 HGB, Anhang IV, Rn. 1.

506 Blomeyer, Exportfinanzierung, S. 97 ff.; Hakenberg, RIW 98, S. 906 ff..

507 Publikation der ICC Nr. 522.

508 Hoeren/Florian, Rechtsfragen des internationalen Dokumentenakkreditivs und –inkassos, S. 57. Die Rechtsnatur dieser Richtlinien ist umstritten, ganz überwiegend wird jedoch angenommen, dass es sich bei ihnen um Allgemeine Geschäftsbedingungen handelt. So: Canaris, Bankvertragsrecht, Rn. 1089; v. Westphalen, Rechtsprobleme der Exportfinanzierung, S. 207. Andere Ansicht: OLG Hamburg in: MDR 1970, S. 335; v. Bernstorff, Rechtsprobleme im Auslandsgeschäft, S. 163.

509 Diese Regelung liegt insoweit nahe, als dass sowohl der Musterkaufvertrag als auch die ERI-Regelwerke der ICC entspringen.

D/A-Klausel zu wählen – also entweder die Dokumentenherausgabe gegen Zahlung oder die Herausgabe gegen Akzept.[510]

aa. D/P (documents against payment)-Klausel, Art. 7, 3. Alternative, 1. Variante ICC-specific conditions; Art. 5.5. ICC-general conditions

Bei der Wahl der D/P-Klausel werden dem Käufer von der damit beauftragten Bank Dokumente, die in der Regel das Verfügungsrecht über die gekaufte Ware beinhalten und zuvor vom Verkäufer eingereicht wurden, zur Zahlung vorgelegt und ausgehändigt, wenn der Käufer den Inkassobetrag, der den Kaufpreis ausmacht, bezahlt.[511]

Die Kosten sind gegenüber der Vereinbarung eines zu eröffnenden Dokumentenakkreditivs verhältnismäßig geringer, so dass hierin ein Anreiz für die Vertragsparteien besteht. Die Risikoverringerung für den Verkäufer liegt im bereits genannten Zug-um-Zug Geschäft, durch das er die Verfügungsgewalt über die Kaufware nur dann abgibt, wenn der Käufer den Kaufpreis zahlt.[512] Allerdings kann es auch passieren, dass der Käufer die Dokumente nicht aufnimmt und dementsprechend nicht zahlt. Insoweit besteht für den Verkäufer ein höheres Risiko als beim Dokumentenakkreditiv. Beide Parteien werden zum Teil vorleistungspflichtig, der Verkäufer muss die Dokumente beschaffen und die Ware absenden, der Käufer kann die Ware nur in Empfang nehmen ohne zuvor ein Untersuchungsrecht zu haben.[513] Der Sicherungsaspekt steht gegenüber dem Dokumentenakkreditiv daher deutlich im Hintergrund, weshalb das Dokumenteninkasso vor allem bei Vertragsparteien verwendet wird, die einander kennen und vertrauen.[514]

bb. D/A (documents against acceptance)-Klausel, Art. 7, 3. Alternative, 2. Variante ICC-specific conditions; Art. 5.5. ICC-general conditions

Als zweite Möglichkeit können die Vertragsparteien die D/A-Klausel wählen, also die Dokumentenherausgabe gegen Akzept.

---

510 Dazu: Häberle, Handbuch der Akkreditive, S. 409 ff.; v. Westphalen, Rechtsprobleme der Exportfinanzierung, S. 203 ff..

511 Huber/Schäfer, Dokumentengeschäft und Zahlungsverkehr im Außenhandel, S. 23.

512 So auch: Jahrmann, Außenhandel, S. 357.

513 Siehe: Hoeren/Florian, Rechtsfragen des internationalen Dokumentenakkreditivs und-inkassos, S. 16; v. Westphalen, Rechtsprobleme der Exportfinanzierung, S. 182.

514 Lenz, EuZW 1991, S. 300; Brüggemann, Banktechnik, S. 34; Zahn, Zahlung und Zahlungssicherung, Rn. 3.1..

Diese Zahlungsweise entspricht der vorgenannten Klausel in ihren Grundstrukturen, weicht jedoch insoweit ab, als dass der Käufer nicht mehr den geschuldeten Betrag direkt zu zahlen hat, sondern der Verkäufer lediglich eine Wechselforderung erhält.[515] Im Gegensatz zur D/P-Klausel wird dem Käufer ein Zahlungsziel auf gedeckter Basis eingeräumt, da er die gekauften Waren erhält, wenn er einen auf ihn gezogenen Wechsel vom Verkäufer akzeptiert.[516]

d. Zahlung mittels Dokumentenakkreditiv, Art. 7, 4. Variante ICC-specific conditions, Art. 5.3. ICC-general conditions

Art. 7, 4. Variante der besonderen Vertragsbestimmungen und Art. 5.3. der allgemeinen Vertragsbestimmungen regeln den Fall, dass die Vertragsparteien sich darauf einigen, die Zahlung des Kaufpreises mittels der Stellung eines Dokumentenakkreditivs vorzunehmen.

Im internationalen Handelsrecht hat sich diese Art des Zahlungsvorganges verbreitet durchgesetzt.[517] Mit ihr wird die Forderung des Verkäufers aus einer Warenlieferung dadurch sichergestellt, dass eine damit vom Käufer beauftragte Bank[518] die Zahlung aus dem Akkreditiv garantiert und somit bonitätsmäßig an die Stelle des Käufers tritt.[519] Das Dokumentenakkreditiv ist folglich ein Versprechen der Käuferbank, das diese im Auftrag des Käufers zu Gunsten des Verkäufers abgibt. Letzterer muss die Akkreditivbedingungen erfüllen, insbesondere bestimmte Dokumente[520] vor Verfall des Dokumentenakkreditivs vorlegen[521], um den vereinbarten Kaufpreis zu erhalten.[522]

---

515 Hoeren/Florian, Rechtsfragen des internationalen Dokumentenakkreditivs und -inkassos, S. 16.

516 Dortschy/Jung/Köller, Auslandsgeschäfte – Banktechnik und Finanzierung, S. 66.

517 Siehe dazu: Huber, Bankrecht, S. 461 f.; Einsele, Bank- und Kapitalmarktrecht, S. 109 ff.; Kümpel, Bank- und Kapitalmarktrecht, Rn. 7.50, der dies ausdrücklich auf das Wachstum des Welthandels zurückführt.

518 Ein sachlicher Grund dafür, dass nur Banken Akkreditive eröffnen können, besteht nicht. In Deutschland kommen jedoch andere Stellen nicht in Betracht, da erstens kaum Bedarf dafür bestehen wird und weiterhin, dass die Akkreditiveröffnung als Garantiegeschäft erlaubnispflichtig im Sinne § 1 Abs. 1 S. 2 Nr. 8 KWG ist. In anderen Ländern mit unterschiedlichen Banken- und Finanzsystemen ist es durchaus gängig, dass beispielsweise speziell für diesen Zweck gegründete Finanzierungsgesellschaften und auch Versicherungen Finanzierungen mittels eines Dokumentenakkreditivs bereitstellen. Siehe: Zahn, Zahlung und Zahlungssicherung, S. 32, Fn. 6.

519 Siehe dazu: Kümpel, Bank- und Kapitalmarktrecht, Rn. 7.104..

520 Die Dokumente spielen hierbei eine zentrale Rolle. Bei ihnen handelt es sich um die Versendung die Ware betreffende dokumentäre Nachweise, die in der Regel zugleich die rechtliche Verfügungsmacht über die Kaufware verkörpern. Siehe: Hoe-

Dem Dokumentenakkreditiv kommt daher Zahlungs-, Sicherungs- und Kreditfunktion zu.[523] Es macht den Verkäufer unabhängig von der Zahlungsfähig- und -willigkeit des Käufers, da, vorausgesetzt die Dokumente wurden ordnungsgemäß eingereicht, er ein unabhängiges Zahlungsversprechen einer Bank erhält. Das Insolvenzrisiko wird im Allgemeinen hierbei wesentlich geringer sein als das Risiko bei einem ausländischen Vertragspartner.

Das mit Abstand wichtigste Regelwerk, das den internationalen Zahlungsverkehr mittels Dokumentenakkreditiven behandelt, ist, vergleichbar mit den zuvor erwähnten ERI-Regelungen, die von der ICC veröffentlichten „Einheitlichen Richtlinien und Gebräuche für Dokumentenakkreditive", ERA 500.[524] Diese neue Fassung[525] wurde von der zuständigen ICC-Kommission für Banktechnik und -praxis erarbeitet, die sich zuvor der Mitarbeit sowohl der Banken als auch des Handels und der Industrie, der Versicherer und Spediteure bzw. der Transporteure bedient hatte.[526] Weltweit wird es nur wenige Dokumentenakkreditive geben, die nicht nach den ERA abgewickelt werden.[527]

Der ICC-Mustervertrag bedient sich ebenfalls dieses Regelwerkes. Art. 5.3. der general conditions regelt die Konstellation, in der die Parteien die Zahlung

---

ren/Florian, Rechtsfragen des internationalen Dokumentenakkreditivs und -inkassos, S. 24.

521 Siehe: Häberle, Einführung in die Exportfinanzierung, S. 195.

522 Das Akkreditivgeschäft wird bestimmt vom Grundsatz der Auftrags- und Dokumentenstrenge (BGH in: NJW 89, S. 159 ff.; OLG München in: BB 1998, S. 125 f.), das heißt, die beauftragten Banken setzen einen geradezu pedantischen Prüfungsmaßstab an, ob die eingereichten Dokumente dem Auftrag entsprechen, da sie selbst über keine ausreichenden Branchen- und Warenkenntnisse verfügen (Koller, WM 1990, S. 293 mit weiteren Nachweisen).

523 Schütze, Dokumentenakkreditiv, S. 43 ff.; Canaris, Bankvertragsrecht, Rn. 916 ff.; Kümpel, Bank- und Kapitalmarktrecht, Rn. 7.123 ff.; Einsele, Bank- und Kapitalmarktrecht, S. 110.

524 Seit dem 01.01.1994 ist diese Revision des Regelwerkes maßgeblich. Siehe dazu: Kümpel, Bank- und Kapitalmarktrecht, Rn. 7.112 ff., 7.50. Der deutsche Text dieses Regelwerkes ist abgedruckt bei: Baumbach/Hopt/Merkt, HGB, Anhang 11.

525 Die ERA gelten ebenfalls für die sog. „Standby-Letters of Credit", die durch die Revision 1983 in den Anwendungsbereich der ERA ausdrücklich mit einbezogen wurden, Art. 1 ERA. Diese Form des Zahlungsversprechens stellt materiell eine Garantie US-amerikanischer Banken dar, die zuvor nach US-amerikanischer Bankengesetzgebung nur in Form eines Akkreditivs übernommen werden konnte. Siehe: Kümpel, Bank- und Kapitalmarktrecht, Rn. 7.53; Nielsen in: Bankrechtshandbuch, § 120, Rn. 5.

526 Zahn, Zahlung und Zahlungssicherung, S. 6. Weiter dazu: Ellinger, Journal of business law 1994, S. 28 ff.; Nielsen, Richtlinien für Dokumentenakkreditive, Rn. 2 f..

527 Nielsen in: Bankrechtshandbuch, § 120, Rn. 20; Basedow, ZHR 150, S. 484 ff.; Wolf/Horn/Lindacher, § 9, Rn. A 93.

mittels Dokumentenakkreditiv vereinbart haben. Hier wird ausdrücklich auf die „Uniform Customs and Practice for Documentary Credits published by the ICC" Bezug genommen, die die gewählte Zahlungsart regeln sollen. Der besondere Vertragsteil regelt diesen Zahlungsweg in Art. 7, 4. Variante.

aa. Widerrufliches/Unwiderrufliches Akkreditiv, Art. 6 lit. a ERA; Art. 8 ERA

Der ICC-Mustervertrag geht ausschließlich von der Bestimmung eines unwiderruflichen Dokumentenakkreditivs aus. Art. 7, 4. Variante der besonderen Vertragsbestimmungen gibt keine Möglichkeit einer abweichenden Wahl.[528]

Nach Art. 7 ERA können Akkreditive entweder widerruflich oder unwiderruflich sein.[529]

Ein unwiderrufliches Dokumentenakkreditiv ist laut Art. 8 ERA im Gegensatz zum widerruflichen Akkreditiv nicht jederzeit durch die eröffnende Bank abänder- oder gar annullierbar.[530] Als Folge ergibt sich, dass es für den Begünstigten dann weit sicherer ist, die Akkreditivsumme zu erhalten.[531] Daher werden Akkreditivgeschäfte in der Regel unwiderruflich abgeschlossen[532], d.h. die Akkreditivbank verpflichtet sich unwiderruflich, den Akkreditivbetrag auszuzahlen, wenn der Begünstigte die geforderten Dokumente vorlegt. Dieser Handhabe folgt der ICC-Mustervertrag, der ein widerrufliches Akkreditiv gar nicht mehr zur Wahl stellt.

bb. Bestätigtes/Unbestätigtes Akkreditiv, Art. 9 lit. b ERA

Zunächst haben die Vertragsparteien nach den besonderen Bestimmungen des Art. 7, 4. Alternative des Mustervertrages zu bestimmen, ob ein bestätigtes oder ein unbestätigtes unwiderrufliches Akkreditiv vereinbart werden soll.

---

528 Die Überschrift der 4. Alternative der Zahlungsbedingungen des ICC-Mustervertrages lautet lediglich: „Irrevocable documentary credit".

529 v. Bernstorff, Rechtsprobleme im Auslandsgeschäft, S. 172.

530 Siehe: Schütze, Dokumentenakkreditiv, S. 49; Staudinger-Magnus, Art. 28 EGBGB, Rn. 549; Zahn, Zahlung und Zahlungssicherung, S. 39.

531 Zahn, Zahlung und Zahlungssicherung, S. 39; Reithmann/Martiny-Martiny, Internationales Vertragsrecht, S. 960.

532 Lediglich in Form des Barakkreditivs kommen in geringer Anzahl widerrufbare Dokumentenakkreditive vor. Siehe: Zahn, Zahlung und Zahlungssicherung, S. 39; weiterhin: Kümpel, Bank- und Kapitalmarktrecht, Rn. 7.148 f.; Staudinger-Magnus, Art. 28 EGBGB, Rn. 553, verweist zutreffend darauf, dass selbst die ERA in Art. 6 lit. c eine Zweifelsregelung zugunsten eines unwiderruflichen Akkreditivs aufstellen.

Die Bestätigung nach Art. 9 lit. b ERA hat zur Folge, dass neben der Akkreditivbank eine weitere Bank damit beauftragt wird, bei der Dokumentenvorlage den Akkreditivbetrag auszuzahlen.[533] Die bestätigende Bank erfüllt mit der eröffnenden Bank eine Gesamtschuldverpflichtung[534], es sei denn, die beauftragte Bank soll eine reine Zahlstellenfunktion übernehmen und somit keinerlei eigene Verpflichtung eingehen.[535]

cc. Sofortige/Hinausgeschobene Fälligkeit

Weiterhin stellt Art. 7, 4. Alternative der besonderen Vertragsbestimmungen des ICC-Mustervertrages den Parteien zur Wahl, ob der Akkreditivbetrag bei Vorlage der bestimmten Dokumente direkt ausgezahlt oder die Zahlung bis zu einem bestimmten Termin hinausgeschoben werden soll (deferred payment).[536] Unterlassen es die Vertragsparteien, darüber eine Vereinbarung zu treffen, so sieht Art. 5.3. der allgemeinen Bestimmungen zum ICC-Mustervertrag vor, dass in diesem Fall eine direkte Zahlungspflicht bestehen soll, also keine Hinauszögerung. Der ICC-Mustervertrag folgt hierbei dem Regelfall, wonach die Akkreditivsumme bei Vorlage der Dokumente fällig sein soll.[537]

Wird hingegen die zweite Alternative gewählt, ist bei vereinbarter hinausgeschobener Zahlung der Akkreditivbetrag zu einem bestimmten Zeitpunkt nach der Dokumenteneinreichung fällig.[538] Die ERA regeln diese Form der Akkreditivstellung in Art. 10 lit. a.[539] Es wird entgegen der sofortigen Fälligkeit die Zahlung zu einem späteren Zeitpunkt nach Übergabe der Dokumente vorgenommen, den die Parteien im Akkreditivinhalt näher bestimmen. Zweck dieser Regelung ist es, dem Käufer der Ware zu ermöglichen, durch den Weiterverkauf der Kauf-

---

533 v. Bernstorff, Rechtsprobleme im Auslandsgeschäft, S. 173.

534 Siehe Nielsen in: Bankrechtshandbuch, § 120, Rn. 71, 150 ff.; Canaris, Bankvertragsrecht, Rn. 984; Raith, Dokumentenakkreditiv, S. 172; Schinnerer/Avancini, Bankverträge, S. 67.

535 Nielsen in: Bankrechtshandbuch, § 120, Rn. 32; Zahn, Zahlung und Zahlungssicherung, S. 39; Häberle, Handbuch der Akkreditive, S. 291 f.. In einigen wenigen Staaten ist die Bankbestätigung unerwünscht oder verboten, beispielsweise in China oder im Iran. Hier hat sich in der Praxis die Verwendung sogenannter Schutzklauseln durchgesetzt, die eine eigentliche Bestätigung verdecken. Die dafür bestimmten Banken „schützen“ den Begünstigten vor einer Nichtzahlung durch die eröffnende Bank. Siehe mit einer Beispielklausel: Schütze, Dokumentenakkreditiv, S. 54.

536 Dazu: v. Bernstorff, Rechtsprobleme im Auslandsgeschäft, S. 39 f.; S. 181.

537 Schütze, Dokumentenakkreditiv, S. 55.

538 Vergleiche dazu Stauder in: Festschrift für Schnitzer, S. 433 ff.; Schönle, Rechtsprobleme des Dokumentenakkreditivs, öster. BankA 1988, S. 311 ff..

539 Vergleiche dazu auch: Eberth/Ellinger, International Banking Law 1983, S. 50 ff..

ware das Grundgeschäft zu finanzieren, indem dem Käufer ein entsprechendes Zahlungsziel eingeräumt wird.[540]

Gegen diese Form der Akkreditivstellung, die von den ERA gedeckt wird, regt sich erheblicher Widerstand, der durchaus seine Berechtigung findet.[541] Schiebt man die Zahlung hinaus, wird dem Käufer der Ware ermöglicht, diese in Empfang zu nehmen, ohne dass das Akkreditiv ausbezahlt wird. Als Folge steht es zu befürchten, dass der Käufer versuchen wird, in der Folgezeit die Auszahlung des Akkreditivs zum vereinbarten Datum zu verhindern mit dem Einwand, die Inanspruchnahme des Akkreditivs sei rechtsmissbräuchlich.[542]

Es liegt daher an den Vertragsparteien, die „deferred payment"-Klausel vorsichtig einzusetzen. Ansonsten würde die gerade durch die Wahl der Akkreditivzahlungsmethode gewonnene Zahlungssicherheit für den Verkäufer zunichte gemacht.[543]

dd. Akzeptakkreditive

Die der vorangegangenen Option folgende Wahlmöglichkeit der Vertragsparteien sieht vor, dass die akkreditiveröffnende Bank keine Geldzahlung vornimmt, sondern verpflichtet ist, vom durch das Akkreditiv Begünstigten auf die eröffnende Bank gezogene Wechsel, so genannte Tratten, zu akzeptieren und sie bei Fälligkeit zu bezahlen[544] oder vom Begünstigten auf die eröffnende Bank gezogene Tratten zu akzeptieren und bei Fälligkeit zu bezahlen, falls die laut Akkreditiv benannte bezogene Bank auf sie bezogene Tratten nicht akzeptiert. Die Bank, die ein solches Akkreditiv bestätigt, muss für die Einlösung der Tratten gemäß Art. 9 lit. b (iii) ERA einstehen. Bei den Tratten muss es sich um Nachsichttratten mit einer genau bestimmten Laufzeit handeln, da andernfalls Sichttratten sofort zahlbar sind.[545] Die weiterhin denkbare Möglichkeit, dass Tratten auf den Akkreditivauftraggeber gezogen werden, ist nicht mehr vorgesehen. Dadurch sollen zum einen Unklarheiten und zum anderen die weite Verbreitung von Negoziierungs-

---

540 Schütze, Dokumentenakkreditiv, S. 55; Stauder in: Festschrift für Schnitzer, S. 436.

541 Stauder in: Festschrift für Schnitzer, S. 436; Liesecke, WM 1976, S. 260; v. Bernstorff, Rechtsprobleme des Auslandsgeschäfts, S. 126 f.; Häberle, Handbuch der Außenhandelsfinanzierung, S. 58 f.; Nielsen, WM 1994, Sonderbeilage 2, S. 7.

542 Siehe hierzu: BGH in WM 1987, S. 977; Plagemann, RIW/AWD BB 1987, S. 27 ff..

543 So schlagen Zahn/Ehrlich/Neumann vor, die geringeren Mehrkosten einer Dokumentenübergabe nur gegen Bankakzept in Kauf zu nehmen, um die beschriebenen Risiken zu vermeiden. Siehe: Zahn/Ehrlich/Neumann, Zahlung und Zahlungssicherung, Rn. 2/123.

544 So geregelt in Art. 9 lit. a (iii) ERA. Siehe dazu: Kümpel, Bank- und Kapitalmarktrecht, Rn. 7.127.; v. Bernstorff, Rechtprobleme im Auslandsgeschäft, S. 38 f..

545 Zahn, Zahlung und Zahlungssicherung, Rn. 2/121.

akkreditiven verhindert werden.[546] Die Unklarheit bestand darin, dass nicht sicher war, ob die Akkreditivbank in diesem Fall nur für die eigentliche Akzeptleistung Zug-um-Zug gegen die Dokumentenübergabe verantwortlich war oder sie auch dafür Sorge zu tragen hatte, dass der Wechsel später Einlösung findet.[547] Nunmehr regelt Art. 9 lit. a (iii) ERA das Problem in der Weise, dass die akkreditiveröffnende aber auch die -bestätigende Bank zudem für die spätere Einlösung des Wechsels haftet.

ee. Negoziierungsakkreditive

Als letzte Variante haben die Vertragsparteien die Möglichkeit, ein Negoziierungsakkreditiv zu vereinbaren.

In diesem Fall besteht die vorrangige Verpflichtung der akkreditiveröffnenden Bank, für die Negoziierung durch die von ihr beauftragte Zweitbank Sorge zu tragen.[548] Art. 10 b (ii) ERA definiert die Negoziierung als Zahlung von Geld gegen Tratten und/oder Dokumente durch die zur Negoziierung ermächtigte Bank. Gegenüber vorherigen Fassungen der ERA ist nunmehr auch der reine Ankauf von Dokumenten erfasst. Der Begünstigte hat demnach einen Anspruch auf Zahlung Zug-um-Zug gegen Vorlage der Akkreditivdokumente.[549] Die reine Prüfung der Dokumente ohne jegliche tatsächliche Zahlung stellt keine Negoziierung dar. Der Unterschied von Negoziierungsakkreditiven zu den zuvor erwähnten Zahlungsakkreditiven liegt darin, dass die negoziierende Bank nicht den gesamten Dokumentengegenwert auszahlt, sondern einen Zinsabschlag geltend macht, der die Auszahlungssumme verringert.[550]

Letztendlich wird ein Negoziierungsakkreditiv nur dann vorteilhaft sein, wenn das Akkreditiv bei einer Zahlstelle benutzbar gestellt oder frei negoziierbar ist.[551]

e. Sonstige Zahlungsmöglichkeiten

Endlich sieht der ICC-Mustervertrag für die Parteien die Möglichkeit vor, einen Zahlungsweg zu bestimmen, der nicht den zuvor genannten entspricht. Beispielsweise werden hierbei die Scheck- oder Wechselzahlung und die beleglose elekt-

---

546 Nielsen in: Bankrecht und Bankpraxis, Rn. 5/480.
547 Hierzu: v. Bernstorff, Rechtsprobleme im Auslandsgeschäft, S. 155.
548 Nielsen, WM 1994, Sonderbeilage 2, S. 7.
549 Nielsen in: Bankrechtshandbuch, § 120, Rn. 40; Kümpel, Bank- und Kapitalmarktrecht, Rn. 7.129.
550 Nielsen in: Bankrecht und Bankpraxis, Rn. 5/482.
551 So auch: Zahn, Zahlung und Zahlungssicherung, S. 85 f..

ronische Zahlung auf ein vom Verkäufer bestimmtes Konto angeführt. Der Mustervertrag ist also auch für andere, nicht ausdrücklich erwähnte Zahlungsweisen offen.

3. *Vereinbarkeit der Zahlungsregelungen des ICC-Mustervertrages mit dem CISG*

Sowohl die Zahlungsregelungen im ICC-Mustervertrag als auch das CISG haben die grundlegende Gemeinsamkeit, dass den Parteien viel Freiheit gewährt werden soll, wie sie die Zahlung des Kaufpreises ausgestalten wollen. Im CISG schlägt sich dies im gravierenden Grundsatz der Parteiautonomie wieder, der ICC-Mustervertrag stellt dieses sicher, indem er lediglich Vorschläge bietet, wie die Kaufpreiszahlung abgewickelt werden kann, den Parteien dennoch die Möglichkeit offeriert, einen abweichenden Weg zu wählen.

Aus diesem Grund gibt es auch in diesem Vertragspunkt nur geringfügige Kollisionen mit dem einheitlichen Kaufrecht.

a. Überweisung auf ein Konto des Verkäufers

Neben der reinen Barzahlung ist die Überweisung auf ein verkäufereigenes Konto die vom CISG vorgesehene Grundzahlungsmethode. Die Regelungen des CISG beschränken sich auf die wenigen Normen der Artt. 53 ff. Eine ausdrückliche Zahlungsart wird dabei nicht geregelt. Grundsätzlich wird von einer Barzahlung auszugehen sein.[552] Da gegenwärtig die Barzahlung weitestgehend dem bargeldlosen Zahlungsverkehr gewichen ist, kann es als ein Selbstverständnis angesehen werden, dass Art. 53 CISG nicht nur die bloße Übergabe von Geldscheinen umfasst, sondern auch den bargeldlosen Zahlungsverkehr. Diese Grundzahlungsmethode wird von Art. 53 CISG gedeckt, ohne dass es besonderer vertraglicher Abreden zwischen den Parteien bedarf.

b. Vorauszahlungsvereinbarung

Vereinbaren die Vertragsparteien nach Art. 7, 2. Variante der specific conditions des ICC-Mustervertrages, dass der Käufer der Ware im Voraus zu zahlen hat, bevor er die Ware geliefert bekommt, so widerspricht diese Regelung dem eigentlichen Grundsatz des Art. 58 Abs. 1 S. 1 CISG, wonach Lieferung und Zahlung

---

[552] Herber/Czerwenka, Art. 53, Rn. 3.

Zug-um-Zug erfolgen sollen. Nach dieser Grundregelung ist der Kaufpreis erst zu zahlen, wenn die gekaufte Ware dem Käufer zur Verfügung gestellt wird.[553]

Diese Grundregel ist jedoch, dem Charakter des CISG entsprechend, dispositiv.[554] Das heißt, dass besondere Gepflogenheiten zwischen den Parteien oder deren besondere Vereinbarungen den Vorrang gegenüber der gesetzlichen Regelung genießen. In der Praxis werden nur wenige Lieferverträge zu finden sein, die keine genaueren Bestimmungen darüber enthalten, wie und wann die Zahlung zu erfolgen hat.[555] Allgemein üblich ist die Verwendung von Zahlungsklauseln.[556] Die Vorauszahlungsvereinbarung nach Art. 7, 2. Variante entspräche der gängigen reinen Zahlungsklausel „CBD“[557]. Ihre Verwendung ist im Rahmen von CISG-Kaufverträgen als internationaler Handelsbrauch anerkannt.[558] Allerdings werden sich die Fälle, in denen dem Käufer eine Vorauszahlungspflicht abverlangt werden kann, im Rahmen halten, da sie zwar dem Verkäufer den sichersten Zahlungseingang gewährt, den Käufer jedoch vor erhebliche Risiken stellt.[559]

Das dem Käufer gewährte Untersuchungsrecht der Ware nach Art. 58 Abs. 3 CISG entfällt bei der Wahl dieser Zahlungsmodalität.[560]

---

553 Diese Regelung entspricht denen des EKG. Siehe ferner: Ferrari/Flechtner/Brand, UNCITRAL Digest, S.736; Bianca/Bonell-Maskow, Art. 58 CISG, Anm. 2.1.; Schlechtriem-Hager, Art. 58 CISG, Rn. 2. Anders sieht dies Pilz, Internationales Kaufrecht, Rn. 153. Ihm zufolge besteht grundsätzlich eine Vorleistungspflicht des Verkäufers, da dem Käufer das Recht zukommt, die Ware zu untersuchen, bevor die Zahlungsfälligkeit eintritt. Dieser Ansicht ist jedoch nicht zu folgen, da Art. 58 Abs. 3 CISG nicht eine Untersuchung der Ware entsprechend Art. 38 CISG fordert, sondern lediglich eine kurze oberflächliche Untersuchungsmöglichkeit, um Falschlieferungen oder gravierende, evidente Mängel zu erkennen.

554 Allgemeine Ansicht, statt vieler: Staudinger-Magnus, Art. 58, Rn. 7.

555 Eine Grenze wird hierbei durch das Außenwirtschaftsgesetz gesetzt. Dieses regelt in § 9, dass solche Vereinbarungen beschränkt werden können, die den Abnehmer günstiger stellen würden, als bei Verwendung der handels- und branchenüblichen Bedingungen, um erheblichen Störungen der Ausfuhr in das Käuferland vorzubeugen oder entgegenzuwirken. Siehe dazu: Reithmann/Martiny, Internationales Vertragsrecht, S. 615.

556 Herber/Czerwenka, Art. 53 CISG, Rn. 3.

557 „Cash before Delivery“

558 Staudinger-Magnus, Art. 53 CISG, Rn. 12 ff.; Reithmann/Martiny, Internationales Vertragsrecht, S. 614.

559 Liesecke, WM 1978, Sonderbeilage 3, S. 7; auch: Hoeren/Florian, Rechtsfragen des internationalen Dokumentenakkreditivs und -inkassos, S. 14.

560 Enderlein/Maskow-Strohbach, Art. 58 CISG, Anm. 10; Witz/Salger/Lorenz, Art. 58 CISG, Rn. 15.

c. Vereinbarung eines Dokumenteninkassos

Sofern die Parteien die Vertragsoption des Art. 7, 3. Variante der besonderen Vertragsbestimmungen des ICC-Mustervertrags gewählt haben und sich somit für den Zahlungsweg über ein Dokumenteninkasso entschieden haben, ist die Vereinbarkeit mit dem CISG weitestgehend gegeben. Auch das Dokumenteninkasso lässt sich unter Art. 9 CISG als internationaler Gebrauch fassen.[561]

Eine Kollision mit dem CISG findet jedoch statt, da im Falle der Wahl von D/A- oder D/P-Klauseln das durch Art. 58 Abs. 3 CISG festgesetzte Untersuchungsrecht entfällt. Sofern die Vertragsparteien die Zahlung gegen Vorlage bestimmter Dokumente vereinbart haben, weil beispielsweise der Verkäufer die Ware nur dann befördern möchte, wenn er sicher sein kann, den Kaufpreis zu erhalten[562], verliert der Käufer das Untersuchungsrecht aus Art. 58 Abs. 3 CISG.[563] Es steht den Parteien für diesen Fall aber frei, zu vereinbaren, dass der Verkäufer dem Käufer ein Zeugnis zur Verfügung zu stellen hat, aus dem die Qualität der Ware hervorgeht.[564]

d. Dokumentenakkreditive

Vereinbaren die Vertragsparteien die Kaufpreiszahlung mittels eines Dokumentenakkreditivs nach Art. 7, 4. Variante der besonderen ICC-Mustervertragsbestimmungen, so ergeben sich mehrere Berührungspunkte zum CISG. In der Praxis hat sich diese Zahlungsform als besonders beliebt erwiesen[565], die Gründe dafür wurden bereits dargestellt. Grundsätzlich gilt auch bei der Stellung eines Akkreditivs, dass die vertragliche Abrede der Parteien den Regelungen des CISG vorgeht.[566] Das CISG erwähnt die Möglichkeit, eine Zahlung über die Stellung eines Akkreditivs zu vereinbaren nicht, sondern stellt nur generelle Regeln parat, die inhaltlich nahezu auf die Akkreditivstellung zu Recht geschnitten wirken. Insoweit besteht weitestgehend Harmonie.[567] Insbesondere die Vorschriften des

---

561 Staudinger-Magnus, Art. 53 CISG, Rn. 12 ff..

562 MüKoHGB-Benicke, Art. 58 CISG, Rn. 11; Honnold, Uniform Law, Rn. 338.

563 Sekretariatskommentar, Art. 54 Anm. 7 f.; Staudinger-Magnus, Art. 58 CISG, Rn. 28; Piltz, Internationales Kaufrecht, S. 145.

564 MükoHGB-Benicke, Art. 58 CISG, Rn. 11.

565 Staudinger-Magnus, Art. 53 CISG, Rn. 18.

566 Dies folgt aus dem bereits dargestellten Grundsatz des Vorranges der Parteiautonomie nach Artt. 6, 9 CISG. Siehe ferner: MüKoHGB-Benicke, Art. 54 CISG, Rn. 4; Sekretariatskommentar, Art. 50 CISG, Anm. 2; zum Akkreditiv ausdrücklich: öster. OGH vom 06.02.1996 in ZfRV 1996, S.248 ff..

567 Siehe Griß in: Hoyer/Posch, S. 210.

CISG, die sich mit der Übergabepflicht von Dokumenten befassen und jene die wesentliche Vertragsverletzungen definieren, spielen im Zahlungsverkehr durch Dokumentenakkreditiv eine entscheidende Rolle.

aa. Berücksichtigung der ERA gemäß dem CISG

Die beträchtliche praktische Bedeutung der ERA für die Abwicklung von Akkreditivgeschäften wurde bereits angesprochen. Es stellt sich jedoch die Frage, wie dieses wichtige Regelwerk innerhalb eines durch das CISG geregelten Liefervertrages zur Anwendung kommt.

(1) ERA als Ordnung sui generis

Eine Ansicht geht dahin, dass in den ERA eine Rechtsordnung „sui generis", ein Normengefüge eigener Art, zu sehen ist.[568] Nur so sei das Konzept einer auf weltweite Geltung angelegten Ordnung zu verwirklichen, da der Versuch, die ERA als ein rein nationales Rechtsinstrument zu qualifizieren, dem Einheitsgedanken zuwider liefe.[569] Die ERA seien, um ihrem Zweck gerecht zu werden, als Normengefüge eigener Art zu begreifen, welches eine international einheitliche Auslegung und Anwendung erfordere.[570] Rechtsfragen, die nicht durch die ERA geregelt werden, seien hierbei in der Weise zu regeln, dass das jeweils kollisionsrechtlich berufene nationale Recht eine Auffangfunktion einnehme und die ERA insoweit ergänze.[571]

(2) ERA als lex mercatoria

Weiterhin wird die Ansicht vertreten, bei den ERA handele es sich um eine lex mercatoria bzw. um ein supranationales Handelsrecht. Insbesondere im englischen Rechtsbereich wird die Meinung häufig vertreten, die ERA seien Teil des autonomen Welthandelsrechts.[572]

---

568 So: Eberth, FS-Neumayer, S. 214; weiter dazu: Schönle, NJW 1968, S.727; Wassermann, Dokumentenakkreditive, S. 22; v. Westphalen, Rechtsprobleme der Exportfinanzierung, S. 227; Grundmann, Jahrbuch, S. 43 ff..

569 Eberth, FS Neumayer, S. 214; Schütze, Dokumentenakkreditiv, S. 38.

570 Eisemann, AWD 1963, S. 141 f.; Eschmann, Rechtsschutz, S. 33 ff.; Schütze, Dokumentenakkreditiv, S. 38; Nielsen in: Bankrecht und Bankpraxis, 5/500, S. 16.

571 Siehe dazu: Schütze, WM 1982, S. 226 ff..

572 Schmitthoff, RabelsZ 28, S. 56, 65; ders., I.C.L.Q. 1968, S. 554.

(3) ERA als Handelsbrauch

Nach einer weiteren Ansicht werden die ERA als Handelsbräuche qualifiziert. Die ERA würden in ihrer Gesamtheit weltweite Anerkennung erfahren und beherrschen die Praxis des Akkreditiv-Geschäfts.[573] Nach gängiger Definition sind als Handelsbräuche hierbei die Regeln des geschäftlichen Verhaltens zu bezeichnen, die von den beteiligten Handelskreisen in einer Branche oder an einem Marktort üblicherweise eingehalten werden.[574] Demnach müsse die Geltung der ERA nicht einmal vereinbart werden, ihre Anwendung ergebe sich aus ihrem Status heraus.[575]

(4) ERA als Allgemeine Geschäftsbedingungen

Eine weit verbreitete Ansicht, wenn nicht gar die herrschende Meinung ordnet die ERA als Allgemeine Geschäftsbedingungen ein, die die Parteien durch Vereinbarung zum Vertragsinhalt machen können.[576] Die ERA gestalteten so das Vertragsverhältnis der Parteien zueinander näher aus, welches zudem bereits eine gesetzliche Regelung erfahre.[577]

(5) Einordnung der ERA teils als AGB und teils als Handelsbrauch

Weiterhin wird neuerdings vertreten, bei den ERA handele es sich überwiegend um AGB, Teile davon seien jedoch als Handelsbrauch zu qualifizieren.[578] Letztere unterlägen dementsprechend nicht mehr einer Inhaltskontrolle.[579]

Zu solchen Regelungen, die als Handelsbrauch zu qualifizieren sind, seien vor allem die Grundsätze der Unabhängigkeit des Akkreditivs vom Grundgeschäft und der Bankgeschäfte zu zählen, aber auch die herrschende Dokumenten-

---

573 Zahn, Zahlung und Zahlungssicherung, S. 10; Nielsen in: Bankrecht und Bankpraxis, Rn. 5/256; Eberth, FS Neumayer, S. 203; Horn, Internationale Zahlungen, S. 13; Wälzholz, WM 1994, 1457 f..

574 Bianca/Bonell-Bonell, Art. 8 CISG, Anm. 3.2.; MüKoHGB-Ferrari, Art. 9 CISG, Rn. 3; Schlechtriem-Junge, Art. 9 CISG, Rn. 2.

575 Zahn, Zahlung und Zahlungssicherung, S. 8.

576 So u.a.: Petersen, WM 62, S. 622; Reithmann/Martiny-Martiny, Internationales Vertragsrecht, S. 960; Baumbach-Hopt, HGB/ERA, Rn. 6; v. Westphalen, Rechtsprobleme der Exportfinanzierung, S. 228 f.; ders., RIW 1994, S. 453 ff. mit weiteren Nachweisen in Fn. 32.

577 Zahn, Zahlung und Zahlungssicherung, S. 8 f..

578 So u.a. Reithmann/Martiny-Martiny, Internationales Vertragsrecht, S. 960.

579 Baumbach-Hopt, HGB, Anhang 11 ERA, Einleitung, Rn. 5, 7; Staudinger-Magnus, Art. 28 EGBGB, Rn. 551; Zahn, Zahlung und Zahlungssicherung, S. 9.

strenge.[580] Die ERA seien jedoch sowohl für den Fall, dass es sich um partielle AGB, als auch für den weiteren Fall, dass es sich um Handelsbräuche handele, durch Vereinbarung, aber auch durch rein schlüssiges Verhalten abbedingbar.[581]

(6) Diskussion

Die Frage, wie die ERA zu qualifizieren sind, ist nicht nur von theoretischer, sondern auch durchaus von praktischer Natur. Problematisch dabei ist vor allem, ob die ERA aus sich heraus Geltung finden können oder ob sie durch die Vertragsparteien vereinbart werden müssen. Weiterhin ist durch die Einordnung der ERA zu bestimmen, ob sie einer national-rechtlichen Inhalts- und somit Wirksamkeitskontrolle unterliegen.

Einer Einordnung der ERA als eine Rechtordnung „sui generis" ist nicht zuzustimmen. Der Internationalen Handelskammer als Verfasserin der ERA-Regelungen kommt keinerlei Gesetzgebungskompetenz zu, sie ist eine private Organisation.[582] Daher ist die Einordnung der ERA als gesetztes Recht abzulehnen.[583]

Ferner spricht die Tatsache, dass die ERA zwar wesentliche, dennoch nur Teilaspekte des internationalen Dokumentenzahlungsgeschäfts regeln, gegen die Annahme einer Rechtordnung „sui generis". Auch wenn wichtige Teile umfassend und abschließend geregelt werden, verbleibt es bei gänzlich ungeregelten Bereichen, die von den ERA nicht umfasst werden. So fehlt beispielsweise die Ausgestaltung der Abstraktheit des Dokumentenakkreditivs nach Art. 3 ERA oder die Haftungsfrage der „issuing bank" für Pflichtverletzungen der Korrespondenzbank oder aber auch der Umfang des Freizeichnungstatbestandes nach Art. 18 ERA. Solche Fragen klären die ERA nicht oder zumindest nicht so abschließend, dass nicht das kollisionsrechtlich berufene nationale Recht zur Klärung bedient werden müsste.[584] Gerade die abschließende Wirkung würde jedoch von einer Rechtsordnung erwartet werden.[585]

---

580 Siehe dazu: Baumbach-Hopt, HGB, Anhang 11 ERA, Einleitung, Rn. 5, 7; Staudinger-Magnus, Art. 28 EGBGB, Rn. 551, der auf eine Vielzahl deutscher Gerichtsentscheidungen dazu verweist.

581 So auch bereits: Schönle, NJW 1968, S. 731.

582 So auch: Nielsen, Grundlagen, S. 19; v. Westphalen, Rechtsprobleme der Exportfinanzierung, S. 227; ders., RIW 1994, S. 453; v. Bar, ZHR 152, S. 45 f..

583 So auch: Eisemann, AWD 1963, S. 142; v. Westphalen, RIW 1994, S. 453; Nielsen, Richtlinien für Dokumentenakkreditive, S. 15; Schmitthoff, Export Trade, S. 168.

584 Siehe so auch: v. Westphalen, RIW 1994, S. 453.

585 So auch: Wassermann, Dokumentenakkreditive, S. 22 f.; Stapel, Einheitliche Richtlinien, S. 23.

Aus eben selbem Grund sind die ERA auch nicht als lex mercatoria einzuordnen. Die mangelnde Gesetzgebungskompetenz der ICC sowie die Regelungsunvollständigkeit der ERA, die einen Rückgriff auf nationales Recht notwendig machen, verhindern deren Qualifikation als lex mercatoria.[586]

Die Ansicht, bei den ERA würde es sich um Handelsbräuche handeln, vermag ebenfalls nicht zu überzeugen. Zwar erfüllen die ERA zu weiten Teilen die Kriterien, die Handelsbräuche ausmachen, wie die über einen längeren Zeitraum praktizierte Übung in einer bestimmten Branche (s.o.) – schließlich finden die ERA nahezu allgemeine Anwendung. Jedoch lässt sich daraus kein Handelsbrauch ableiten. Dagegen sprechen zunächst die vielfachen Änderungen und Weiterentwicklungen der ERA, damit einhergehend die zu erwartenden, zukünftigen Änderungen. Den wirtschaftlichen Interessen und Notwendigkeiten folgend sind die ERA nicht starr, sondern flexibel. Auch wenn *Zahn*, der zeitlichen Lebensdauer des Inhalts der ERA keine große Bedeutung beimisst[587], werden bei dessen praktischen Erwägungen, dass man es als Handelsbrauch benennen kann, wenn die ERA in ihrer jeweils geltenden Fassung Anwendung finden sollen, die grundlegenden Erwägungen, die hinter einem Handelsbrauch stehen, verkannt, nämlich die übliche Anwendung feststehender Grundsätze. Dass gegebener Weise diese Grundsätze nicht feststehen, sondern wandelbar sind, kann nicht zu einer notwendigen Neudefinition des Handelsbrauchs führen, sondern nur die Folgerung zulassen, dass es sich bei den ERA in ihrer Gesamtheit nicht um Handelsbräuche handelt.

Weiterhin spricht gegen die Annahme von Handelsbräuchen, dass es sich bei den ERA nicht um ein gewachsenes Regelwerk handelt, welches sich über die Zeit aus den tatsächlichen Gegebenheiten entwickelt hat[588], sondern vielmehr um die gesetzten Vorgaben der ICC, die es nunmehr zu befolgen gilt. Es ist dementsprechend nicht davon auszugehen, dass die Handelspraxis dem Regelungsgehalt der ERA annähernd folgen würde, wenn diese nicht in Textform durch die ICC vorgegeben wären. Hierbei soll nicht angezweifelt werden, dass die ERA partiell so vorteilhaft sind, dass ihr Regelungsgehalt auch ohne deren Festlegung durch die ICC Übung erfahren würde, jedoch ist diese Hypothese nicht auf das Gesamtklauselwerk der ERA übertragbar.

---

586 Ebenso: v. Bar, ZHR 152, S. 45 f.; Nielsen in: Bankrechtshandbuch, § 120, Rn. 17; Zahn, Zahlung und Zahlungssicherheit, S. 8; Stapel, Einheitliche Richtlinien, S. 23 f..

587 Er begründet dies damit, dass Handelsbräuche aufgrund ihrer Nähe zum praktischen Wirtschaftsleben entwicklungsfähig und somit wandelbar seien. Siehe: Zahn, Zahlung und Zahlungssicherheit, S. 10.

588 Siehe so auch: Eberth, FS-Neumayer, S. 199 ff.; Schütze, Dokumentenakkreditiv, S. 36; Kümpel, Bank- und Kapitalmarktrecht, Rn. 7. 84..

Die wohl noch immer herrschende Meinung sieht die ERA als Allgemeine Geschäftsbedingungen an, deren Anwendbarkeit von den Vertragsparteien vereinbart werden muss. Ob die ERA Anwendung finden, obliegt demnach dem Willen der Vertragsparteien. Aus sich selbst heraus würden die ERA demnach keine Geltung finden. Für diese Annahme spricht zunächst, dass es praktisch kaum grenzüberschreitende Lieferverträge geben wird, deren Zahlung mittels Dokumentenakkreditiv stattfinden soll und die keinerlei Vereinbarung zur ERA-Anwendung enthalten. Der ICC-Kaufvertrag selbst enthält diese Bestimmung in Art. 5.3. der general conditions.

Aus vorgenanntem Argument kann allerdings lediglich eine Indizwirkung abgeleitet werden; ob es sich bei den ERA um Allgemeine Geschäftsbedingungen handelt, ist einzig mittels ihrer Qualität zu bestimmen. Nach deutschem Recht handelt es sich dann um Allgemeine Geschäftsbedingungen, wenn es sich gemäß § 305 Abs. 1 BGB um Bedingungen handelt, die für eine Vielzahl von Verträgen vorformuliert sind und die der einen Partei von der jeweils anderen Partei bei Abschluss eines Vertrages gestellt werden. Die ERA lassen sich weitestgehend unter diese Voraussetzungen subsumieren: die ERA sind für eine Vielzahl von Verträgen von einem Dritten, nämlich der ICC, vorformuliert. Allerdings ist der Punkt, ob die Bedingungen von einer Vertragspartei der jeweils anderen Vertragspartei „gestellt" werden, fragwürdig.[589] Bezweifelt wird hierbei, ob die Akkreditivbank der eigentliche Verwender der AGB ist. Dagegen spricht, dass die ERA tatsächlich nicht einseitig von den Banken gestellt, sondern konsensual von den Parteien vereinbart werden. Schließlich hat der Käufer der Ware auch ein berechtigtes Interesse daran, dass die ERA gelten.[590] Dadurch dass die ERA nicht nur nach Diskussion mit den verwendenden Banken, sondern unter Einbeziehung von allen beteiligten Kreisen geschaffen wurden, berücksichtigen die ERA die Bankeninteressen nicht einseitig; sie stellen vielmehr ein ausgewogenes und für alle beteiligten Parteien vorteilhaftes Regelwerk dar.[591]

Auch wenn beide Vertragsparteien ein Interesse daran haben, steht dies nicht der Einordnung der ERA als AGB entgegen. AGB müssen nicht zwangsläufig einseitig ausgestaltet und nur für eine Seite vorteilhaft sein, es kommt lediglich auf eine einseitige Stellung an, ohne eine inhaltliche Betrachtung vorzunehmen. Es reicht daher aus, dass, so wird der gängige Geschäftsablauf sein, die Banken

---

589 So u.a.: Schütze, Dokumentenakkreditive, S. 36 ff.; Wälzholz, WM 1994, S. 1457 ff.; Eberth in: FS-Neumayer, S. 199 ff..

590 Schütze, Dokumentenakkreditive, S. 36 ff..

591 In diesem Sinne auch: v. Westphalen, Rechtsprobleme der Exportfinanzierung, S. 227.

die Verwendung der ERA formularmäßig auf dem Akkreditivauftrag festlegen und somit den Auftraggeber veranlassen, die ERA mit einzubeziehen.[592]

Weiterhin sprechen die Haftungsfreistellungsklauseln der Artt. 15 bis 18 ERA dafür, dass die Akkreditivbanken als Verwender anzusehen sind, die durch die ERA eine übermäßige Haftung einseitig beschränken wollen.[593]

Endlich spricht auch die Formulierung des Art. 1 ERA, wonach die ERA für alle Dokumentenakkreditive gelten, „in deren Akkreditivtext sie einbezogen sind" dafür, dass keine einseitige Akkreditivstellung vorliegt. Somit gelten die ERA dann, wenn die Vertragsparteien tätig geworden sind und ihnen durch aktive Einbeziehung Anwendbarkeit verschafft wurde. Demnach ist von den Parteien ein Tätigwerden notwendig, die ERA gelten nicht aus sich heraus.[594]

bb. Fazit

Die ERA sind grundsätzlich als AGB einzuordnen. Sie sind daher von den Vertragsparteien zu vereinbaren und unterliegen einer inhaltlichen Kontrolle. Unter Kaufleuten ist stets davon auszugehen, dass auch bei mangelnder ausdrücklicher Vereinbarung die Anwendung der ERA konkludent vereinbart wurde.[595]

Einige Teilregelungen der ERA lassen sich durchaus als Handelsbrauch qualifizieren, die Einordnung der ERA in ihrer Gesamtheit als AGB steht dem nicht entgegen.[596] Insbesondere können der Grundsatz der Dokumentenstrenge, der Grundsatz der Unabhängigkeit des Akkreditivs vom Grundgeschäft und die Ermächtigung der die Dokumente besitzenden Bank zur Entgegennahme der Akkreditivsumme als Handelsbrauch angesehen werden.[597] Diese Grundsätze sind allgemein anerkannt und stehen zudem der nationalen Inhaltskontrolle nicht entgegen.[598]

---

592 Siehe zu diesen Voraussetzungen: Ulmer/Brandner/Hensen-Ulmer, § 305 BGB, Rn. 27; Schlechtriem, Festschrift für Duden, S. 574 f..

593 Stapel, Einheitliche Richtlinien, S. 31.

594 Dementsprechend: v. Westphalen, RIW 1994, S. 454 f.; Schmitthoff, Export Trade, S. 167; Dolan/VanHuizen, BFLR 1994, S. 173 ff..

595 So auch: Schütze, Dokumentenakkreditiv, S. 41; Baumbach-Hopt, Art. 1 ERA, Rn. 1.

596 Canaris, Bankvertragsrecht, Rn. 926; Schönle, NJW 1968, S. 728; Wolf, ZHR 153, S. 319.

597 So auch der BGH in: NJW 1989, S. 159

598 Wolf, ZHR 153, S. 319.

e. Zahlungsregelungen in den anderen Mustervertragswerken

aa. Zahlungsregelung im ITC-Mustervertrag

Die Regelung im ITC-Mustervertrag zur Zahlung des Kaufpreises, entspricht weitestgehend der Zahlungsregelung im Mustervertrag der ICC. Ein Unterschied besteht darin, dass der Vertrag der ITC grundsätzlich von einer Überweisungszahlung auf eine Rechnung des Verkäufers hin ausgeht. Dafür wird dem Käufer eine 30-Tagesfrist eingeräumt.

Von dieser grundsätzlichen Regelung kann jedoch abgewichen werden. Zum einen bietet der Vertrag den Parteien die Möglichkeit, einen anderen Zahlungsmodus als die bereits erwähnte Banküberweisung zu bestimmen, also bspw. die Zahlung mittels eines Schecks oder aber durch Barzahlung.

Weiterhin besteht die Option, die im Rahmen des ICC-Mustervertrages bereits dargestellten und beschriebenen Zahlungsweisen, wie bspw. den dokumentären Zahlungsverkehr, zu bestimmen. Hierbei sind die Möglichkeiten nahezu deckungsgleich mit denen im Vertrag der ICC. Zusätzlich bietet der ITC-Mustervertrag die Wahlmöglichkeit, die Zahlung obligatorisch durch eine Bankbürgschaft abzusichern.

bb. Zahlungsregelung in den ECE-Bedingungen

Die ECE-Bedingungen behandeln die Zahlungsverpflichtung des Käufers in Art. 8. Bereits Art. 8.1. bestimmt, dass die Art und Weise der Zahlung bzw. deren Fälligkeit sich nach den besonderen Vereinbarungen der Vertragsparteien bestimmen. Weitere diesbezügliche Vorgaben sind in den ECE-Bestimmungen nicht enthalten.

cc. Zahlungsregelung in den Bedingungen des ORGALIME-Verbundes

Die Lieferbedingungen des ORGALIME-Verbundes regeln die Zahlungsmodalitäten in den Artt. 18 ff.. Hier wird jedoch nicht festgelegt, wie die Zahlung des Käufers zu geschehen hat, sondern lediglich wann diese bewirkt ist. Art. 19 bestimmt, dass die Zahlung dann erfolgt ist, wenn der Kaufpreis auf dem Konto des Lieferers unwiderruflich gutgeschrieben wurde. Dabei kommt es ausdrücklich nicht auf das verwendete Zahlungsmittel an. Selbiges wird in den Lieferbedingungen nicht geregelt, so dass davon auszugehen ist, dass es dem Käufer obliegt, zu entscheiden, wie er den Zahlungserfolg sicherstellen wird. Art. 18 stellt hierbei einen Zahlungsplan auf, nach dem die Kaufpreiszahlung in drei Teilen zu erfolgen hat, nämlich der erste Teil bei Vertragsschluss, der zweite Teil bei Versandbereitschaft der Ware und der letzte verbleibende Teil bei Lieferung der Ware. Die Lieferbedingungen gehen dabei von einer Zahlung auf Rechnungsstellung hin aus und räumen eine Zahlungsfrist von 30 Tagen ein.

f. Fazit zur Vereinbarkeit der wählbaren Zahlungsmethoden mit dem CISG

Da die Lieferbedingungen der ECE und des ORGALIME-Verbundes keine bestimmten Regelungen über die Zahlungsweise bereithalten und diese lediglich auf die Freiheit der Vertragsparteien verweisen, Zahlungsmodalitäten zu bestimmen, werden folgend die Mustervertragswerke der ICC und des ITC mit den entsprechenden Regelung des CISG verglichen. Dabei werden die wesentlichen Berührungs- bzw. Kollisionspunkte begutachtet und diskutiert.

aa. Dokumentenübergabepflicht gemäß Artt. 30, 34 CISG

Die Verwendung eines Dokumentenakkreditivs korrespondiert mit den Regelungen der Artt. 30 und 34 CISG, die die Dokumentenübergabepflicht des Verkäufers normieren. Art. 30 CISG regelt dabei, dass der Verkäufer dem Käufer die Dokumente zu übergeben hat, die die Ware betreffen. Dies hat gemäß Art. 34 CISG in der Art und Weise zu geschehen, wie die Vertragsparteien es im Kaufvertrag vorgesehen haben. In Ermangelung einer solchen besonderen Vereinbarung werden die dem Akkreditiv zugrunde liegenden Dokumente entsprechend den maßgeblichen Regelungen für diese Art des Zahlungsverkehrs, also nach den ERA, zu übergeben sein. Dabei bestimmt Art. 2 (ii) ERA, das dies regelmäßig bei der Korrespondenzbank[599] im Land des Verkäufers sein wird, wo dann der Übergabe- und Zahlungsort liegt.[600]

bb. Zahlung am Ort der Dokumentenübergabe gemäß Artt. 57, 58 CISG

Art. 57 Abs. 1 lit. b CISG legt fest, dass der Käufer mangels anders lautender Abreden den Kaufpreis an dem Ort zu zahlen hat, an dem die Dokumentenübergabe stattfindet. Die Übergabe der geforderten Dokumente wird hierbei der Übergabe der Ware gleich gestellt[601]; der Bezug zum dokumentären Zahlungsverkehr wird somit deutlich. Das CISG kommt so der Notwendigkeit nach, einen Zahlungsverkehr für den Fall zu gewährleisten, dass ein unmittelbarer Austausch von Kaufpreis und Kaufware nicht möglich ist. Dadurch dass das CISG den do-

599 Avisierende oder bestätigende Bank.
600 Siehe: Schlechtriem-Hager, Art. 57 CISG, Rn. 22.
601 Staudinger-Magnus, Art. 57 CISG, Rn. 13.

kumentären Zahlungsverkehr berücksichtigt, ermöglicht es die Zug-um-Zug Leistung und beschleunigt somit die Geschäftsabwicklung.[602]

Im Falle des vereinbarten Dokumentenakkreditivs wird dieses regelmäßig bei einer Zweitbank im Land des Verkäufers zahlbar gestellt werden, so dass der Übergabe- und Zahlungsort an diesem Ort liegt.[603]

Hiermit geht die Regelung des Art. 58 CISG einher, der die Zahlungszeit von der Übergabe der Ware oder eben der Dokumente abhängig macht. Auch hier sind die Ware repräsentierende Dokumente der eigentlichen Kaufware gleichgestellt; das CISG wird der dokumentären Zahlungsweise auch hier gerecht.[604]

cc. Nichtlieferung oder verspätete Lieferung der Dokumente gemäß Artt. 25, 49 CISG

Wenn der Verkäufer nach dem Vertrag geschuldete Dokumente nicht oder nicht rechtzeitig liefert, so kann darin eine wesentliche Vertragsverletzung im Sinne von Art. 25 CISG zu sehen sein. In erster Linie wird es hierbei auf die Wichtigkeit des geschuldeten Dokuments ankommen, namentlich ob die Nicht- oder Spätlieferung so gravierend ist, dass sie die Folgen des Art. 49 CISG auslöst und der Käufer die Möglichkeit hat, den Vertrag aufzuheben.[605] Für den Fall der Verwendung von Zahlungsklauseln wie D/P oder aber der Vereinbarung eines Dokumentenakkreditivs ist die Wesentlichkeit anzudienender Dokumente grundsätzlich anzunehmen.[606] Es gelten jedoch aufgrund der anwendbaren ERA Besonderheiten. Nach dem in den ERA verbrieften Grundsatz der Dokumentenstrenge kann und muss die damit beauftragte Bank ihr angediente Dokumente

---

602 Schlechtriem-Hager, Art. 58 CISG, Rn. 9.

603 Bianca/Bonell-Maskow, Art. 57 CISG, Anm. 2.8.; Zahn, Zahlung und Zahlungssicherung, S. 159 ff.; Schlechtriem-Hager, Art. 57 CISG, Rn. 23.

604 Die Parteien sind nicht an die Vorlagepflicht lediglich repräsentierender Dokumente gebunden, sie können diese Pflicht durch Vereinbarung auch erweitern; siehe: MüKoHGB-Benicke, Art. 58 CISG, Rn. 10. Ansonsten ist die Grundvoraussetzung des Art. 58 CISG, dass die entsprechenden Dokumente die Ware repräsentieren, d.h. dem Inhaber die Möglichkeit einräumen, über die Ware frei zu verfügen. Hierbei ist nicht der sachenrechtliche Verfügungsbegriff gemeint, sondern jegliche, auch schuldrechtliche, Einfluss- und Kontrollmöglichkeiten. Siehe: BGHZ 132, S. 304 f.; Achilles, UN-Kaufrecht, Art. 58 CISG, Rn. 2; Staudinger-Magnus, Art. 58 CISG, Rn. 18.

605 Schlechtriem-Huber, Art. 49 CISG, Rn. 16. Eine solche ist demnach anzunehmen, wenn die Dokumente vom Käufer benötigt werden, um über die Ware disponieren zu können oder diese zu empfangen.

606 Schlechtriem-Huber, Art. 49 CISG, Rn. 16.

zurückweisen, wenn diese nicht vertragsgerecht sind.[607] Ebenso besteht eine Zurückweisungspflicht, wenn sich aus den angedienten Dokumenten, insbesondere aus dem Konnossement ergibt, dass die Kaufware in ihrer Beschaffenheit offenkundig von den vertraglichen Bestimmungen abweicht.

Kommt es zu einer solchen Zurückweisung durch die Bank, ist Art. 49 Abs. 1 lit. b CISG anzuwenden, unabhängig davon, ob der Verkäufer die betreffenden Dokumente gar nicht zur Vorlage gebracht hat oder die von ihm vorgelegten Dokumente von der Bank zurückgewiesen wurden, weil diese fehlerhaft sind.[608]

4. Zahlungsverzug, Art. 6 ICC-general conditions

Die Leistungsverzögerung des Verkäufers, wenn dieser die Kaufware nicht rechtzeitig liefert, wurde bereits besprochen. Spiegelbildlich dazu steht die Situation, dass der Käufer der Ware diese nicht rechtzeitig bezahlt, er also mit seiner Pflicht in Verzug kommt.

a. Regelungen des CISG, Artt. 61 ff. CISG

Kommt der Käufer seiner Zahlungspflicht nicht in vertragsgerechter Weise nach, findet die Zahlung demnach am falschen Ort oder zur falschen Zeit statt, so liegt darin eine Vertragsverletzung, die zu den Rechtsbehelfen der Artt. 61 ff. CISG führt.[609] Entgegen der Regelung des § 286 BGB, der den Zahlungsverzug im unvereinheitlichten deutschen Recht regelt, bedarf es keiner Erfüllung weiterer Tatbestandsmerkmale wie beispielsweise einer Mahnung oder sonstiger Förmlichkeiten.[610] Der Käufer hat nach dem CISG dafür Sorge zu tragen, dass der Kaufpreis zum Zeitpunkt der Fälligkeit dem Verkäufer zur Verfügung steht. Ist dies nicht der Fall, kann der Verkäufer demnach ohne weiteres Zinsen für die noch ausstehenden Beträge nach Art. 78 CISG geltend machen[611] und statt oder zusätzlich zu den sonstigen Rechtsbehelfen nach Art. 61 Abs. 1 lit. b und Abs. 2

---

607 Siehe: v. Bernstorff, Rechtsprobleme im Auslandsgeschäft, S. 187.

608 Kommt es hingegen zu einer Aufnahme der angedienten Dokumente, ist nicht mehr Art. 49 Abs. 1 lit. b CISG anwendbar, sondern Art. 49 Abs. 1 lit. a CISG. Siehe: Schlechtriem-Huber, Art. 49 CISG, Rn. 26 b.

609 Piltz, Exportvertrag, S. 354; ders., Internationales Kaufrecht, S. 142; Schlechtriem-Hager, Art. 61 CISG, Rn. 2 ff.; Staudinger-Magnus, Art. 61 CISG, Rn. 26; Ferrari/Flechtner/Brand, UNCITRAL Digest, S. 741.

610 Piltz, Internationales Kaufrecht, S. 142.

611 Siehe dazu: Rossmeier, RIW 2000, S. 407; Ferrari, IHR 2003, S. 153 ff; Bonsau/Feuerriegel, IPRax 2003, 421; Kizer, 65 UChiLRev 4, 1279 ff..

CISG Schadensersatz verlangen.[612] Der Schadensersatzanspruch des Verkäufers entfällt dann, wenn der zahlungsverspätete Käufer sich nach Art. 79 CISG entlasten kann.[613]

Das CISG enthält keine Regelung über die Höhe des Zinssatzes. Weitgehend unstreitig ist jedoch die Tatsache, dass dieser mittels des anwendbaren nationalen Vertragsstatutsrechts zu ermitteln ist.[614] Weiterhin hat der Verkäufer das Recht, sofern die ausbleibende Zahlung des Kaufpreises eine wesentliche Vertragsverletzung im Sinne Art. 25 CISG ist, den Vertrag aufzuheben, sofern die Aufhebung in angemessener Frist erklärt wird.[615]

b. Zahlungsverzug im ICC-Mustervertrag, Art. 6 ICC-general conditions

Art. 6 der ICC-specific conditions des ICC-Mustervertrages regelt das Recht des Verkäufers, zu spät gezahlte Kaufpreissummen zu verzinsen.[616] Der anzuwendende Zinssatz ergibt sich dabei aus Art. 6.2. der ICC-general conditions. Demnach ist, vorbehaltlich anderweitiger Abreden, ein Zinssatz von 2% über dem am Zahlungsort herrschenden Bankenbasiszinssatz für kurzfristige, risikoarme Darlehen maßgeblich.[617]

---

612 Piltz, NJW 1994, S. 1105; Enderlein/Maskow/Strohbach, Art. 78 CISG, Anm. 2.1.; Reinhart, IPRax 1991, S. 376 f..

613 MüKoHGB-Mankowski, Art. 79 CISG, Rn. 19; Brunner, Art. 79 CISG, Rn. 3; Bianca/Bonell-Tallon, Art. 79 CISG, Anm. 2.4.1. f.; Staudinger-Magnus, Art. 79 CISG, Rn. 11.

614 Bianca/Bonell-Nicholas, Art. 78 CISG, Anm. 2.1.; Staudinger-Magnus, Art. 78 CISG, Rn. 12; Reinhardt, IPRax 1991, S. 379; Asam/Kindler, RIW 1989, S. 841; Asam, RIW 1989, S. 945; Magnus, RabelsZ 1989, S. 140 f.; Piltz, NJW 1994, S. 1105. Einen Überblick über die unterschiedlichen Zinshöhen in den verschiedenen Nationen bieten hierbei Bonsau/Feuerriegel, IPRax 2003, S. 425.
Nach anderer Ansicht bemisst sich die Zinshöhe am geltenden Zinssatz am Niederlassungsort des Käufers, so: Staudinger-Magnus, Art. 78 CISG, Rn. 13 mit weiteren Nachweisen vor allem aus der Rechtssprechung sowohl ordentlicher als auch schiedsgerichtlicher Entscheidungen. Dieser Ansicht kann jedoch nicht gefolgt werden, da die Lückenfüllung ausdrücklich in Art. 7 CISG geregelt ist, der auf das jeweilige anwendbare nationale Recht verweist und für andere Herleitungskonstruktionen keinen Raum lässt.

615 Staudinger-Magnus, Art. 61 CISG, Rn. 26

616 So Art. 6.1. der general conditions des ICC-Mustervertrages.

617 Sofern am Zahlungsort kein solcher Basiszinssatz existiert, soll alternativ derjenige des Landes gelten, dessen Währung zur Zahlung bestimmt ist. Besteht auch dort kein geltender Basiszinssatz, soll der gesetzliche Zinssatz des Währungslandes gelten.

c. Zahlungsverzug nach dem ITC-Mustervertrag, Art. 7

Die Regelung des Art. 7 ITC-Mustervertrag ist wortgleich mit vorgenannter Zinsklausel. Hinzu kommt die Klausel im zweiten Absatz, nach der der Verkäufer das Recht hat, das Vertragsverhältnis zu beendigen, sofern der Käufer aus jedwedem Grund vorbehaltlich dem Vorliegen temporärer höherer Gewalt mit der Zahlung des Kaufpreises 14 Tage oder länger in Verzug kommt.

d. Zahlungsverzug nach den Bedingungen der ECE, Artt. 8.5. ff.

Die ECE-Bedingungen regeln die Folgen des Zahlungsverzugs in Artt. 8.5. ff., wobei die zentrale Position dabei von Art. 8.7. eingenommen wird.

Hier wird geregelt, dass der Verkäufer dann vom Käufer eine Zinszahlung verlangen kann, wenn dieser mit der Zahlung rückständig ist, sich also im Verzug befindet. Er muss dieses nur in angemessener Frist mitteilen. Die Zinszahlungspflicht besteht ab Zahlungsfälligkeit und bemisst sich nach Anlage E zum Vertrag. In diesem Anhang haben die Vertragsparteien den Zinssatz zu vereinbaren, dieser bemisst sich nicht an objektiven Parametern, wie in den zuvor behandelten Vertragswerken.

Weiterhin hat der Verkäufer das Recht, den Vertrag zu beenden, wenn der Käufer den Kaufpreis nicht innerhalb der zuvor in Anhang F vereinbarten Maximalzeitspanne leistet. Er muss dies dem Käufer nur mitteilen und keine weiteren Schritte in die Wege leiten. Weiterhin ist der Verkäufer in diesem Fall berechtigt, Schadensersatz bis zu der Höhe zu verlangen, die in Anhang D vereinbart wurde.

e. Zahlungsverzug nach den ORGALIME-Bedingungen, Artt. 19 f.

Die ORGALIME-Bedingungen behandeln den Zahlungsverzug in Artt. 19 f., wobei Art. 19 nur festlegt, wann die Zahlung bewirkt ist, nämlich dann, wenn der volle Rechnungsbetrag dem Konto des Verkäufers gutgeschrieben wurde.

Art. 20 regelt den Fall, dass der Käufer mit der Kaufpreiszahlung in Rückstand ist. Der Käufer kann von dem Tage der Fälligkeit an Zinsen verlangen und dies in einer Höhe, die von den Vertragsparteien zu bestimmen ist. Treffen die Parteien diesbezüglich keine Vereinbarung, soll ein Zinssatz in Höhe von 8% über dem Spitzenrefinanzierungsfazilitätensatz (SRF-Satz) der EZB gelten.[618]

---

618 Dieser Zinssatz der EZB hat den bis dato geltenden Lombardsatz ersetzt und ist als geldpolitisches Sicherungsinstrument zu bezeichnen. Der SRF-Satz markiert den oberen Rand des Zinskorridors der Leitzinsen. Siehe: Kümpel, Bank- und Kapitalmarktrecht, Rn. 20.76 f..

Dem Verkäufer steht für den entsprechenden Zeitraum ein Zurückbehaltungsrecht zu. Verzögert sich die Zahlung um mehr als drei Monate, hat der Verkäufer das Recht, nach schriftlicher Benachrichtigung des Käufers vom Vertrag zurückzutreten und Schadensersatz in Höhe des ihm entstandenen Schadens zu verlangen, allerdings nur bis zur Maximalhöhe des Kaufpreises.

f. Fazit zu den Regelungen über den Zahlungsverzug im Verhältnis zum CISG

Die Zahlungsverzugsregelungen in den betrachteten Mustervertragswerken und dem CISG unterscheiden sich nicht gravierend, was wohl auch daran liegt, dass dieser Regelungspunkt aus sich selbst heraus kaum Platz für schwerwiegende Unterscheidungen bietet.

Allseitige Übereinstimmung besteht darin, dass der in Verzug befindliche Käufer der Ware den säumigen Betrag zu verzinsen hat. Dies ist billig, würden andernfalls entstehende Kapitalerträge zugunsten des sich nicht vertragskonform verhaltenden Käufers entstehen und dieser ungerechtfertigter Weise begünstigt. Bestünde keine Zinslast für den Fall der verzögerten Zahlung, wäre eine vertragsgerechte Kaufpreiszahlung in der Handelspraxis wohl die Ausnahme.

Während der Zeitpunkt der Zinspflicht in den Regelwerken stets derselbe ist, nämlich die Fälligkeit der Kaufpreiszahlung, variiert die Höhe der Zinslast bzw. deren Berechnungsmethode und daher das Zustandekommen.

Das CISG sowie die Musterverträge der ICC und ITC und die allgemeinen Lieferbedingungen des ORGALIME-Verbundes haben den zu zahlenden Zinssatz an einen objektiven Parameter geknüpft und benennen diesen als Basis. Darauf wird eine beliebige Erhöhung festgesetzt.

Die ECE-Bedingungen gehen hierbei einen anderen Weg. Sie unterstellen den anfallenden Zinssatz nur der Parteivereinbarung.

Ein wesentlicher Unterschied des ICC-Mustervertrages gegenüber den CISG-Regelungen liegt in der Möglichkeit des Verkäufers, den Vertrag aufzuheben, wenn die ausbleibende Zahlung eine wesentliche Vertragsverletzung darstellt. Eine solche Aufhebung ist im ICC-Mustervertrag nicht vorgesehen, lediglich das Recht, Verzugszinsen zu verlangen. Dieser Mangel ist nicht nachzuvollziehen, ist es dem Verkäufer beispielsweise bei Vorliegen eines Fixgeschäftes, bei dem der Verkäufer zu einem bestimmten Termin auf die Kaufpreiszahlung angewiesen ist, oder bei nicht absehbarer Fortdauer der ausbleibenden Zahlung, die zu einer wesentlichen Vertragsverletzung wird, kaum zuzumuten, am Vertrag festzuhalten.

5. Abnahmepflicht des Käufers

a. Regelung des CISG, Artt. 53, 60

Das CISG legt in Art. 53 die Abnahme der Kaufware durch den Käufer als eine grundsätzliche Pflicht fest. Näher spezifiziert wird diese Hauptpflicht dann, ähnlich der Zahlungspflicht, in den folgenden Artikeln, namentlich in Art. 60 CISG.[619]

Die Abnahmepflicht besteht aus zwei Teilen, einerseits muss der Käufer alle vernünftiger Weise von ihm zu erwartenden Mitwirkungshandlungen unternehmen, andererseits muss er die ihm angediente Ware entgegennehmen. Dies beinhaltet im Falle einer vereinbarten Holschuld des Käufers auch den Abtransport der Ware.[620] Diese körperliche Entgegennahme der Ware bedeutet nicht wie im deutschen nationalen Kaufrecht deren damit verbundene Billigung als vertragsgemäß.[621] Umfasst wird von der Abnahmepflicht jedoch neben der Abnahme der Kaufware, die Pflicht, zugehörige gelieferte Dokumente abzunehmen.[622]

b. Abnahmeverpflichtungen in den begutachteten Mustervertragswerken

Die begutachteten Musterverträge weisen allesamt keine besondere Regelung auf, wie eine Abnahme in oben genannter Form stattzufinden hat. Lediglich die Bestimmungen des ORGALIME-Verbundes betiteln die Artt. 5 bis 8 mit der Überschrift: „Abnahmeprüfungen". Hierbei geht es jedoch nicht um die Pflicht des Käufers zur Abnahme der Ware an sich, sondern um dessen Pflicht, diese auf ihre Vertragsgemäßheit hin zu untersuchen.

Es verbleibt somit bei den aus den gewählten INCOTERMS sich ergebenden Pflichten des Käufers, die gekaufte Ware abzunehmen.

---

619 Staudinger-Magnus, Vorbem. Art. 53 ff. CISG, Rn. 2; Huber/Mullis, CISG, S. 318 ff.

620 Siehe: Schlechtriem, Internationales UN-Kaufrecht, Rn. 220; Schlechtriem-Hager, Art. 60 CISG, Rn. 2. Piltz weist darauf hin, dass es sich bei der Abnahme um eine untergeordnete Pflicht handelt, die hinter der hauptsächlichen Zahlungspflicht des Käufers steht und vertieft diese daher nicht weiter. Siehe: Piltz, UN-Kaufrecht, S. 77.

621 So auch: Herber/Czerwenka, Art. 60 CISG, Rn. 2; Schlechtriem-Hager, Art. 60 CISG, Rn. 2a; Enderlein/Maskow/Strohbach, Art. 60 CISG, Anm. 1.2..

622 So u.a.: Staudinger-Magnus, Art. 60 CISG, Rn. 6.

VII. Haftungsfreistellung bei höherer Gewalt/„Force majeure“

1. Regelungen des CISG, Artt. 79, 80

Angesichts der strengen Garantiehaftung des CISG, bei der es auf ein Verschulden der Vertragsparteien für eine Nichterfüllung nicht notwendigerweise ankommt, ist es für die Beteiligten oftmals entscheidend, dass sie nicht zur Haftung für Schadensersatz[623] herangezogen werden können, sofern sie beweisen, dass die Ursache der Nichterfüllung nicht in ihrem Einflussbereich lag, die Ursache auch nicht zu erwarten war und es zudem unmöglich war, die aus ihr resultierenden Folgen zu vermeiden oder zu überwinden.[624] Maßgeblich hierbei müssen die Handlungs- und Erkenntnismöglichkeiten einer vernünftigen Partei in der Lage und Rolle des Schuldners sein.[625]

Das CISG regelt den Fall der Entlastung in einem eigenen Abschnitt unter IV., der unter der Überschrift „Befreiungen“ titelt. Grundsätzlich greift der dort befindliche Art. 79 CISG nach Abs. 1 dann, wenn Gründe die Vertragserfüllung verhindern, die dem Schuldner weder objektiv anzulasten sind noch als vertragliches Risiko ausgewiesen werden können.[626] Ferner darf die betreffende Vertragspartei nicht dazu verpflichtet sein, die sich ergebenden Folgen zu verhindern. Bei kumulativem Vorliegen der eben erwähnten Kriterien wird die betreffende Vertragspartei nach Art. 79 Abs. 1 CISG entlastet.[627] Ein solches kumulatives Zutreffen der Voraussetzungen ist erfahrungsgemäß selten. Dies zeigt sich auch darin, dass diesbezügliche Rechtsprechung nur in geringem Umfang zu finden ist.[628] Nur außergewöhnliche oder absolut unbeherrschbare Umstände sollen eben zu einer Entlastung des Schuldners führen. Die Vorschrift des Art. 79 CISG ist daher restriktiv anzuwenden.[629]

Art. 79 Abs. 2 CISG normiert die Entlastung einer Vertragspartei für den Fall, dass ein selbständiger Dritter die Nichterfüllung verursacht. Eine Entlastung tritt

---

623 Die Regelung des Art. 79 CISG ist nach Abs. 5 sachlich auf Schadensersatzpflichten begrenzt, siehe ausführlich dazu: MüKoHGB-Mankowski, Art. 79 CISG, Rn. 5 ff..

624 Rathjen, RIW 1999, S. 561.

625 Schlechtriem-Stoll, Art. 79 CISG, Rn. 9; Karollus, UN-Kaufrecht, S. 207.

626 Staudinger-Magnus, Art. 79 CISG, Rn. 7. Die Entlastung kann hinsichtlich jedweder Pflichten eintreten, die gegenüber der jeweils anderen Partei bestehen.

627 Siehe: Enderlein/Maskow/Strohbach, Art. 79 CISG, Anm. 3.1; Rathjen, RIW 1999, S. 561; MüKoHGB-Mankowski, Art. 79 CISG, Rn. 17.

628 U.a.: Handelsgericht Zürich vom 10.02.1999 in: SZIER 2000, S. 111; Tribunal de Commerce de Besançon vom 19.01.1998; U.S. District Court, Northern District of Illinois, East. Div. vom 06.07.2004, alle zu finden unter: http://www.unilex.info.

629 MüKoHGB-Mankowski, Art. 79 CISG, Rn. 3; Staudinger-Magnus, Art. 79 CISG, Rn. 4.

nur dann ein, wenn trotzdem die Voraussetzungen des Abs. 1 gegeben sind oder diese für die betreffende dritte Person ebenfalls zutreffen.

Art. 79 Abs. 3 CISG statuiert, dass die eben genannten Befreiungstatbestände so lange einschlägig sind, wie die beschriebenen Hinderungsgründe vorliegen. Bei einem vorübergehenden Erfüllungshindernis setzt die Erfüllungspflicht des Schuldners somit in dem Moment wieder ein, in dem das Hindernis nicht mehr fortbesteht.[630]

2. Regelungen in den Musterverträgen und Vertragsbedingungen

a. Art. 13 ICC-general conditions

Art. 13.1. der allgemeinen Vertragsbestimmungen des ICC-Mustervertrages sieht die Entlastung des Schuldners für jegliche Vertragsverpflichtung vor, wenn dieser beweisen kann, dass erstens das Leistungshindernis außerhalb seiner Kontrolle liegt, zweitens, dass das Hindernis bei Vertragsschluss nicht zu erwarten war und drittens, dass dieses Hindernis nicht vermeid- oder überwindbar war.[631]

Abs. 2 desselben Artikels erlegt dem leistungsgehinderten Schuldner eine Benachrichtigungspflicht auf. Dieser hat der anderen Vertragspartei so schnell wie möglich nach bekannt werden des Leistungshindernisses mitzuteilen, dass ein Leistungshindernis vorliegt und ihm daher eine vertragsgemäße Erfüllung seiner Pflichten nicht möglich ist. Dem schließt sich eine Benachrichtigungspflicht an, nach welcher der Schuldner ebenfalls mitzuteilen hat, wenn der Hindernisgrund nicht mehr vorliegt, eine Leistung demnach wieder möglich ist.

Verletzt eine Vertragspartei eine der vorgenannten Mitteilungspflichten, so hat sie der anderen Partei den daraus resultierenden Schaden zu ersetzen.

Ungeachtet der Regelung des Art. 10.2. der ICC-general conditions[632] umfasst die „force majeure"-Regelung des ICC-Mustervertrages die Entlastung des Schuldners von jedweder Haftung, von allen möglichen Strafen und von allen weiteren möglichen Sanktionen, die aus dem Vertragsverhältnis resultieren kön-

---

630 Schlechtriem-Stoll, Art. 79 CISG, Rn. 48 f.; Herber/Czerwenka, Art. 79 CISG, Rn. 20; Schlechtriem, Internationales UN-Kaufrecht, S. 208; ders., Einheitliches UN-Kaufrecht, S. 99 f..

631 Siehe: Art. 13.1. lit. a, b, c der ICC-general conditions.

632 Diese Regelung behandelt das Rücktrittsrecht einer Partei für den Fall, dass vertraglich ein „cancellation date" verabredet wurde, ab welchem eine Partei das Vertragsverhältnis beenden kann, wenn die andere Partei sich mit der Lieferung in Verzug befindet.

nen. Ausgenommen wird davon die Pflicht des verhinderten Schuldners, fällige Geldbeträge zu verzinsen.

Endlich regelt Art. 13 der ICC-general conditions in Abs. 4, dass jede Partei berechtigt ist, den Vertrag zu beenden, wenn der Hinderungsgrund länger als sechs Monate andauert.

b. Art. 9 ITC-Mustervertrag

Der Mustervertrag der ITC stimmt vom Regelungsgehalt zu größten Teilen mit der Regelung des ICC-Mustervertrages überein. Art. 9 des ITC-Mustervertrages ist nahezu inhaltsgleich mit der vorgenannten Regelung. Der Schuldner der wegen eines Hindernisses außerhalb seines Einflussbereiches nicht erfüllen kann, das bei Vertragsschluss nicht zu erkennen war und dessen Folgen nicht vermeid- oder überwindbar waren, wird von der Haftung dafür freigestellt, sofern er diese Tatsachen beweisen kann. Weiterhin sieht auch der ITC-Mustervertrag eine Benachrichtigungspflicht des verhinderten Schuldners vor. Dieser hat der anderen Partei das Hindernis und die sich daraus ergebenden Folgen umgehend mitzuteilen, wenn die Partei selbst davon Kenntnis erlangt. Ferner sind dementsprechende Schriftstücke, die das Hindernis belegen oder dokumentieren, der Mitteilung beizufügen.

Der zweite Teil der Regelung des Art. 9 ITC-Mustervertrag regelt den Fall, dass das entsprechende Leistungshindernis lediglich vorübergehend ist. Dann soll der Leistungszeitraum so lange nach hinten verschoben werden, bis das Leistungshindernis nicht mehr besteht. Voraussetzung ist allerdings, dass zu erwarten sein muss, dass das Leistungshindernis innerhalb eines Zeitraumes von 30 Tagen nicht mehr bestehen wird.[633] Die Hinausschiebung endet an dem Datum, an dem das Hindernis nicht weiter fortbesteht oder der vereinbarte Zeitraum verstrichen ist. Maßgeblich ist hierbei das zuerst eintretende Ereignis.

Sofern nach Ablauf der vereinbarten Frist die Leistung noch immer unmöglich ist, hat die andere Partei das Recht, den Vertrag nach Mitteilung gegenüber des Vertragspartners zu beendigen.

c. Bestimmungen nach den ECE-Bedingungen und des ORGALIME-Verbundes

Der ORGALIME-Verbund behandelt den Abschnitt der höheren Gewalt in den Punkten 39 ff. der Lieferbedingungen. Demnach ist jede Partei berechtigt die

---

633 Dieser Zeitraum ist nicht für die Vertragsparteien verbindlich. Ihnen steht es offen, einen beliebigen anderen Zeitrahmen zum Vertragsinhalt zu machen; der Mustervertrag bietet dafür Raum und Gelegenheit.

Leistungen einzustellen, wenn diese durch genau spezifizierte Umstände[634] unmöglich gemacht oder unangemessen erschwert werden. Eingeschränkt wird diese Regelung durch Satz 2 des Punktes 39, der eine Einstellung nur dann zulässt, wenn die eben genannten Umstände bei Abschluss des Vertrages nicht vorhersehbar waren.

Die sich auf höhere Gewalt berufende Vertragspartei hat nach Punkt 40 die Pflicht, die andere Partei unverzüglich darüber zu benachrichtigen, dass ein Einstellungsumstand vorliegt bzw. wenn dieser vorübergehender Natur war, dass dieser beendet ist. Für die eingestellte Zeit hat der Besteller dem Lieferer die Kosten zum Schutz und zur Sicherung der Kaufware zu ersetzen, wenn der Besteller durch höhere Gewalt an der Erfüllung seiner vertraglichen Pflichten verhindert war.

Punkt 41 der Lieferbedingungen legt ein Rücktrittsrecht für diejenige Partei fest, die wegen oben beschriebener Pflichteinstellung (Punkt 39) länger als sechs Monate auf die ihr zu gewährende Leistung der anderen Vertragspartei zuwarten muss.

Die ECE-Lieferbedingungen sehen eine Befreiungsmöglichkeit unter Punkt 10 vor. Unter Punkt 10.1. der Bedingungen werden mehrere Ereignisse beispielhaft herausgestellt, bei denen der Schuldner von seiner Leistungspflicht befreit wird. Diese ähneln weitestgehend den vorgenannten Ereignissen in den Bedingungen von ORGALIME.[635]

Die genannten Fälle sollen jedoch nur beispielhaft für die Grundregel stehen, dass die Befreiung greift, wenn das Hindernis nicht von den Vertragsparteien kontrollierbar ist. Punkt 10.2. regelt die Benachrichtigungspflicht der gehinderten Partei, wonach die andere Vertragspartei unverzüglich schriftlich sowohl über das Hindernis als auch über dessen mögliche Beendigung zu informieren ist. Punkt 10.3. räumt der jeweils anderen Vertragspartei das Recht ein, den Vertrag zu beenden, sofern es aufgrund der gegebenen Umstände aussichtslos ist, dass das Leistungshindernis in vertretbarer Zeit wegfällt. In diesem Fall ist der sich auf diese Vorschrift berufenden Partei die Vertragsbeendigung schriftlich anzuzeigen. Dabei ist es nicht erforderlich, die Zustimmung eines Gerichts einzuholen. Kommt es zu einer Vertragsbeendigung, schreibt Punkt 10.4. vor, dass die

---

634 Punkt 39 Abs. 1 der ORGALIME-Lieferbedingungen führt hierbei vom Parteiwillen unabhängige Umstände auf, namentlich: Arbeitskonflikte, Brand, Krieg, allgemeine Mobilmachung, Aufstand, Requisition, Beschlagnahme, Embargo, Einschränkung des Energieverbrauchs sowie verzögerte Lieferungen durch Subunternehmer aufgrund der genannten Umstände.

635 Genannt werden unter Punkt 10.1. der ECE-Bedingungen: Arbeitskampf, Feuer, Requisition, Embargo, Währungsbeschränkungen, Aufruhr, mangelnde Transportmöglichkeiten, Knappheit an Rohstoffen oder Energie.

Parteien zu vereinbaren haben, welche Kosten für die bisherige Vertragsausführung zu erstatten sind. Die Kosten sind dabei so gering wie möglich zu halten. Nach Punkt 10.5. sind nur direkt zurechenbare Kosten dem verhinderten Verkäufer bzw. Lieferer zu erstatten. Allgemeine Geschäftskosten fallen nicht darunter.

3. Stellungnahme

Die eben betrachteten Regelungen zur Haftungsfreistellung bei „höherer Gewalt", die regelmäßig nur dem Lieferer der Ware widerfahren wird, sind in den vorliegenden Vertragsmustern ähnlich aufgebaut. Nicht zu übersehen ist deren Anlehnung an die von der ICC veröffentlichten „Force Majeure Clause 2003".[636]

a. Nähe zur ICC „Force Majeur"-Klausel Nr. 650 bzw. zu Art. 79 CISG

Die begutachteten „Force Majeur"-Klauseln weisen allesamt eine grundsätzliche Ähnlichkeit zur ICC-Klausel Nr. 650 auf. Das Grundgerüst ist stets dasselbe, nämlich das Zusammentreffen der drei Voraussetzungen: ein nicht zu vertretendes Hinderungsereignis, das bei Vertragsschluss nicht zu erwarten war und nicht zu vermeidende bzw. zu überwindende Folgen verursacht. Diese drei Faktoren bilden für jede der betrachteten Regelungen das Grundgerüst, welches der ICC-Regelung entspricht.

Die weitere wesentliche Ausgestaltung der ICC„Force Majeur"-Klausel unterscheidet sich nur geringfügig:

aa. Ereigniskatalog nach Abs. 3 der ICC „Force Majeur"-Klausel

Während die ICC-„Force Majeure" Klausel in Abs. 3 bestimmt, dass bei Vorliegen von Ereignissen, die unter dem dort aufgeführten umfassenden Umständekatalog[637] erfasst sind, das Vorliegen „höherer Gewalt" angenommen wird, es sei denn, der Gegenbeweis für das Nichtvorliegen wird erbracht, verzichten die anderen betrachteten Regelwerke auf eine solche Regelung. Die Bedingungen der ECE und des ORGALIME-Verbundes führen zwar auch Ereignisse an, die das Vorliegen höherer Gewalt begründen können, doch sind diese nur beispielhaft und nicht verbindlich. Im Gegensatz zur vorgenannten Regelung kommt es zu keiner Beweislastumkehr.

636 ICC Publikation Nr. 650.

637 Hierbei werden unter Abs. 2 sieben Unterebenen mit verschiedenen Umständen aufgeführt, die sich ihrerseits in einzelne Tatbestände aufgliedern.

bb. Benachrichtigungspflichten

Die ICC „Force Majeur"-Klausel sieht keine besonderen Pflichten zur Benachrichtigung des Vertragspartners über die Leistungshindernisse vor. Abs. 4 der Klausel erwähnt eine Benachrichtigung des Vertragspartners lediglich in dem Zusammenhang, dass erst ab Benachrichtigung des Vertragspartners die Leistungspflicht entfällt oder wenn keine Benachrichtigung stattgefunden hat, ab dem Zeitpunkt, ab welchem der Vertragspartner von dem Leistungshindernis in sonstiger Weise erfährt.

Hierin ist ein beachtlicher Unterschied im Vergleich zu den betrachteten Standardverträgen zu sehen. Diese enthalten allesamt die Pflicht des Leistenden vor, die andere Vertragspartei umgehend über das Leistungshindernis zu informieren.

Meines Erachtens ist die nicht obligatorische Benachrichtigungspflicht in der ICC „Force Majeur"-Klausel fraglich. Tatsächlich wird in den Fällen des Wirkens höherer Gewalt dem dadurch gehinderten Lieferanten eine wertvolle Entlastung gegeben. Ihm werden wesentliche Vertragspflichten erspart mit dem Argument, dass diese Hindernisse außerhalb seines Einflussbereiches lagen und auch nicht vorhersehbar waren. Diese Entlastung als solche scheint durchaus gerecht, würde das Vorliegen höherer Gewalt ansonsten zu unbilligen Härten für den Lieferanten führen. Allerdings müssen zudem auch die Interessen des wartenden Käufers gewahrt bleiben, der temporär oder endgültig auf die von ihm gekaufte Ware verzichten muss und dies zumeist ohne jeglichen Ausgleich durch den Verkäufer. Vor diesem Hintergrund scheint es billig, dem gehinderten Verkäufer zumindest die Pflicht aufzuerlegen, den erfolglos wartenden Käufer so bald als möglich zu benachrichtigen, um diesem so zumindest eine zeitige Disposition zu ermöglichen.

cc. Rücktrittsmöglichkeit

Für den Fall, dass das Leistungshindernis aufgrund der zuvor genannten Gründen so lange andauert, dass eine oder beide Parteien nicht mehr das erhalten, was sie nach Vertragsinhalt verständiger Weise erwarten durften, hat nach Ziffer 8 der ICC „Force Majeure"-Klausel jede der Vertragsparteien das Recht, den Vertrag nach rechtzeitiger Ankündigung gegenüber der anderen Partei zu beenden.

Art. 13.4. der allgemeinen Bestimmungen des ICC-Mustervertrages legt ebenfalls ein Kündigungsrecht für beide Parteien fest. Dieses ist etwas einfacher gestaltet und kommt bereits dann zum Tragen, wenn das Leistungshindernis länger als sechs Monate andauert. Ein weiteres Tatbestandsmerkmal kommt nicht hinzu.

Art. 9 des ITC-Mustervertrages räumt ein für beide Vertragsparteien geltendes Rücktrittsrecht für den Fall ein, dass das Leistungshindernis länger andauert als 30 Tage oder dem von einem abweichend von diesem Vorschlag vereinbarten Zeitraum. Dieser deutlich kürzere Zeitraum im Vergleich zur vorgenannten Klausel erklärt sich mit der Eigenart des Vertrages, der ja für den Handel mit verderblichen Gütern konzipiert wurde.

Die Bedingungen der ECE stellen ein Rücktrittsrecht für beide Parteien in Art. 10.3. fest, welches zur Geltung kommt, wenn eine Vertragserfüllung aufgrund der zuvor bestimmten Umstände, die eine höhere Gewalt ausmachen, in vertretbarer Zeit unmöglich wird. Ein genauerer Zeitrahmen wird hierbei nicht festgelegt.

Punkt 41 der ORGALIME-Bedingungen sieht ein Rücktrittsrecht vor, das ungeachtet aller weiteren Bestimmungen des Regelwerkes dann für jede Partei eintritt, wenn die Leistungshinderung länger als sechs Monate andauert.

b. Fazit

Die Konstellation, dass zu den bislang bereits untersuchten Regelungswerken ein weiteres hinzutritt, nämlich die von der ICC publizierte „Force Majeur"-Musterklausel, erweitert die Bearbeitung kaum merklich. Sowohl die Regelung des CISG in Art. 79, als auch die spezielle „Force Majeure"-Klausel der ICC und endlich, die das Wirken höherer Gewalt betreffenden Vertragsklauseln in den begutachteten Mustervertragswerken, sind in ihrem Regelungsinhalt ähnlich und kollidieren nur in wenigen Punkten. Diese von der ICC-Musterklausel abweichenden Regelungen sind zudem erstens in geringer Anzahl, zweitens von geringem Umfang.

Es wurde aufgezeigt, dass das der Haftungsfreistellungsregelung dienende Grundgerüst nahezu in allen Regelwerken identisch ist. Es sind stets die folgenden drei Faktoren, die eine Freistellung des Lieferers mit sich bringen: Ein nicht zu vertretendes Hinderungsereignis, das bei Vertragsschluss nicht zu erwarten war und nicht zu vermeidende bzw. zu überwindende Folgen verursacht.

Die zuvor beschriebenen Differenzen zum CISG fallen daneben kaum merklich ins Gewicht und sind demnach vom Parteiautomiegrundgedanken des CISG gedeckt.

VIII. Streitschlichtung/Gerichtsstandsvereinbarung

1. Maßgaben des CISG

Das CISG hält keine unmittelbar die Wahl eines Gerichtsstandes betreffenden Regeln parat.[638] Dennoch finden sich Regelungen im CISG, die deutlich machen, dass das CISG von einer Gerichtsstandsvereinbarung oder deren anderweitiger Regelung ausgeht. So geht aus Art. 19 Abs. 3 CISG hervor, dass die Absprache eines Gerichtsstandes Einfluss auf den Vertragsabschluss hat. Auch Art. 81 Abs. 1 CISG geht von Vertragsbestimmungen zur Streitbeilegung zwischen den Parteien aus. Diese sollen demnach im Falle der Vertragsaufhebung unberührt bleiben.[639] Entgegen der Auffassung von *Piltz* bleibt es jedoch dabei, dass das CISG die Verwendung von Gerichtsstandsvereinbarungen zwar anerkennt, jedoch nicht regelt bzw. für die Regelung keine Geltung beansprucht.

Vor deutschen Gerichten wird die Gerichtsstandsvereinbarung nach den Art. 17 EuGVÜ bzw. Art. 23 EuGVO ihre Regelung finden[640] oder nach innerstaatlichem Recht gemäß der §§ 38 und 40 ZPO.[641] § 38 Abs. 2 ZPO sieht die internationale Gerichtsstandsvereinbarung vor. Jedoch ist stets der Vorrang der EuGVO zu beachten.[642]

---

638 Es kommt somit auch zu keinem lückenfüllenden Rückgriff auf das vom nationalen Internationalen Privatrecht berufene Recht. Siehe dazu: Magnus, RabelsZ 1995, S. 475; Staudinger-Magnus, Art. 7 CISG, Rn. 38; Herber/Czerwenka, Art. 7 CISG Rn. 7; Schlechtriem-Ferrari, Art. 7 CISG, Rn. 43.

639 Siehe dazu: Piltz, Internationales Kaufrecht, S. 51. Dieser geht jedoch entgegen der herrschenden Ansicht davon aus, dass das CISG auch zur Regelung der Gerichtsstandsvereinbarung berufen ist.

640 Die EuGVO ist an die Stelle des zuvor genannten Regelwerkes getreten. Da Dänemark sich nicht wie das Vereinigte Königreich und Irland zumindest für eine „opt-in“-Lösung entschieden haben, wird im Verhältnis zu Dänemark weiterhin das EuGVÜ zur Anwendung kommen. Siehe dazu die Erwägungsgründe 20 und 22 f. der EuGVO.

641 Die deutsche ZPO trifft in den §§ 38 und 40 Regelungen hinsichtlich Gerichtsstandsvereinbarungen. Diese beziehen sich nicht nur auf reine Inlandssachverhalte bezüglich der örtlichen Zuständigkeit der Gerichte, sondern zudem auf die internationale Zuständigkeit, was aus dem Grundsatz der Doppelfunktionalität resultiert. Siehe dazu: BGH, IPrax 1997, S. 435; BGH, IPRax 1987, S. 169; Linke, Internationales Zivilprozessrecht, Rn. 115; Schack, Internationales Zivilverfahrensrecht, Rn. 236, 435.

642 Musielak, § 38 ZPO, Rn. 14; So verweist Oppermann ausdrücklich auf den Vorrang des sekundären Gemeinschaftsrechts gegenüber dem national autonomen Recht. Siehe: Oppermann, Europarecht, § 24 Rn. 38.

Dies hat zur Folge, dass die Formfreiheit des CISG in Art. 11 sich nicht auf Vereinbarungen den Gerichtsstand betreffend bezieht und diese nicht von Formzwängen freistellt, sondern es bei den Vorgaben zuvor genannter Regelungen bleibt.[643]

Dieselbe eben angesprochene Problematik stellt sich dann, wenn die Vertragsparteien keinen ordentlichen Gerichtsstand vereinbaren, sondern eine schiedsrichterliche Streitlösung vorsehen.[644] In diesem Fall gelten für das wirksame Zustandekommen von Schiedsklauseln das New Yorker UN-Übereinkommen über die Anerkennung und Vollstreckung ausländischer Schiedssprüche von 1958[645], dass das Genfer Abkommen zur Vollstreckung ausländischer Schiedssprüche von 1927[646] ersetzt hat bzw. weiteres Einheitsrecht oder aber subsidiär die §§ 1029, 1031 ZPO als innerstaatliches Recht.[647]

2. Gerichtsstandsvereinbarungen und Schiedsabreden in den Standardverträgen

a. ICC-Mustervertrag, Art. 15 ICC-specific conditions, Art. 14 ICC-general conditions

Der ICC-Mustervertrag regelt die Streitschlichtung in Art. 15 der specific und Art. 14 der general conditions in aller Kürze.[648] Art. 15 der besonderen Vertragsbestimmungen gibt zwei alternative Möglichkeiten zur Wahl. Zum einen kann eine Schiedsgerichtsbarkeit von den Parteien vereinbart werden, um Streitigkei-

---

643 Schlechtriem-Schlechtriem, Art. 11 CISG, Rn. 7; Witz/Salger/Lorenz, Art. 11 CISG, Rn. 7; Achilles, UN-Kaufrecht, Art. 11, Rn. 1. Nach bereits dargestellter Auffassung kommt Piltz, Internationales Kaufrecht, Rn. 121, zu einer anderen Ansicht und betrachtet das CISG als maßgeblich, die Form der Gerichtsstandsvereinbarung zu regeln.

644 Siehe: Piltz, Internationales Kaufrecht, S. 51.

645 BGBl 1961 II 122; BGBl 1962 II 102; eingehend dazu: Staudinger-Hausmann, Anhang II zu Artt. 27 bis 37 EGBGB, Rn. 228 ff.; Solomon, Die Verbindlichkeit von Schiedssprüchen, S. 51 ff..

646 RGBl. 1930 II 1068.

647 Das zehnte Buch der ZPO kann nicht nur bei Verfahren mit deutschen Beteiligten angewandt werden, sondern zudem bei Verfahren, in denen die Parteien unterschiedlichen Rechtsordnungen unterliegen und dadurch eine fremde Gerichtsbarkeit in Frage käme. Siehe: Lörcher/Lörcher, Das Schiedsverfahren, S. 3.

648 Diese Kürze wird von Klotz, Critical Review of the ICC Model International Sale Contract, Art. A-15 bemängelt. Er schlägt vor, die Schiedsabrede ausführlicher zu gestalten und zumindest festzulegen, wo der Schiedsort zu sein hat, in welcher Sprache das Verfahren stattfinden und wie das Schiedsgericht zusammengesetzt werden soll.

ten, die aus dem Vertrag resultieren, zu schlichten. Dabei können die Parteien wählen, ob sie das Schiedsgericht der ICC anrufen oder ein anderes. Sofern die Parteien nichts abweichendes vereinbaren, soll die ICC-Schiedsgerichtsbarkeit entsprechend Art. 14 Abs. 1 der ICC-general conditions unter den eigenen Regeln zur Anwendung kommen. Allerdings wird nach dem Vertragstext nicht klar, ob die Wahl des Schiedsgerichts ausschließliche Wirkung hat oder aber noch weitere von der formulierten Wahl abweichende Schiedsgerichte angerufen werden können.

Alternativ zum Schiedsverfahren können die Vertragsparteien vereinbaren, zur Streitschlichtung die ordentlichen Gerichte zu bemühen. Art. 15 der besonderen Vertragsbestimmungen bietet Platz, einen Gerichtsstand frei zu vereinbaren.

Ferner sind die Vertragsparteien durch die Schiedsklausel nicht gehindert, bei den ordentlichen Gerichten einstweiligen Rechtsschutz zu suchen.

b. ITC-Mustervertrag, Art. 15

Der Mustervertrag der ITC regelt die Streitschlichtung in Art. 15 des Vertragstextes und gibt zudem umfassende Kommentierungen im zugehörigen „users' guide".

Art. 15 des ITC-Mustervertrages geht zunächst von einer inter-partes Streitschlichtung aus. Den Parteien obliegt es, zu einer einvernehmlichen Lösung zu kommen. Für den Fall der Mängelgewährleistung wird klargestellt, dass, bevor die Streitigkeit über den Zustand der Ware vor ein Gericht gebracht wird, die Parteien sich zunächst an das in Art. 11 des Vertrages geregelte Sachverständigenvotum zu halten haben. Nur wenn das Verfahren nach Art. 11 des Mustervertrages erfolglos war, soll es zu einer weitergehenden Streitschlichtung kommen.

Sofern die Vertragsparteien nichts anderes vereinbart haben, sollen für Streitigkeiten, die aus dem Vertrag resultieren, die Schiedsgerichtsregeln der ICC gelten, die ein einzelner berufener Schiedsrichter zur Anwendung kommen lässt. Sofern die Streitigkeit einen Wert aufweist, der kleiner als US$ 100.000,- ist, hat der Schiedsrichter allein auf Grundlage ihm zur Verfügung gestellter Dokumente unter gleichzeitigem Verzicht auf Anhörung der Parteien zu entscheiden.

Wenn der zum Streit stehende Wert jedoch die 1 Mio. US$-Grenze überschreitet, soll nach Art. 15 a.E. der ICC-Schiedsgerichtshof angerufen werden, der dann aus einem Tribunal von drei Schiedsrichtern zusammengesetzt wird.

Weiterhin bietet der ITC-Vertrag in Art. 15 den Vertragsparteien die Möglichkeit, zum einen die vorgenannten Prozessregeln abweichend zu modifizieren und weiterhin, eine komplett andere Streitschlichtungsmöglichkeit zu wählen, also beispielsweise den Gang vor die ordentlichen Gerichte.

c. ECE-Bedingungen Art. 13/ORGALIME-Bedingungen Art. 44

Die die Streitschlichtung betreffenden kurzgefassten Regelungen der ECE und des ORGALIME-Verbundes entsprechen einander. Demnach werden alle sich aus dem Vertragsverhältnis ergebenden Streitigkeiten nach der ICC-Schiedsordnung entschieden, dies durch Schiedsrichter, die nach ihrer Maßgabe ernannt werden.

Weitere Optionen werden nicht genannt.

3. Stellungnahme

Das CISG steht sowohl dem Gang zu den ordentlichen Gerichten als auch der Schiedsgerichtsbarkeit offen gegenüber, da das CISG vorrangig für den internationalen Handel konzipiert ist und dessen Streitigkeiten mittlerweile vorwiegend durch Schiedsverfahren bestimmt werden. Regelungen über Gerichtsstandsvereinbarungen sowie über Schiedsvereinbarungen gehen nach Art. 90 CISG selbigen vor, so dass es zu keiner Kollision mit dem CISG kommt.[649] Dies entspricht dem eigentlichen Status des CISG als Kaufrechtsübereinkommen. Im CISG soll das Kaufgeschäft als solches geregelt sein, nicht jedoch ein möglicherweise notwendiges Streitschlichtungsverfahren, welches als selbstständiger unabhängiger Annex zum eigentlichen Kaufgeschäft zu sehen ist.

---

649 MüKo-Huber, Art. 90 CISG, Rn. 5; Piltz, Internationales Kaufrecht, S. 64; Staudinger-Magnus, Art. 90 CISG, Rn. 11.

D. Zusammenfassung der Ergebnisse

Das Ziel der vorliegenden Arbeit war es, die Schwierigkeiten des internationalen Handelsgeschäftes aufzuzeigen und sich mit der Frage zu beschäftigen, inwieweit gängige Standardvertragsmuster für die Vertragsparteien dienlich sind, wenn diese das CISG als geltendes Vertragsstatut wählen und ob letzteres überhaupt zu empfehlen ist. Dafür wurden die arbeitsgegenständlichen Vertragsmuster, allen voran der ICC-Mustervertrag, daraufhin untersucht, ob und wie sie mit den Regelungen des CISG harmonieren, wo es Kollisionen, aber auch – und das viel häufiger – Übereinstimmungen gibt. Dabei wurde nicht nur das bare Regelwerk des CISG herangezogen, sondern zudem ein Blick auf die dahinter stehende Wertung geworfen.

Nach der umfassenden kritischen Begutachtung der Regelwerke vor dem Hintergrund des CISG können somit die folgenden Ergebnisse zusammengefasst festgehalten werden:

- Das CISG erfordert vor allem zur Erfüllung bestehender Mitteilungspflichten eine ausreichend genaue Bezeichnung der Vertragsparteien. In den begutachteten Standardvertragswerken wird den Parteien dafür die Möglichkeit eingeräumt, allerdings bleibt es weitestgehend ihnen überlassen, wie detailliert sie eine Bezeichnung vornehmen.
- Die Einbeziehung von Allgemeinen Geschäftsbedingungen, wie u.a. die der ECE und des ORGALIME-Verbundes, die in der vorliegenden Arbeit näher untersucht wurden, richtet sich ausschließlich nach den Artt. 14 ff. CISG. Kollidieren eingebrachte AGB, so ist nach Ansicht des Bearbeiters nach der Restgültigkeitslösung zu verfahren.
- Der genauen Bezeichnung des Kaufgegenstandes kommt eine große Bedeutung zu, da sich so drohende Unstimmigkeiten vermeiden lassen. Der maßgebliche Art. 14 CISG ist in seinen Anforderungen sehr kurz gefasst, nach Ansicht des Verfassers wären hier konkretere Maßgaben angebracht. Die begutachteten Regelungswerke der ICC und des ITC sind darauf ausgerichtet und empfehlen eine konkretere Bezeichnung des Kaufgegenstandes, denkbar durch die Zuhilfenahme eines Vertragsannexes.
- Der Kaufpreis hat nach Art. 14 CISG hinreichend bestimmt oder bestimmbar zu sein. Der ICC-Mustervertrag gibt mehrere Möglichkeiten zur Kaufpreis-

festlegung, insbesondere die der zuvor festgelegten Preisbestimmung, aber auch der nach Vertragsschluss stattfindenden Preisänderung. Diese Gestaltungsmöglichkeiten werden vom CISG gedeckt und stehen dem nicht entgegen. Auch die Preisbestimmungsmethode im ITC-Mustervertrag anhand des gewöhnlichen Preises widerspricht nicht der CISG-Regelung. Im Verhältnis zu Art. 14 CISG verhält sich Art. 55 CISG subsidiär, so dass der Maßstab für den Vertragsschluss bei Art. 14 CISG verbleibt.

- Die Lieferverpflichtung der vertragsgegenständlichen Ware wird in allen begutachteten Verträgen durch die INCOTERMS konkretisiert. Bei den INCOTERMS handelt es sich um einen von den Vertragsparteien einverständlich berufenen Handelsbrauch, der bei entsprechender Parteiwahl, vergleichbar mit sonstigen Allgemeinen Geschäftsbedingungen, Vertragsinhalt wird. Sie gehen aufgrund von Art. 9 CISG den Regelungen des CISG vor. Allerdings besteht eine weitgehende Harmonie von INCOTERMS und dem CISG, insbesondere sind beide Regelwerke durch die Vertragsparteien so modifizierbar, dass keinerlei Hindernisse entstehen.
- Zu beachtlichen Abweichungen der Musterverträge gegenüber dem CISG kommt es für den Fall, dass der Verkäufer in Verzug mit der Lieferung ist. Zwar sehen alle behandelten Regelwerke für diesen Fall vor, dass durch den Lieferer Schadensersatz zu leisten ist, doch werden dabei unterschiedliche Grundkonzepte verfolgt. Während das CISG vom Grundgedanken der Totalreparation ausgeht, legen die Mustervertragswerke hingegen einen pauschal zu zahlenden Schadensersatzanteil vom Gesamtpreis fest. Unterschiede bestehen zudem darin, dass die begutachteten Musterverträge allesamt dem Käufer eine Benachrichtigungspflicht aufbürden. Wird der Benachrichtigungspflicht durch den Käufer nicht oder verspätet nachgekommen, sind teils erhebliche finanzielle Einbußen die Konsequenz. Das CISG verzichtet nach Ansicht des Bearbeiters zu Recht auf eine solche Pflicht. Eine wesentliche Gemeinsamkeit zum CISG findet sich darin, dass nur in besonders schwerwiegenden Fällen des Leistungsverzuges eine Lossagung vom Vertrag in Frage kommt und vorrangig am Vertragsverhältnis festgehalten werden soll.
- Die Regelung der Mängelgewährleistung nimmt in allen behandelten Vertragswerken einen beträchtlichen Umfang ein. Die Regelungen lassen jeweils erkennen, für welche Produktspezifikation der jeweilige Gesamtvertrag erstellt wurde. Ausgesprochen verkäuferfreundlich zeigt sich hierbei der Mustervertrag der ICC, der -entgegen den CISG-Regelungen – dem Verkäufer die Bestimmung der Folgen seiner Vertragspflichtverletzung ermöglicht. Mängel im ICC-Mustervertrag unterliegen zudem einer dem CISG fremden Erheblichkeitsschranke, die allenfalls dem Käufer geringfügig mangelhafter Ware

einen Preisnachlass einräumt. Der Mustervertrag des ITC verzichtet auf die Festlegung von Rechtsfolgen und überlässt somit dem CISG deren Bestimmung. Die Einordnung, ob ein Mangel vorliegt oder nicht, wird entgegen den Regelungen des CISG nicht durch vorherige Festlegung objektiver Merkmale, sondern durch die subjektive Einordnung eines bestellten Sachverständigen übernommen. Die Allgemeinen Lieferbedingungen der ECE und die des ORGALIME-Verbundes weisen eine merkliche Nähe zur Handelspraxis auf, was sich auch in den Vertragsformulierungen widerspiegelt. Diese lassen die Klarheit der CISG-Formulierungen vermissen, obwohl der durch sie dargestellte Regelungsinhalt demjenigen des CISG recht nahe kommt. Auch bei den betrachteten Lieferbedingungen gilt das vorrangige Festhalten am Vertrag bzw. der Vorrang der Mängelbeseitigung.

- Bei den durch den Verkäufer zu übergebenden Dokumenten ähneln sich die Pflichten im ICC- und im ITC-Mustervertrag signifikant. Während das CISG die zu übergebenden Dokumente nicht genau spezifiziert, ist eine solche Spezifikation von den Vertragsparteien in den Musterverträgen vorzunehmen. Während das CISG jedoch genau bestimmt, wie, wann und wo eine Dokumentenübergabe stattzufinden hat, verweisen die beiden Musterverträge lediglich auf die entsprechende INCOTERM-Klausel. Die Pflicht zur Dokumentenübergabe wird somit nicht abweichend von den Regelungen des CISG konkretisiert, es werden lediglich andere Teilaspekte der Dokumentenübergabe geregelt. Anders verhält es sich bei den Lieferbedingungen der ECE und des ORGALIME-Verbundes, die sich einander vom Regelungsinhalt nahezu entsprechen. Während die zuvor genannten Regelungswerke vorwiegend Transport- und weitere Lieferdokumente als übergabepflichtig bezeichnen, behandeln die Allgemeinen Lieferbedingungen die Übergabe von Dokumenten, die der Installation und dem Betrieb der Kaufware dienen. Diese Dokumente werden nicht von den Artt. 30, 34 CISG umfasst.
- Ein nach Art. 5 ICC-specific conditions sowie den weiteren begutachteten Musterverträgen gegebenes, vergleichbares Recht des Käufers, die Kaufware vor der Verschiffung zu untersuchen, ist im CISG nur mittelbar dadurch geregelt, dass die Bestimmung des Lieferortes nach Art. 38 CISG am Verschiffungsort sein kann.
- Ein vertraglich vereinbarter Eigentumsvorbehalt ist nach dem im CISG herrschenden „lex rei sitae"-Grundsatz keine vom CISG behandelte Thematik, wodurch es zu keinerlei Berührungspunkten kommt.
- Die Artt. 53 ff. CISG regeln die Pflicht zur Kaufpreiszahlung und wie diese Pflicht bewirkt werden kann. Nicht jedoch werden die Zahlungsmodalitäten behandelt, d.h. in welcher Weise der Käufer den Kaufpreis zu entrichten hat. Insoweit besteht kein Konkurrenzverhältnis von den gesetzlichen Regelungen

des CISG zu den Bestimmungen des Art. 7 ICC-specific conditions i.V.m. Art. 5 ICC-general conditions. Das CISG ist auf die Verwendung von Zahlungsmodalitäten wie sie der ICC-Mustervertrag verwendet, eingestellt; so werden besondere Zahlungsvereinbarungen, insbesondere -methoden, in Art. 54 CISG ausdrücklich erwähnt. Zumeist wird es sich bei den zur Disposition stehenden Zahlungsweisen um Handelsbräuche und Gepflogenheiten im Sinne von Art. 9 CISG handeln. Auch wenn aus Art. 53 CISG noch zu erkennen ist, dass die ursprüngliche Grundzahlungsmethode des CISG die Barzahlung ist, steht das CISG den weiteren Modalitäten nicht entgegen.

- Die Folgen des Zahlungsverzuges sind in den betrachteten Vertragswerken weitgehend ähnlich. Dem zahlungssäumigen Käufer der Ware ist der nicht rechtzeitig gezahlte Kaufpreisbetrag zu verzinsen. Die Zinshöhe ist entweder an objektiven Parametern zu bestimmen oder zu vereinbaren. Das CISG sieht in Art. 78 ebenfalls eine Zinszahlungspflicht vor, die Zinshöhe bestimmt sich dann jedoch nach dem jeweils anwendbaren nationalen Recht. Entgegen dem CISG und den weiteren begutachteten Musterverträgen, beinhaltet der ICC-Mustervertrag kein Recht des Verkäufers, den Kaufvertrag aufzuheben, selbst wenn die ausbleibende Kaufpreiszahlung als wesentliche Vertragsverletzung anzusehen ist.
- Eine vertraglich festgelegte Pflicht, die Ware abzunehmen besteht seitens des Käufers in keinem der begutachteten Regelwerke. Eine den Artt. 53, 60 CISG entsprechende Pflicht wird jedoch gegebenenfalls durch die Wahl einer entsprechenden INCOTERM-Klausel vereinbart.
- Die Freistellungsregelung für den Fall des Wirkens „höherer Gewalt" ist in den begutachteten Regelwerken nahezu identisch. Alle Regelungen sowie die gesetzliche Normierung in Artt. 79, 80 CISG beruhen auf demselben Grundgerüst, nämlich dem Vorliegen eines nicht zu vertretendes Hinderungsereignisses, das bei Vertragsschluss nicht zu erwarten war und nicht zu vermeidende bzw. zu überwindende Folgen verursacht hat. Weiterhin wird deutlich, dass eine große Übereinstimmung der Regelungen zur ICC-„Force Majeur"-Klausel Nr. 650 besteht, was konsequenter Weise zumindest beim ICC-Mustervertrag nicht verwundert, da dieselbe herausgebende Institution besteht.
- Regelungen über einen Gerichtsstand oder ein durchzuführendes Schiedsverfahren enthält das CISG keine, so dass es zu keiner Kollision der vertraglichen Regelungen mit denen des CISG kommen kann.

E. Gesamtbewertung der Ergebnisse

Die Zusammenfassung der Ergebnisse der Bearbeitung lässt zu dem folgenden Schluss kommen:

Die Frage, ob die Regelung eines internationalen Handelsgeschäfts mittels eines detaillierten Standardvertrags der weitestgehenden Regelung durch die baren Normen des CISG vorzuziehen ist, kann nicht eindeutig beantwortet werden.

Dies liegt jedoch nicht an der Gesamtheit des „Für" und „Wider" der Regelungen, insoweit wäre die vorliegende Arbeit ergebnislos, sondern daran, dass die möglichen Regelungsweisen einander weitestgehend entsprechen.

Grundsätzlich ist die Wahl des CISG zum Vertragsstatut positiv zu bewerten; die Arbeit hat herausgestellt, dass das CISG zumeist jedweder nationalen Rechtsordnung ebenbürtig, wenn nicht gar überlegen ist.

Da die Rechtswahlklauseln in sämtlichen begutachteten Regelwerken auf das CISG verweisen, verbleibt es lediglich dabei, zu bewerten, ob die durch den Mustervertrag bzw. die Musterbedingungen standardisiert festgehaltenen Parteivereinbarungen den Regelungen und Wertungen des CISG vorzuziehen sind – dies aus objektiver Sichtweise.

Dabei gelangt die Arbeit zu dem Schluss, dass bezüglich der Normierung von Rechten und Pflichten, die die betreffenden Regelwerke festlegen, eine überwiegende Deckungsgleichheit besteht.

Dennoch werden Tendenzen vor allem in den Allgemeinen Lieferbedingungen der ECE und des ORGALIME-Verbundes ausgearbeitet, die erkennen lassen, dass diese Interessenverbände eine Neigung zur Verkäuferfreundlichkeit innehaben, vorwiegend in den dem Käufer auferlegten Pflichten.

Der Mustervertrag des ITC weicht besonders auffällig bei dem vom Verkäufer zu zahlenden Schadensersatz für eine verspätete Lieferung ab, was an der Eigenart der Handelsprodukte liegt, für die er geschaffen wurde.

Bezüglich der Mängelgewährleistung sind die Abweichungen der ECE- und der ORGALIME-Bedingungen vom CISG insbesondere in ihrem Umfang und der damit verbundenen Detailliertheit augenscheinlich. Sie beruhen darauf, dass die Allgemeinen Lieferbedingungen von Fachverbänden aufgestellt wurden, die um die speziellen Anforderungen wussten und diese berücksichtigt haben.

Es lässt sich daher festhalten, dass sich die Regelung eines internationalen Handelsgeschäftes mittels eines der begutachteten Verträge, bzw. mittels der arbeitsgegenständlichen Allgemeinen Lieferbedingungen nicht zu grundlegenden Veränderung gegenüber der baren Regelung durch das CISG führen.

Die begutachteten Verträge modifizieren entsprechend dem Grundgedanken der Disponibilität des CISG dessen Regelungen hin zu den Bedürfnissen des konkreten Rechtsgeschäfts, verlassen dabei jedoch nicht den fundamentalen CISG-Wertungsgedanken, sondern sind in ihrem Gesamtgefüge dem CISG sehr ähnlich

Trotz der inhaltlichen Qualität der Vertrags- und Bedingungswerke sollten diese dennoch nicht unkritisch und unbedacht übernommen werden. Vielmehr sollten die Parteien dem Grundgedanken, der auch im CISG vorherrscht, nämlich dass Regelungen nahezu stets dispositiv und modifizierbar sind, folgen und mustervertragliche Regelungen kritisch bewerten und entsprechend den eigenen einzelfallbezogenen Bedürfnissen anpassen.

Es ergibt sich daher das abschließende Ergebnis, dass die begutachteten Musterverträge den Vertragsparteien ein gutes, praktikables und auch gerechtes Hilfsmittel an die Hand geben. Wegen der Regelungsnähe zum CISG gibt es hierbei keine großen Kollisionsmomente, so dass es zu keinem nennenswerten „Wettbewerb" der Regelungsweisen des Rechtsverhältnisses der Parteien kommt. Die Praktikabilität von Musterverträgen ist bemerkenswert, so dass bei bedachter und kritischer Verwendung, diese eine sehr beachtliche Geschäftsoption darstellen.

Verzeichnis der verwendeten Literatur

Achilles, Wilhelm Albrecht	Kommentar zum UN-Kaufrechtsübereinkommen (CISG) Neuwied, 2000 (zitiert: Achilles, UN-Kaufrecht, Art.)
Allmendinger, Karl Heinz	Praxis des Außenhandels, Gestaltung von Liefer-(Kauf-) verträgen im Auslandsgeschäft Köln, 1984 (zitiert: Allmendinger, Praxis des Außenhandels, S.)
Alstine van, Michael P.	Consensus, dissensus, and contractual obligation through the prism of uniform international sales law Virginia journal of international law 37, 1996, S. 1 ff. (zitiert: van Alstine, Virginia journal of international law 37, 1996, S.)
D'Arcy, Leo/Murray, Carole/ Cleave, Barbara	Schmitthof's Export Trade, the law and practice of international trade London, 2000 (zitiert: Schmitthof's Export Trade, S.)
Asam, Herbert	UN-Kaufrechtsübereinkommen im deutsch-italienischen Rechtsverkehr RIW 1989, S. 942 ff. (zitiert: Asam, RIW 1989, S.)
Asam, Herbert/Kindler, Peter	Ersatz des Zins- und Geldentwertungsschadens nach dem Wiener Kaufrechtsübereinkommen vom 11.04.1980 bei deutsch-italienischen Kaufverträgen RIW 1989, S. 841 ff. (zitiert: Asam/Kindler, RIW 1989, S.)
Backhaus, Klaus	Industriegütermarketing München, 7. Aufl., 2003 (zitiert: Backhaus, Industriegütermarketing, S.)
Bälz, Killian	Wiederaufbau Irak: Die rechtlichen Rahmenbedingungen

	RIW 2003, S. 416 ff. (zitiert: Bälz, RIW 2003, S.)
Bar, Christian v.	Internationales Privatrecht 2. Band, Besonderer Teil München, 1991 (zitiert: v. Bar, IPR Band 2, Rn.)
–.	Kollisionsrechtliche Aspekte der Vereinbarung und Inanspruchnahme von Dokumentenakkreditiven ZHR 152 (1988), S. 38 ff. (zitiert: v. Bar, ZHR 152, S.)
Basedow, Jürgen	Die INCOTERMS und der Container oder wie man kodifizierte Usancen reformiert RabelsZ 43, 1979, S. 116 ff. (zitiert: Basedow, RabelsZ 43, S.)
–.	Handelsbräuche und AGB-Gesetz ZHR 150, 1986, S. 469-491. (zitiert: Basedow, ZHR 150, S.)
–.	Das Internationale Privatrecht in den Zeiten der Globalisierung, in Festschrift für Hans Stoll Tübingen 2001, S. 405 ff.. (zitiert: Basedow in Festschrift Stoll, S.)
–.	Grundlagen des europäischen Privatrechts JuS 2004, S. 89 ff. (zitiert: Basedow, JuS 2004, S.)
–.	The Effects of Globalization on International Private Law in: Basedow/Kono, Legal Aspects of Globalization-Conflicts of Law, Internet, Capital Markets and Insolvency in a Global Economy Den Haag, 2000, S. 1-10. (zitierte: Basedow/Kono, Legal Aspects of Globalization, S.)
Baumbach, Adolf/Hopt, Klaus J./ Merkt, Hanno	Handelsgesetzbuch mit GmbH & Co., Handelsklauseln, Bank- und Börsenrecht, Transportrecht München, 32. Aufl., 2006 (zitiert: Baumbach-Bearbeiter, §)
Berger, Klaus Peter	The CENTRAL Enquiry on the Use of Transnational Law

in International Contract Law and Arbitration, Mealey's International Arbitration Report, September 2000, S. 1-13
(zitiert: Berger: Mealey's International Arbitration Report, September 2000, S.)

–. Transnational Commercial Law in the Age of Globalization
Centro di Studi e Ricerche di Diritto Comparato e Straniero-Saggi, Conferenze e Seminari, Nr. 42, Rom 2001.
(zitiert: Berger, Commercial Law, S.)

Bergsten, Eric E./Miller, Anthony J. The remedy of reduction of price,
25 Am.J.Comp.L. 1979, S. 255 ff.
(zitiert: Bergsten/Miller, 25 Am.J.Comp.L. 1979, S.)

Bernstein, Herbert/ Lookofski, Joseph M. Understanding the CISG in Europe
Den Haag, 2. Aufl., 2003
(zitiert: Bernstein/Lookofski, CISG in Europe, S.)

Graf von Bernstorff, Christoph Vertragsgestaltung im Auslandsgeschäft,
Frankfurt a.M., 5. Aufl., 2002
(zitiert: Bernstorff, Vertragsgestaltung, S.)

–. Rechtsprobleme im Auslandsgeschäft,
Frankfurt a.M., 4. Aufl., 2000
(zitiert: Bernstorff, Rechtsproblem im Auslandsgeschäft, S.)

–. Standard terms and conditions for the sale of goods (Allgemeine Lieferbedingungen) in Münchener Vertragshandbuch
Band 4: Wirtschaftsrecht III, S. 483 ff.,
München, 5. Aufl., 2002
(zitiert: Bernstorff, Allgemeine Lieferbedingungen, S.)

–. Standard terms and conditions for the purchase of goods (Import Allgemeine Einkaufsbedingungen)
in Münchener Vertragshandbuch
Band 4: Wirtschaftsrecht III, S. 527 ff.,
München, 5. Aufl., 2002
(zitiert: Bernstorff, Allgemeine Einkaufsbedingungen, S.)

–. UN-Kaufrecht, Einbeziehung von AGB in dem UN-Kaufrecht unterliegende Verträge

	AW-Prax 2002, S. 109 f.. (zitiert: Bernstorff, AW-Prax 2002, S.)
Bianca, Cesare M./Bonell, Michael J.	Commentary on the international sales law Mailand, 1987 (zitiert: Bianca/Bonell- Bearbeiter, Art.)
Bieg, Hartmut/Krämer, Georg	Instrumente zur Absicherung gegen Fremdwährungsrisiken in: Zentes, J., Morschett, D., Schramm-Klein, H., Außenhandel, Marketingstrategien und Managementkonzepte Saarbrücken, 2004, S. 907-921. (zitiert: Bieg/Krämer, Instrumente zur Absicherung gegen Fremdwährungsrisiken, S.)
Blomeyer, Karl/Kuttner, Klaus	Exportfinanzierung: Nachschlagewerk für die Praxis Wiesbaden, 3. Aufl., 1992 (zitiert: Blomeyer, Exportfinanzierung, S.)
Böhlhoff, Klaus	International Practice of Law-Globalisation-Regionalisation-Too Big-Too Small-Ethics in Festschrift für Rolf A. Schütze München, 1999, S. 153 ff. (zitiert: Böhlhoff in Festschrift für Schütze, S.)
Bonell, Michael J.	Vertragsverhandlungen und culpa in contrahendo nach dem Wiener Kaufrechtsübereinkommen RIW 1990, S. 693 ff. (zitiert: Bonell, RIW 1990, S.)
–.	Die Bedeutung der Handelsbräuche im Wiener Kaufrechtsübereinkommen von 1980 Öster. JBl. 1985, S. 385 ff. (zitiert: Bonell, Öst. JBl. 1985, S.)
Bonsau, Michael/ Feuerriegel, Stefan	Die Probleme der Bestimmung von Fälligkeitszinsen im UN-Kaufrecht IPRax 2003, S. 421 ff. (zitiert: Bonsau/Feuerriegel, IPRax 2003, S.)
Boving, Dagmar	Internationale Vertragsgestaltung- UN-Kaufrecht, ein Überblick Berlin, Bonn, 2001. (zitiert: Boving, Internationale Vertragsgestaltung, S.)

Bredow, Jens/Seiffert, Bodo	Incoterms 1990, Wegweiser für die Praxis Bonn, 2. Aufl., 1994 (zitiert: Bredow/Seiffert, Incoterms 1990, Rn.)
–.	INCOTERMS 2000, Kommentar Bonn, 2000 (zitiert: Bredow/Seiffert, INCOTERMS, S.)
Brüggemann, Max	Die Banktechnik des Auslandsgeschäfts Stuttgart, 6. Aufl., 1981 (zitiert: Brüggemann, Banktechnik, S.
Brunner, Christoph	UN-Kaufrecht – CISG. Kommentar zum Übereinkommen der vereinten Nationen über den internationalen Warenkauf von 1980 Bern, 2004 (zitiert:: Brunner, Art.)
Bunjes, Johann/Geist, Reinhold	Umsatzsteuergesetz München, 8. Aufl., 2005 (zitiert:: Bunjes/Geist- Bearbeiter, §.)
v. Caemmerer, Ernst	Die wesentliche Vertragsverletzung im international Einheitlichen Kaufrecht in Festschrift für Helmut Coing, Band 2, S. 33 ff. München, 1982 (zitiert: v.Caemmerer, Festschrift Coing, S.)
–.	Zahlungsort in Gesammelte Schriften, Band 3, S, 108 ff. Tübingen, 1983 (zitiert: v. Caemmerer, Zahlungsort, S.)
Canaris, Claus-Wilhelm/ Staub, Hermann	Handelsgesetzbuch, Großkommentar Band 5, Bankvertragsrecht Teil 1 Berlin, 2005 (zitiert: Canaris, Bankvertragsrecht, Rn.)
Carr, Indira	International trade law London, Sydney, Portland, 3rd. edition, 2005 (zitiert: Carr, International trade law, S.)
Christian, Claus-Jörg	Finanzinnovationen und bankenaufsichtsrechtliche Information in Küting, K.H./Wöhe, G.: Schriften zur Bilanz- und Steuerlehre, Band 11 Stuttgart, 1992 (zitiert: Christian, Finanzinnovationen, S.)

Däubler, Wolfgang	Neues Schuldrecht- ein erster Überblick NJW 2001, S. 3729 ff. (zitiert: Däubler, NJW 2001, S.)
Däubler-Gmelin, Herta	Die Entscheidung für die so genannte große Lösung bei der Schuldrechtsreform NJW 2001, S. 2281 ff. (zitiert: Däubler-Gmelin, NJW 2001, S.)
Dessemontet, Francois	Les contrats de vent internationales de marchandises Lausanne, 1991 (zitiert: Dessemontet, Les contrats de vent internationales de marchandises, S.)
Dölle, Hans	Kommentar zum einheitlichen Kaufrecht : die Haager Kaufrechtsübereinkommen vom 1. Juli 1964, München 1976. (zitiert: Dölle-Bearbeiter, Art.)
Dolan, John F./van Huizen, Phillipus H.	International Rules for Letters of Credit, The UCP: A final Report 9 Banking & Finance Law Review 1994, S. 173 ff. (zitiert: Dolan/van Huizen, BFLR 1994, S.)
Dortschy, Jochen W./Jung, Karl Heinz/Köller, Richard	Auslandsgeschäfte-Banktechnik und Finanzierung Stuttgart 1990 (zitiert: Dotschy/Jung/Köller, Auslandsgeschäfte-Banktechnik und Finanzierung, S.)
Drobnig, Ulrich	Allgemeine Geschäftsbedingungen im internationalen Handelsverkehr in Festschrift für F.A. Mann zum 70. Geburtstag München, 1977, S. 591-616 (zitiert: Drobnig, Allgemeine Geschäftsbedingungen im internationalen Handelsverkehr, S.)
Ebenroth, Carsten Thomas	Internationale Vertragsgestaltung im Spannungsverhältnis zwischen ABGB, IPR-Gesetz und UN-Kaufrecht öster. JBl. 1986, S. 681 ff. (zitiert: Ebenroth, öster. JBl. 1986, S.)
Ebenroth, Carsten Thomas/ Boujong, Karlheiz/Joost, Detlev	Handelsgesetzbuch München, 2001 (zitiert: Ebenroth/Boujong/Joost-Bearbeiter, §.)
Eberth, Rolf	Zur Rechtsnatur der Einheitlichen Richtlinien und Gebräuche für Dokumenten-Akkreditive

	in Festschrift für Karl H. Neumayer, S. 199 ff. Baden-Baden 1985. (zitiert: Eberth, FS Neumayer, S.)
Eberth, Rolf/Ellinger, Peter	Deferred Payment Credits and the new Uniform Customs and Practice for Documentary Credits International Banking Law 1983, S. 50 ff. (zitiert: Eberth/Ellinger, International Banking Law 1983, S.)
Einsele, Dorothee	Bank- und Kapitalmarktrecht Tübingen, 2006 (zitiert: Einsele, Bank- und Kapitalmarktrecht, S.)
Eisemann, Frédéric	Die neuen einheitlichen Richtlinien und Gebräuche für Dokumentenakkreditive der Internationalen Handelskammer AWD/BB 1963, S. 139 ff. (zitiert: Eisemann, AWD 1963, S.)
–./Melis, Werner	INCOTERMS, Kommentar Wien 1982. (zitiert: Eisemann/Melis, Incoterms, S.)
Ellinger, Peter	The Uniform Customs and Practice 1992 : a Brief Review of their Salient Points Journal of Business Law 1994, S. 28 ff. (zitiert: Ellinger, journal of business law 1994, S.)
Enderlein, Fritz/Maskow, Dietrich/Strohbach, Heinz	Internationales Kaufrecht: Kaufrechtskonvention, Vertretungskonvention, Rechtsanwendungskonvention Berlin, 1991 (zitiert: Enderlein/Maskow/Strohbach, Art.)
Ensthaler, Jürgen	Gemeinschaftskommentar zum Handelsgesetzbuch mit UN-Kaufrecht Neuwied, 7. Aufl., 2007 (zitiert: GK-HGB-Bearbeiter, §.)
Escher, Alfred	UN-Kaufrecht:: Stillschweigender Verzicht auf Einwand einer verspäteten Mängelrüge RIW 1999, S. 495 ff. (zitiert: Escher, RIW 1999, S.)
Eschmann, Christian	Der Einstweilige Rechtsschutz des Akkreditivauftraggebers in Deutschland, England und der Schweiz Neuwied 1994. (zitiert: Eschmann, Rechtsschutz, S.)

Farnsworth, E. Allen — Formation of contract
Published in Galston & Smit ed., International Sales: The United Nations Convention on Contracts for the International Sale of Goods, Matthew Bender (1984), Ch. 3, pages 3-1 to 3-18
Auch zu finden unter:
http://www.cisg.law.pace.edu/cisg/biblio/farnsworth1.html#305
(zitiert: Farnsworth, formation of contract, S.)

–. — Damages and Specific Relief
27 American journal comparative law, S. 247-253, 1979
(zitiert: Farnsworth, AmJCompL 27 (1979), S.)

–. — Unification of Sales Law: Usage and Course of Dealing in Unification and Comparative Law in Theory and Practice: Liber amicorum J.G. Sauveplann, S. 81 ff.
Deventer 1984.
(zitiert: Farnsworth, Unification of Sales Law, S.)

Faust, Florian — Die Vorhersehbarkeit des Schadens gemäß Art. 74 Satz 2 UN-Kaufrecht (CISG)
Tübingen, 1996
(zitiert: Faust, Die Vorhersehbarkeit des Schadens gemäß Art. 74 Satz 2 CISG, S.)

Ferrari, Franco — Zum vertraglichen Ausschluss des UN-Kaufrechts
ZEuP 2002, S. 737 ff.
(zitiert: Ferrari, ZEuP 2002, S.)

–. — CISG rules on exclusion and derogation: Article 6
in Ferrari/Flechtner/Brand, The draft UNCITRAL digest and beyond, S. 114 ff.
München, 2004
(zitiert: Ferrari, The draft UNCITRAL digest, S.)

–. — Trade usage and practices established between the parties: Article 9
in Ferrari/Flechtner/Brand, The draft UNCITRAL digest and beyond, S. 191 ff.
München, 2004
(zitiert: Ferrari, The draft UNCITRAL digest, S.)

–. — Verzugszinsen nach Art. 78 UN-Kaufrecht
IHR 2003, S. 153 ff.
(zitiert: Ferrari, IHR 2003, S.)

–. Einige kurze Anmerkungen zur Anwendbarkeit des UN-Kaufrechts beim Vertragsschluss über das Internet
EuLF 2000/2001, S. 301 ff.
(zitiert: Ferrari, EuLF 2000/2001, S.)

–. Applying the CISG in a truly uniform manner: Tribunale di Vigevano, 12 July 2000
ULR 2001, S. 203 ff.
(zitiert: Ferari, ULR 2001, S.)

–. Zur Bedeutung von Handelsbräuchen und Gepflogenheiten nach UN-Kaufrecht
EuLF 2002, S. 272 ff.
(zitiert: Ferrari, EuLF 2002, S.)

–. Wesentliche Vertragsverletzung nach UN-Kaufrecht – 25 Jahre Artikel 25 CISG
IHR 2005, S. 1 ff..
(zitiert: Ferrari, IHR 2005, S.)

Ferrari, Franco/Flechtner, Harry/ Brand, Ronald A. The draft UNCITRAL digest and beyond
München, 2004
(zitiert: Ferrari/Flechtner/Brand, UNCITRAL digest, S.)

Finger, Peter Bankgarantien und deutsches internationales Privatrecht
AWD 1969, S. 486 ff.
(zitiert: Finger, AWD 1969, S.)

Flessner, Axel/Kadner, Thomas Zu guter Letzt: CISG?
ZEuP 1995, S. 347 ff.
(zitiert: Flessner/Kadner, ZEuP 1995, S.)

Fogt, Morten M. Die Vereinbarung und Auslegung von FRANCO-Lieferklauseln beim CISG-Kauf, zugleich Vorüberlegungen zur Reform des Teil II des CISG und zur begrenzten Rücknahme nordischer Vorbehalte zum CISG
EuLF 2003, S. 61 ff.
(zitiert: Fogt, EuLF 2003, S.)

Fortier, Vicente Les prix dans la Convention de Vienne sur la vent internationale de marchandises: les articles 14 et 55
J.D.I. 1990, S. 381 ff.
(zitiert: Fortier, J.D.I. 1990, S.)

Freiburg, Nina Das Recht auf Vertragsaufhebung im UN-Kaufrecht
Berlin, 2001
(zitiert: Freiburg, Vertragsaufhebung, S.)

–. | Die Rügeobliegenheit des Käufers bei grenzüberschreitenden Warenverkehr
IHR 2005, S. 56 ff.
(zitiert: Freiburg, IHR 2005, S.)

Freise, Astrid | Grenzen der formularmäßigen Freizeichnung im Einheitlichen Kaufrecht
Heidelberg, 1993
(zitiert: Freise, Grenzen der formularmäßigen Freizeichnung im Einheitlichen Kaufrecht, S.)

Fuchs, Doris | Stand und kritische Analyse der regionalen Integrationsabkommen NAFTA, Mercosur
in: Zentes, J., Morschett, D., Schramm-Klein, H., Außenhandel, Marketingstrategien und Managementkonzepte
Saarbrücken 2004, S. 205 ff.
(zitiert: Fuchs, Integrationsabkommen, ...)

Gabuardi, Carlos A. | Open Price Terms in the CISG, the UCC and Mexican Commercial Law
Review of the Convention on Contracts for the International Sale of Goods (2002-2003), 2004, 101-126.
(zitiert: Gabuardi, Review of the Convention on Contracts for the International Sale of Goods 2004, S.)

Gamillscheg, Franz | Rechtswahl, Schwerpunkt und mutmaßlicher Parteiwille im internationalen Vertragsrecht
AcP 157, S. 303 ff.
(zitiert: Gamillscheg, AcP 157, S.)

Garro, Alejandro M. | Reconciliation of Legal Traditions in the U.N. Convention on Contracts for the International Sale of Goods
23 International lawyer 1989, S. 443 ff.
(zitiert: Garro, 23 International lawyer, S.)

Gerstner, Volker/Brenner, Hatto | Vertragsgestaltung für Exporteure, Kauf-, Handelsvertreter und Vertragshändlerverträge rechtssicher und vorteilhaft formulieren. Das Handbuch für den Verkäufer
Unterschleißheim, 2003
(zitiert: Gerstner/Brenner, Vertragsgestaltung für Exporteure, S.)

Gillette, P. Clayton/Walt, Steven D. | Sales Law- Domestic and International
New York, 2. Ed, 2002
(zitiert: Gillette/Walt, Sales Law, S.)

Goode, Roy | Usage and its reception in transnational commercial law ICQL Vol. 46, 1997, S. 1 ff.
(zitiert: Goode, ICQL 46, S.)

Günther, Walter | Unternehmenskauf, Asset- Kaufvertrag/Beteiligungskaufvertrag
in: Schütze/Weipert, Münchener Vertragshandbuch Band 2: Wirtschaftsrecht I, S. 165 ff
München, 5. Aufl., 2004
(zitiert: Günther, Unternehmenskauf, S.)

Griß, Irmgard | Akkreditiv und Wiener Kaufrecht
in Hoyer, Hans/Posch, Willibald: Das Einheitliche Wiener Kaufrecht
Wien, 1992, S. 207 ff.
(zitiert: Griß in Hoyer/Posch, S.)

Gruber, Urs Peter | Das neue deutsche Zwischenhändler –Schutzrecht eine Benachteiligung inländischer Hersteller und Großhändler
NJW 2002, S. 1180 ff.
(zitiert: Gruber, NJW 2002, S.)

–. | Zur Rolle der Rechtsvergleichung nach der Schuldrechtsreform
ZVglRWiss 2002, S. 38 ff.
(zitiert: Gruber, ZVglRWiss 2002, S.)

Grundmann, Stefan | Lex mercatoria und Rechtsquellenlehre – insbesondere die Einheitlichen Richtlinien und Gebräuche für Dokumentakkreditive, S. 43 ff.
Stuttgart, 1992
(zitieert: Grundmann, Jahrbuch, S.)

Häberle, Siegfried | Risikomanagement im Außenhandel: Ein Überblick
in Zentes, J., Morschett, D., Schramm-Klein, H., Außenhandel, Marketingstrategien und Managementkonzepte
Saarbrücken, 2004, S. 884 ff.
(zitiert: Häberle, Risikomanagement im Außenhandel, S.)

–. | Praxis-Handbuch Export : Anbahnung und Abwicklung von erfolgreichen Auslandsgeschäften
Loseblattsammlung
Freiburg, 1996
(zitiert: Häberle, Praxishandbuch, S.)

–. Einführung in die Exportfinanzierung
Lehrbuch zur finanziellen Abwicklung von Exportgeschäften der Industrie und Handelsbetriebe sowie zu den Auslandsgeschäften der Banken
München, 1995
(zitiert: Häberle, Einführung in die Exportfinanzierung, S.)

–. Handbuch der Außenhandelsfinanzierung: das große Buch der internationalen Zahlungs-, Sicherungs- und Finanzierungsinstrumente
München, Oldenbourg, 2002
(zitiert: Häberle, Handbuch der Außenhandelsfinanzierung, S.)

–. Handbuch der Akkreditive, Inkassi, Exportdokumente und Bankgarantien
München/Wien, 2000
(zitiert: Häberle, Handbuch der Akkreditive, S.)

Hakenberg, Michael
Juristische Aspekte der Exportforfaitierung
RIW 1998, S. 906 ff.
(zitiert: Hakenberg, RIW 98, S.)

Harries, Heinrich
Die Parteiautonomie in internationalen Kreditverträgen als Instrument der Vertragsgestaltung
in: Festschrift für Theodor Heinsius zum 65. Geburtstag am 25. September 1991, S. 201 ff.
Berlin, New York, 1991
(zitiert: Harries, FS Heinsius, S.)

Hascher, Dominique
Anmerkungen zu ICC Schiedsspruch 7197
in JDI 1993, S. 1028 ff.
(zitiert: Hascher, JDI 1993, S.)

Hellner, Thorwald/Steuer, Stefan
Bankrecht und Bankpraxis
Band 4
Köln, 1979-…
(zitiert: Bearbeiter in Bankrecht und Bankpraxis, Rn.)

Helm, Roland
Exporte als Basisform des Außenhandels: Erschließung ausländischer Absatzmärkte
in: Zentes, J., Morschett, D., Schramm-Klein, H., Außenhandel, Marketingstrategien und Managementkonzepte
Saarbrücken, 2004, S. 45 ff.
(zitiert: Helm, Exporte als Basisform des Außenhandels, S.)

Herbel, Peter	Der internationale Unternehmensjurist-ein vaterlandsloser Geselle? In Schwenzer, I.: Schuldrecht, Rechtsvergleichung und Rechtsvereinheitlichung an der Schwelle zu 21. Jahrhundert, S. 1 ff Tübingen, 1999 (zitiert: Herbel, der internationale Unternehmensjurist, S.)
Herber, Rolf/Czerwenka, Beate	Internationales Kaufrecht, Kommentar München, 1991 (zitiert: Herber/Czerwenka, Internationales Kaufrecht, Art.)
Herber, Rolf	Anmerkung zu OLG Düsseldorf I-23 U 70/03 und LG Trier 7 HKO 134/03 IHR 2004, S. 117 f. (zitiert: Herber, IHR 2004, S.)
–.	Das VN-Übereinkommen über internationale Kaufverträge RIW 1980, S. 601 ff. (zitiert: Herber, RIW 1980, S.)
–.	The German Experience, in Ferrari, The 1980 Uniform Sales Law – Old Issues Revisited in the Light of Recent Experience, S. 59 ff. Mailand, 2003 (zitiert: Herber, The German Experience, S.)
–.	"Lex mercatoria" und "Principles"- gefährliche Irrlichter im internationalen Kaufrecht IHR 2003, S. 1 ff. (zitiert: Herber, IHR 2003, S.)
Heuzé, Vincent	La vente internationale de marchandises- Droit uniforme Paris, 1992 (zitiert: Heuzé, S.)
Heymann, Ernst	Handelsgesetzbuch (ohne Seerecht) Kommentar Band 4, §§ 343-460 HGB Berlin, 1990 (zitiert: Heymann-Bearbeiter, §...)
Hoeren, Thomas/Florian, Ulrich	Rechtsfragen des internationalen Dokumentenakkreditivs und –inkassos unter besonderer Berücksichtigung der ICC-Richtlinie vom 01.01.1996

Berlin, 1996
(zitiert: Hoeren/Florian, Rechtsfragen des internationalen Dokumentenakkreditivs und –inkassos, S.)

Holl, Volker H./Keßler, Oliver — „Selbstgeschaffenes Recht der Wirtschaft“ und Einheitsrecht – Die Stellung der Handelsbräuche und Gepflogenheiten im Wiener UN-Kaufrecht
RIW 1995, S. 457 ff.
(zitiert: Holl/Keßler, RIW 1995, S.)

Holthausen, Rüdiger — Vertraglicher Ausschluß des UN-Übereinkommens über internationale Warenkaufverträge
RIW 1989, S. 513 ff.
(zitiert: Holthausen, RIW 1989, S.)

Holz, Dag-Uwe — Länderrisiken im Vergleich, in FAZ-Institut, Außenwirtschaft, S. 58 ff.
Frankfurt, 2006
(zitiert: Holz, Außenwirtschaft, S.)

Honnold, John O. — Uniform law for international sales under the 1980 United Nations Convention
Den Haag, 3. Aufl., 1999
(zitiert: Honnold, Uniform Law, Rn.)

Honsell, Heinrich — Kommentar zum UN-Kaufrecht
Berlin, Heidelberg, 1997
(zitiert: Honsell-Bearbeiter, Art., Rn.)

–. — Die Vertragsverletzung des Verkäufers nach dem Wiener Kaufrecht
SJZ 1992, S. 345 ff.
(zitiert: Honsell, SJZ 1992, S.)

Horn, Norbert — Internationale Zahlungen und Akkreditiv
in Horn/v. Marschall/Rosenberg/Pavicevic: Dokumentenakkreditive und Bankgarantien im internationalen Zahlungverkehr, S. 9 ff.
Frankfurt a.M., 1977
(zitiert: Horn, Internationale Zahlungen, S.)

Hoyer, Hans Heinz/Posch, Willibald — Das Einheitliche Wiener Kaufrecht : neues Recht für den internationalen Warenkauf
Wien, 1992
(zitiert: Hoyer/Posch-Bearbeiter, S.)

Huber, Christian — Bankrecht, Bankensystem-Bankenaufsicht Recht der Bankgeschäfte

Baden-Baden, 2001
(zitiert: Huber, Bankrecht, S.)

Huber, Edgar/Schäfer, Hanspeter — Dokumentengeschäft und Zahlungsverkehr im Außenhandel
Frankfurt a.M., 3. Aufl., 1995
(zitiert: Huber/Schäfer, Dokumentengeschäft und Zahlungsverkehr im Außenhandel, S.)

Huber, Peter/Mullis, Alastair — The CISG
Mainz/Norwich, 2007
(zitiert: Huber/Mullis, CISG, S.)

Huber, Peter/Kröll, Stefan — Deutsche Rechtsprechung zum UN-Kaufrecht in den Jahren 2001/2002
IPRax 2003, S. 309 ff..
(zitiert: Huber/Kröll, IPRax 2003, S.)

Huber, Ulrich — Der UNCITRAL-Entwurf eines Übereinkommens über internationale Warenkaufverträge
RabelsZ 1979, S. 413 ff.
(zitiert: Huber, RabelsZ 1979, S.)

International Chamber of Commerce — The ICC Model International Sale Contract
Publikation Nr. 556
Paris, 1997
(zitiert: ICC 556, Nr.)

–. — ICC Retention of title, a practical guide to 19 national legislations
Publikation Nr. 467
Paris, 1996
(zitiert: Publikation der ICC, Retention of title, S.)

–. — INCOTERMS 2000
Publikation Nr. 560
Paris, 2000
(zitiert: Publikation der ICC, INCOTERMS 2000, S.)

–. — Einheitliche Richtlinien und Gebräuche für Dokumenten-Akkreditive (ERA)
Publikation Nr. 500
Paris, 1993
(zitiert: Publikation der ICC, Nr. 500)

–. — Einheitliche Richtlinien und Gebräuche für Inkassi (ERI)
Publikation Nr. 522,

Paris, 1995
(Publikation der ICC, Nr. 522)

–. ICC Force Majeur Clause 2003 and ICC Hardship Clause 2003
Publikation Nr. 650
Paris, 2003
(zitiert: Publikation der ICC, Nr. 650)

Jahrmann, Fritz Ulrich — Außenhandel
Ludwigshafen, 9. Aufl., 1998
(zitiert: Jahrmann, Außenhandel, S.)

Janssen, André — Die Einbeziehung von Allgemeinen Geschäftsbedingungen in internationale Kaufverträge und die Bedeutung der UNIDROIT- und der Lando-Principles
IHR 2004, S. 194 ff.
(zitiert: Janssen, IHR 2004, S.)

Junker, Abbo — Die freie Rechtwahl und ihre Grenzen- Zur veränderten Rolle der Parteiautonomie im Schuldvertragsrecht
IPRax 1993, S. 1 ff.
(zitiert: Junker, IPRax 1993, S.)

Karollus, Martin — Vertragsabschluß, Nichtlieferung und Schadenersatz nach dem UN-Kaufrecht
österreichisches Recht der Wirtschaft 1996, S. 197 ff..
(zitiert: Karollus, öster. RdW 1996, S.)

–. UN-Kaufrecht- Eine systematische Darstellung für Studium und Praxis, u.a.
Wien, 1991
(zitiert: Karollus, UN-Kaufrecht, S.)

–. Anmerkung zum Urteil des OGH vom 15.10.1998
in öster. JBl. 1999, S. 321 f.
(zitiert: Karollus, öster. JBl 1999, S.)

Kieninger, Eva-Maria — Wettbewerb der Privatrechtsordnungen im Europäischen Binnenmarkt
Tübingen, 2002
(zitiert: Kieninger, Wettbewerb, S.)

Kim, Chin/Lawson, Craig M. — The law of the subtle mind: the traditional Japanese conception of law
ICLQ 28 1979, S. 491 ff.
(zitiert: Kim/Lawson, ICLQ 1979, S.)

Kirby, Amy A. — Punitive Damages in contract actions: the tension between the United Nations Convention on Contracts for the International Sale of Goods and the U.S. law
The Journal of Law and Commerce, 16, 1997, 215-231.
(zitiert: Kirby, J.L.& C., S.)

Kizer, Karen L. — Minding the Gap: Determining Interest Rates Under the U.N. Convention for the International Sale of Goods
65 *U Chi L Rev* 4 1998, S. 1279 ff.
(zitiert: Kizer, 65 *Chi L Rev* 4 1998, S.)

Kleinmeyer, Jens — Standardisierung zwischen Kooperation und Wettbewerb: eine spieltheoretische Betrachtung
Frankfurt a.M., 1998.
(zitiert: Kleinmeier, S.)

Klotz, James M./Barrett, John A. — International sales agreements, an annotated drafting and negotiating guide, international edition
Den Haag, London, Boston, 1998.
(zitiert: Klotz/Barrett, International sales agreements, S.)

Klotz, James M. — Critical Review of the ICC Model International Sale Contract
zu finden unter:
http://www.cisg.law.pace.edu/cisg/biblio/klotz.html#1
(zitiert: Klotz, Critical Review of the ICC Model International Sale Contract, Art.)

Koch, Robert — Wider den formularmäßigen Ausschluss des UN-Kaufrechts
NJW 2000, S. 910 ff.
(zitiert: Koch, NJW 2000, S.)

–. — The concept of fundamental breach of contract under the United Nations Convention on contracts for the international sale of goods (CISG)
http://www.cisg.law.pace.edu/cisg/biblio/koch.html#6 ,
auch bei
Kluwer Law international 1999, S. 177-354.
(zitiert: Koch, The concept of fundamental breach of contract under the United Nations Convention on contracts for the international sale of goods (CISG), S.)

Koller, Ingo — Transportrecht, Kommentar zu Spedition und Gütertransport
München, 5. Aufl., 2004
(zitiert: Koller, Transportrecht, §.)

–. Die Dokumentenstrenge im Licht von Treu und Glauben beim Dokumentenakkreditiv
WM 1990, S. 293 ff.
(zitiert: Koller, WM 1990, S.)

Krämer, Gregor Ziele, Adressaten und Risiken der Bankenaufsicht
Aachen 2000.
(zitiert: Krämer, Ziele, Adressaten und Risiken der Bankenaufsicht, S.)

Kröll, Stefan/Hennecke, Rudolf Kollidierende Allgemeine Geschäftsbedingungen in internationalen Kaufverträgen
RIW 2001, S. 726 ff.
(zitiert: Kröll/Hennecke, RIW 2001, S.)

Kronke, Herbert Der „Commercial Approach" in der Rechtsangleichung und das internationale Privat- und Verfahrensrecht
in Festschrift für Dieter Henrich zum 70. Geburtstag, S. 385 ff
Bielefeld, 2000
(zitiert: Teichmann, FS Henrich, S.)

Kropholler, Jan Internationales Privatrecht, einschließlich der Grundbegriffen des Internationalen Zivilverfahrensrechts,
Tübingen, 5. Aufl., 2004
(zitiert: Kropholler, IPR, S.)

Kühl, Sebastian/Hingst, Kai-Michael Das UN-Kaufrecht und das Recht der AGB
in Festgabe für R. Herber zu dessen 70. Geburtstag, herausgegeben von K.H. Thume, S. 27 ff.
Neuwied, Kriftel, 2000
(zitiert: Kühl/Hingst, Festgabe Herber, S.)

Kümpel, Siegfried Bank- und Kapitalmarktrecht
Köln, 2. Aufl., 2000
(zitiert: Kümpel, Bank- und Kapitalmarktrecht, Rn.)

Lange, M. Globalisierung und internationales Marketing: Wer treibt wen ?
in Jahrbuch der Absatz und Verbrauchsforschung
49. Jahrgang, S. 128-143
(zitiert: Lange, Globalisierung, S.)

Langer, Michael Umsatzsteuer im Binnenmarkt-Übergangsregelung ab 1.1.1993
DB 1992, S. 340 ff.
(zitiert: Langer, DB, S.)

Lehr, Wolfgang	Der Exportvertrag Köln, Berlin, Bonn, München, 1998 (zitiert: Lehr, Exportvertrag, S.)
–.	Optimierung des Exportgeschäfts- Chancen nutzen und Risiken minimieren durch erfolgreiche Gestaltung des internationalen Liefervertrags Köln, Berlin, Bonn, München, 2. Aufl., 2001 (zitiert: Lehr, Optimierung des Exportgeschäfts, S.)
–.	Die neuen INCOTERMS 2000 VersR 2000, S. 548 ff. (zitiert: Lehr, VersR 2000, S.)
Leible, Stefan	Außenhandel und Rechtssicherheit ZVglRWiss (97) 1998, S. 286 ff.. (zitiert: Leible, ZVglRWiss (97) 1998, S.)
Lenz, Hugo Michael	Akkreditive und weitere Zahlungssicherungen EuZW 1991, S. 297 ff. (zitiert: Lenz, EuZW 91, S.)
Liesecke, Rudolf	Neuere Theorie und Praxis des Dokumentenakkreditivs WM 1976, S. 258 ff. (zitiert: Liesecke, WM 1976, S.)
–.	Die typischen Klauseln des internationalen Handelsverkehrs in der neueren Praxis WM 1978, Sonderbeilage 3. (zitiert: Liesecke, WM 1978, Sonderbeilage 3, S.)
Linke, Hartmut	Internationales Zivilprozessrecht; Leitfaden für Verfahren mit Auslandsbezug Köln, 3. Aufl., 2001 (Linke, Internationales Zivilprozessrecht, Rn.)
Lipfert, Helmut	Nationaler und internationaler Zahlungsverkehr Wiesbaden, 2. Aufl, 1970 (zitiert: Lipfert, Nationaler und internationaler Zahlungsverkehr, S.)
Lörcher, Gino/Lörcher, Heike/Lörcher, Torsten	Das Schiedsverfahren-national und international- nach deutschem Recht Heidelber, 2. Aufl., 2001 (zitiert: Lörcher/Lörcher, Das Schiedsverfahren, S.)

Loewe, Roland — Internationales Kaufrecht
Wien, 1989
(zitiert: Loewe, Intetrnationales Kaufrecht, S.)

Lookofsky, Joseph M. — Understanding the CISG in Scandinavia
Den Haag, 2. Aufl., 2002
(zitiert: Lookofsky. Understanding the CISG in Scandinavia §.)

Loschky, Alexander/Ritter, Liane — Konjunkturmotor Export
Wirtschaft und Statistik 2007, S. 478 ff.
(zitiert: Loschky/Ritter, Wirtschaft und Statistik, S.)

Ludwig, Katharina S. — Der Vertragsschluß nach UN-Kaufrecht im Spannungsverhältnis von Common law und Civil Law: dargestellt auf der Grundlage der Rechtsordnungen Englands und Deutschlands
Berlin, Bern, New York, Paris, Wien, 1994.
(zitiert: Ludwig, Vertragsschluß nach UN-Kaufrecht, S.)

Lübbert, Hartmut — Beitrag
in Schwenzer, Schuldrecht, Rechtsvergleichung und Rechtsvereinheitlichung an der Schwelle zu 21. Jahrhundert, S. 25 f...

Lurger, Brigitta — Die wesentliche Vertragsverletzung nach Art.. 25 CISG
IHR 2001, S. 91 ff.
(zitiert: Lurger, IHR 2001, S.)

–. — Überblick über die Judikaturentwicklung zu ausgewählten Fragen des CISG-Teil I
IHR 2005, S. 177 ff.
(zitiert: Lurger, IHR 2005, S.)

–. — Überblick über die Judikaturentwicklung zu ausgewählten Fragen des CISG-Teil II
IHR 2005, S. 221 ff.
(zitiert: Lurger, IHR 2005, S.)

Magnus, Ulrich — Stand und Entwicklung des UN-Kaufrechts
ZeuP 1995, S. 202 ff.
(zitiert: Magnus, ZEuP 1995, S.)

–. — Das UN-Kaufrecht- aktuelle Entwicklungen und Entscheidungspraxis
ZEuP 2002, S. 523 ff.
(zitiert: Magnus, ZEuP 2002, S.)

–. Unbestimmter Preis und UN-Kaufrecht
IPRax 1996, S. 145 ff.
(zitiert: Magnus, IPRax 1996, S.)

–. Das Schadenskonzept des CISG und transportrechtlicher Konventionen
in Festgabe für R. Herber zu dessen 70. Geburtstag, herausgegeben von K.H. Thume, S. 27 ff.
Neuwied, Kriftel, 2000.
(zitiert: Magnus, Festgabe Herber, S.)

–. Die Rügeobliegenheit des Käufers im UN-Kaufrecht
TranspR-IHR 1999, S. 29 ff.
(zitiert: Magnus, IHR 1999, S.)

–. Zum räumlich-internationalen Anwendungsbereich des UN-Kaufrechts und zur Mängelrüge
IPRax 1993, S. 390 ff.
(zitiert: Magnus, IPRax 1993, S.)

–. Währungsfragen im Einheitlichen Kaufrecht
RabelsZ 53, 1989, S. 116 ff..
(zitiert: Magnus, RabelsZ 1989, S.)

–. Die allgemeinen Grundsätze im UN-Kaufrecht
RabelsZ 59, 1995, S. 469 ff..
(zitiert: Magnus, RabelsZ 1995, S.)

–./Lüsing, Jan CISG und INCOTERMS, Leistungsverzug und Fixgeschäft
IHR 2007, S. 1 ff..
(zitiert: Magnus/Lüsing, IHR 2007, S.)

–./ Mankowski, Peter The green paper on a future Rome I regulation- on the road to a renewed European Privat International Law of contracts
ZVerglRWiss 2004, S. 131 ff.)

Magold, Rainer Die Parteiautonomie im internationalen und interlokalen Vertragsrecht der Vereinigten Staaten von Amerika
Schriften zum Internationalen Recht
Band 38
Berlin, 1987
(zitiert: Magold, Parteiautonomie, S.)

Mankowski, Peter Überlegungen zur sach- und interessengerechten Rechtswahl für Verträge des internationalen Wirtschaftsverkehrs

RIW 2003, S. 2 ff.
(zitiert: Mankowski, RIW 2003, S.)

–. Seerechtliche Vertragsverhältnisse im Internationalen Privatrecht
Tübingen, 1995
(zitiert: Mankowski, Seerechtliche Vertragsverhältnisse, S.)

Marly, Jochen — Softwareüberlassungsverräge
München, 4. Aufl., 2004
(zitiert: Marly, Softwareüberlassungsverträge, S.)

Matthes, Jens — Der Herstellerregress nach § 478 BGB in Allgemeinen Geschäftsbedingungen – ausgewählte Probleme
NJW 2002, S. 2505 ff.
(zitiert: Matthes, NJW 2002, S.)

McMahon, John P. — Applying the CISG, Guides for business managers and counsel
zu finden bei:
http://www.cisg.law.pace.edu/cisg/guides.html#ia
(zitiert: McMahon, Applying the CISG, S.)

Menne, Martin — Buchbesprechung zu:
International Einheitliches Kaufrecht. Praktiker-Kommentar und Vertragsgestaltung zum CISG. Von Wolfgang Witz, Hanns-Christian Salger und Manuel Lorenz
NJW 2001, S. 2156.
(zitiert: Menne, NJW 2001, S.)

Merkt, Hanno — Internationaler Unternehmenskauf
Köln, 2. Aufl., 2003
(zitiert: Merkt, Internationaler Unternehmenskauf, S.)

Meyer, Justus — UN-Kaufrecht in der deutschen Anwaltspraxis
RabelsZ 2005, S. 457 ff.
(zitiert: Meyer, RabelsZ 2005, S.)

Mielert, Bernhard — Allgemeine Geschäftsbedingungen zur Verwendung gegenüber Unternehmern
in Beck'sches Formularbuch Bürgerliches, Handels- und Wirtschaftsrecht, S. 149 ff
München, 8. Aufl., 2003
(zitiert: Mielert, AGB zur Verwendung gegenüber Unternehmern, S.)

–. Allgemeine Geschäftsbedingungen zur Verwendung gegenüber Kaufleuten
in Beck'sches Formularbuch Bürgerliches, Handels- und Wirtschaftsrecht, S. 99 ff
München, 7. Aufl., 1998
(zitiert: Mielert, AGB zur Verwendung gegenüber Kaufleuten, 7. Auflage, S.)

Mischke, Winfried — Zur Haftung des Verkäufers für Sachmängel und Produktfehler der verkauften Waren nach deutschem, europäischem und internationalem Recht
BB 1997, S. 1494 ff.
(zitiert: Mischke, BB 1997, S.)

Moecke, Hans Jürgen — Zur Aufstellung von Exportbedingungen nach UNCITRAL-Kaufrecht : vergleichende Analyse international verwendeter Musterformulierungen
Köln, 1991
(zitiert: Moecke, Exportbedingungen, S.)

Müller, Hans-Friedrich — Unternehmerregress im internationalen Geschäftsverkehr
IHR 2005, S. 133 ff.
(zitiert: Müller, IHR 2005, S.)

Murray, John E. jr. — An Essay on the Formation of Contracts and Related Matters under the United Nations Convention on Contracts for the International Sale of Goods (Symposium Pittsburgh 23.10.1987)
8 Journal of Law and Commerce 1988, S. 11-51
(zitiert: Murray, J. L.& Com. 1988, S.)

–. The Definitive "Battle of the Forms": Chaos Revisited
20 Journal of Law and Commerce 2000, S. 1-48
(zitiert: Murray, 20 Journal of Law and Commerce, S.)

Musielak, Hans Joachim — Kommentar zur Zivilprozessordnung mit Gerichtsverfassungsgesetz
München, 5. Aufl., 2007
(zitiert: Musielak, §.)

Neumayer, Karl H. — Offene Fragen zur Anwendung des Abkommens der Vereinten Nationen über den internationalen Warenkauf
RIW 1994, S. 99 ff.
(zitiert: Neumayer, RIW 1994, S.)

Neumayer, Karl H./Ming, Catherine — Convention de Vienne sur les contrats de vente internationale de merchandises

Commentaire
Lausanne, 1993
(zitiert: Neumayer/Ming, Art.)

Nicholas, Barry — The United Kingdom and the Vienna Sales Convention: Another Case of Splendid Isolation?
Centro di Studi e Ricerche di Diritto Comparato e Straniero- Saggi
Conferenze e Seminari Nr. 9
Rom, 1993
(zitiert: Nicholas, The United Kingdom and the Vienna Sales Convention, S.)

Nicoll, Christopher — E.D.I. Evidence and the Vienna Convention,
JBL 1995, S. 21 ff.
(zitiert: Nicoll, JBL 1995, S.)

Nielsen, Jens — Neue Richtlinien für Dokumenten-Akkreditive
Kommentar zu den Einheitlichen Richtlinien und Gebräuchen für Dokumenten-Akkreditive 1993
(ERA 500)
Heidelberg, 1994
(zitiert: Nielsen, Richtlinien für Dokumenten-Akkreditive, Rn.)

–. — Die Revision der Einheitlichen Richtlinien und Gebräuche für Dokumenten-Akkreditive
(ERA 500) zum 1. Januar 1994
WM 1994, Sonderbeilage 2.
(zitiert: Nielsen, WM 1994, Sonderbeilage 2, S.)

–. — Grundlagen des Akkreditivgeschäfts (Revision 1983)
Köln 1985.
(zitiert: Nielsen, Grundlagen, S.)

Niggemann, Friedrich — Die Bedeutung des Inkrafttretens des UN-Kaufrechts für den deutsch-französischen Rechtsverkehr
RIW 1991, S. 372 ff.
(zitiert: Niggemann, RIW 1991, S.)

Oppermann, Thomas — Europarecht
München, 3. Aufl., 2005
(zitiert: Oppermann, Europarecht, §)

Oschmann, Friedrich — Faktische Grenzen der Rechtswahl, in Iusto Iure
Festgabe für Otto Sandrock zum 65. Geburtstag, S. 25 ff.
Heidelberg, 1995
(zitiert: Oschmann, FS-Sandrock, S.)

Ostendorf, Patrick/ Neumann, Nils/Ventsch, Verena — Möglichkeiten und Grenzen von Haftungsbeschränkungen in internationalen Lieferverträgen zwischen Unternehmern
IHR 2006, S. 21 ff.
(zitiert: Ostendorf/Neumann/Ventsch, IHR 2006, S.)

Palandt, Otto (Hrsg.) — Bürgerliches Gesetzbuch
München, 65. Aufl., 2006
(zitiert: Palandt-Bearbeiter, §)

Petersen, — Die Verpflichtung der Akkreditivbank zur Aufnahme und Honorierung bei Abweichungen in den vorgelegten Dokumenten
WM 1962, S. 622 ff.
(zitiert: Petersen, WM 1962, S.)

Plagemann, Dirk — Rechtsprobleme bei der Arrestierung des Auszahlungsanspruches aus einem deferred payment-Akkreditiv
RIW/AWD BB 1987, S. 27 ff.
(zitiert: Plagemann, RIW/AWD BB 1987, S.)

Plate, Tobias — Die Reichweite der Haftungsbefreiung nach Art. 79 UN-Kaufrecht
ZVerglRW 2007, S. 1 ff.
(zitiert: Plate, ZVerglRW 2007, S.)

Piltz, Burghard — Vertragsrecht und Vertragsgestaltung bei Internationalen Kaufverträgen
in: Häberle, S.G., Handbuch für Kaufrecht, Rechtsdurchsetzung und Zahlungssicherung im Außenhandel
München, Wien, 2002, S. 1 ff..
(zitiert: Piltz, Vertragsrecht und Vertragsgestaltung bei internationalen Kaufverträgen, S.)

–. — Der Kaufrechtsfall (einschließlich UN-Kaufrecht)
in Beck'sches Rechtsanwaltshandbuch 1997/1998, S. 687 ff.
München, 1997
(zitiert: Piltz, Der Kaufrechtsfall, S.)

–. — AGB in UN-Kaufverträgen
IHR 2004, S. 133 ff..
(zitiert: Piltz, IHR 2004, S.)

–. — Internationales Kaufrecht, das UN-Kaufrecht in praxisorientierter Darstellung
München, 1993
(zitiert: Piltz, Internationales Kaufrecht, S.)

–. Neue Entwicklungen im UN-Kaufrecht
NJW 1994, S. 1101 ff.
(zitiert: Piltz, NJW 1994, S.)

–. Neue Entwicklungen im UN-Kaufrecht
NJW 2003, S. 2056 ff.
(zitiert: Piltz NJW 2003, S.)

–. Neue Entwicklungen im UN-Kaufrecht
NJW 2005, S, 2126 ff.
(zitiert: Piltz NJW 2005, S.)

–. UN-Kaufrecht, Gestaltung von Export- und Importverträgen
Heidelberg, 3. Aufl., 2001
(zitiert: Piltz, UN-Kaufrecht, S.)

–. Gestaltung von Exportverträgen nach der Schuldrechtsreform
IHR 2002, S. 2 ff.
(zitiert: Piltz, IHR 2002, S.)

–. Gestaltung von Exportverträgen
RIW 1999, S. 897 ff.
(zitiert: Piltz, RIW 1999, S.)

–. Exportvertrag (Maschine)
in Münchener Vertragshandbuch
Band 4: Wirtschaftsrecht III, S. 369 ff.
München, 5. Aufl., 2002
(zitiert: Piltz, Exportvertrag, S.)

–. Internationales Kaufrecht: Das UN-Kaufrecht in praxisorientierter Darstellung
München, 1993
(zitiert: Piltz, Internationales Kaufrecht, §.)

–. INCOTERMS 2000- ein Praxisüberblick
RIW 2000, S. 485 ff.
(zitiert: Piltz, RIW 2000, S.)

–. INCOTERMS und UN-Kaufrecht
in: Transport- und Vertriebsrecht 2000
Festgabe für Rolf Herber, S. 20 ff
Neuwied, Kriftel, 1999
(zitiert: Piltz, INCOTERMS und UN-Kaufrecht, S.)

–. Buchbesprechung zu:
Schlechtriem: Kommentar zum Einheitlichen UN-Kaufrecht. Das Übereinkommen der Vereinten Nationen über Verträge über den internationalen Warenkauf – CISG
NJW 2001, S. 2136.
(zitiert: Piltz, NJW 2001, S.)

–. Der Lieferort im Außenhandel
AW-Prax 2001, S. 273 ff.
(zitiert: Piltz, AW-Prax 2001, S.)

–. Das UN-Kaufrecht in der Exportpraxis
AWPrax 2002, S. 259 ff.
(zitiert: Piltz, AW-Prax 2002, S.)

–. Urteilsanmerkung zu öster. OGH, Urteil vom 21.06.2005 in IHR 2005, S. 197.
(zitiert: Piltz, IHR 2005, S.)

Plantard, Jean-Pierre Un nouveau droit uniform de la vente internationale: La Convention des Nations Unies du 11 avril 1980
Journal du droit international 1988, S. 309 ff.
(zitiert: Plantard, Clunet 1988, S.)

Rabel, Ernst A draft of an international law of sales
Univ. Chicago Law Review 5, S. 543 ff
Chicago, 1938
(zitiert: Rabel, Univ. Chicago Law Review 5, S.)

Raith, Raimund T. Das Recht des Dokumentenakkreditivs in den USA und in Deutschland
Bonn, 1985
(zitiert: Raith, Dokumentenakkreditiv, S.)

Ramberg, Jan Guide to Incoterms 1990
Paris, 1991
(zitiert: Ramberg, INCOTERMS, S.)

Rappaport, Alfred Creating shareholder value: The new standard for business performance
New York, 1986
(zitiert: Rappaport, S.)

Raoul-Duval, Pierre English and French law: the search for common principles
International business lawyer 1997, S. 181 f.
(zitiert: Raoul-Duval, the search for common principles, S.)

Rathjen, Peter | Haftungsentlastung des Verkäufers oder Käufers nach Art. 79, 80 CISG
RIW 1999, S. 561 ff.
(zitiert: Rathjen, RIW 1999, S.)

Rebmann, Kurt; Säcker, Franz Jürgen Rixecker, Roland | Münchener Kommentar zum Bürgerlichen Gesetzbuch
- Band 3 Schuldrecht Besonderer Teil I §§ 433 – 610, Finanzierungsleasing, HeizkostenV, BetriebskostenV, CISG
- Band 10 Einführung zum Bürgerlichen Gesetzbuche (Art. 1-46) Internationales Privatrecht
(zitiert: MüKo- Bearbeiter, Art., Rn.)

Rehbinder, Eckard | Vertragsschluß nach UN-Kaufrecht im Vergleich zum EAG und BGB
in Schlechtriem, P., Einheitliches Kaufrecht und nationales Obligationenrecht (Fachtagung in Freiburg 16/17.2.1987)
Baden Baden, 1987, S. 149-170
(zitiert: Rehbinder, Vertragsschluss, S.)

Reinhart, Gert | Zum Sprachenproblem im grenzüberschreitenden Handelsverkehr
IPrax 1982, S. 226 ff.
(zitiert: Reinhart, IPRax 1982, S.)

–. | Fälligkeitszinsen und UN-Kaufrecht
IPRax 1991, S. 376 ff.
(zitiert: Reinhart, IPRax 1991, S.)

–. | UN-Kaufrech
Heidelberg, 1991
(zitiert: Reinhart, UN-Kaufrecht, Art.)

Reithmann, Christoph/ Martiny, Dieter | Internationales Vertragsrecht, Das internationale Privatrecht der Schuldverträge
Köln, 6. Aufl., 2005
(zitiert: Reithmann/Martiny, Internationales Vertragsrecht, S.)

Romano, Roberta | Law as a product, some pieces of the incorporation puzzle
First J.L.Econ.Org 1985, S. 225 ff.
(zitiert: Romano, J.L.Econ.Org 1985, S.)

Roßmeier, Daniela | Schadensersatz und Zinsen nach UN-Kaufrecht- Art. 74-78 CISG

RIW 2000, S. 407 ff.
(zitiert: Roßmeier, RIW 2000, S.)

Rudolph, Helga — Kaufrecht der Export- und Importverträge: Kommentierung des UN-Übereinkommens über internationale Warenkaufverträge mit Hinweisen für die Vertragspraxis
Freiburg, 1996
(zitiert: Rudolph, Art. Rn.)

Ryffel, Gritli — Die Schadensersatzhaftung des Verkäufers nach dem Wiener Übereinkommen über internationale Warenkaufverträge vom 11. April 1980
Bern, 1992
(zitiert: Ryffel, Schadensersatzhaftung, S.)

Sandrock, Otto — Handbuch der internationalen Vertragsgestaltung in zwei Bänden
Heidelberg, 1980
(zitiert: Sandrock-Bearbeiter, S.)

Sarcevic, Petar/Volken, Paul — International sale of goods
Dubrovnik Lectures
New York, London, Rome, 1986
(zitiert: Sarcevic/Volken-Bearbeiter, S.)

Sauernheimer, Karlhans — Nicht tarifäre Handelshemmnisse: Analyse der Auswirkung auf den Außenhandel
in: Zentes, J., Morschett, D., Schramm-Klein, H., Außenhandel, Marketingstrategien und Managementkonzepte
Saarbrücken, 2004, S. 161 ff.
(zitiert: Sauernheimer, Nicht-tarifäre Handelshemmnisse, S.)

Sauthoff, Elisabeth — Lieferverzug als wesentliche Vertragsverletzung bei Vereinbarung sofortiger Lieferung und wirksame Einbeziehung fremdsprachiger AGB
IHR 2005, S. 21 ff..
(zitiert: Sauthoff, IHR 2005, S.)

Schack, Haimo — Internationales Zivilverfahrensrecht
München, 3. Aufl., 2002
(zitiert: Schack, Internationales Zivilverfahrensrecht, Rn.)

Schackmar, Rainer — Die Lieferpflicht des Verkäufers in internationalen Kaufverträgen, UN-Kaufrecht und INCOTERMS

	Berlin, 2001 (zitiert: Schackmar, Rn.)
Schillo, Franz-Josef	UN-Kaufrecht oder BGB? Die Qual der Wahl beim internationalen Warenkaufvertrag- Vergleichende Hinweise zur Rechtswahl beim Abschluss von Verträgen IHR 2003, S. 257 ff. (zitiert: Schillo, IHR 2003, S.)
Schimansky, Herbert/Bunte, Hermann-Josef/Lwowski, Hans-Jürgen	Bankrechtshandbuch in drei Bänden München, 2001 (zitiert: Bearbeiter in Bankrechtshandbuch, §…)
Schinnerer, Erich/Avancini, Peter	Bankverträge, Allgemeine Geschäftsbedingungen, Kontoeröffnung und Kontoführung, Geschäftsabwicklung Wien, 3. Aufl., 1975 (zitiert: Schinnerer/Avancini, Bankverträge, S.)
Schlechtriem, Peter/ Schwenzer, Ingeborg	Kommentar zum Einheitlichen UN-Kaufrecht: Das Übereinkommen der Vereinten Nationen über Verträge über den internationalen Warenkauf, CISG München, 4. Aufl., 2004 (zitiert: Schlechtriem- Bearbeiter)
Schlechtriem, Peter	10 Jahre CISG, der Einfluß des UN-Kaufrechts auf die Entwicklung des deutschen und internationalen Schuldrechts IHR 2001, S. 12 ff. (zitiert: Schlechtriem, IHR 2001, S.)
–.	Internationales UN-Kaufrecht Tübingen, 2. Aufl., 2003 (zitiert: Schlechtriem, Internationales UN-Kaufrecht, Rn.)
–.	Einheitliches UN-Kaufrecht.. Das Übereinkommen der Vereinten Nationen über internationale Warenkaufverträge Tübingen, 1981 (zitiert: Schlechtriem, Einheitliches UN-Kaufrecht, S.)
–.	Anwendungsvoraussetzungen und Anwendungsbereich des UN- Übereinkommens über Verträge über den internationalen Warenkauf (CISG) Aktuelle Juristische Praxis/Pratique Juridique Actuelle 1992, S. 339 ff. (zitiert: Schlechtriem AJP 1992, S.)

–. Gemeinsame Bestimmungen über Verpflichtungen des Verkäufers und des Käufers
in Lausanner Kolloquium vom 19.und 20. November 1984, S. 149 ff.
Zürich, 1985
(zitiert: Schlechtriem, Lausanner Kolloquium, S.)

–. Die Pflichten des Verkäufers und die Folgen ihrer Verletzung, insbesondere bezüglich der Beschaffenheit der Ware
in Bucher, Eugen (Hrsg.): Wiener Kaufrecht, der schweizerische Aussenhandel unter dem UN-Übereinkommen über den internationalen Warenkauf, S. 103 ff.
Bern, 1991
(zitiert: Schlechtriem in Bucher, Wiener Kaufrecht, S.)

–. Commentary on the UN Convention on the International Sale of Goods (CISG)
Oxford, 1998
(zitiert: Schlechtriem-Bearbeiter, Commentary on thhe CISG, Art.)

–. Einheitliches Kaufrecht, Erfahrungen mit den Haager Kaufgesetzen – Folgerungen für das Wiener UN-Kaufrecht
Österreichisches Recht der Wirtschaft 1989, S. 43 ff..
(zitiert: Schlechtriem, österRDW 1989, S.)

–. Der Kaufmann im Gesetz zur Regelung des Rechts der Allgemeinen Geschäftsbedingungen
in Festschrift für Konrad Duden, S. 571 ff.
München, 1977
(zitiert: Schlechtriem, Festschrift für Duden, S.)

Schlechtriem, Peter/Magnus, Ulrich. Internationale Rechtsprechung zu EKG und EAG
Baden-Baden, 1. Aufl., 1987
(zitiert: Schlechtriem/Magnus, Internationale Rechtsprechung zu EKG und EAG, S.)

Schluchter, Anne-Kathrin. Die Gültigkeit von Kaufverträgen unter dem UN-Kaufrecht
Baden-Baden, 1996
(zitiert: Schluchter, Gültigkeit von Kaufverträgen, S.)

Schlüter, Andreas. Der Eigentumsvorbehalt im europäischen und internationalen Recht, Zu den Grenzen besitzloser Mobiliarsicherheiten im grenzüberschreitenden Handel

	IHR 2001, S. 141 ff. (zitiert: Schlüter, IHR 2001, S.)
Schmidt, Karsten	Handelsrecht Köln, 5. Aufl., 1999 (zitiert: Schmidt, HGB, §.)
–.	Münchener Kommentar zum Handelsgesetzbuch Band 6, Buch 4 München, 2007 (zitiert: MüKoHGB-Bearbeiter, Art.)
Schmidt-Kessel, Martin	Vertragsaufhebung nach UN-Kaufrecht, Anmerkung zum Urteil des BGH vom 15.02.1995 RIW 1996, S. 60 ff. (zitiert: Schmidt-Kessel, RIW 1996, S.)
Schmitt, Hansjörg	Intangible Goods in Online-Kaufverträgen und der Anwendungsbereich des CISG CR 2001, S. 145 ff. (zitiert: Schmitt, CR 2001, S.)
Schmitthoff, Clive M.	Schmitthoff's Export Trade, The Law and Practise of International Trade London, 2000 (zitiert: Schmitthoff, Export Trade, S.)
–.	Das neue Recht des Welthandels RabelsZ 28 (1964), S. 47 ff. (zitiert: Schmitthoff, RabelsZ 28, S.)
–.	The Unification or Harmonisation of Law by Means of Standard Contracts and General Conditions I.C.L.Q. 1968, S. 551 ff. (zitiert: Schmitthoff, I.C.L.Q. 1968, S.)
Schneider, Hartmut	Incoterms 1990, Auslegungsregeln für den internationalen Handelsverkehr in Neuauflage RIW 1991, S. 91 ff. (zitiert: Schneider, RIW 91, S.)
Schönle, Herbert	Rechtsprobleme des Dokumentenakkreditiva mit hinausgeschobener Zahlung Österreichisches Bankarchiv 36 (1988), S. 311 ff. (zitiert: Schönle, öster. BankA 1988, S.)
–.	Die Rechtsnatur der Einheitlichen Richtlinien und Gebräuche für Dokumentenakkreditive

NJW 1968, S. 726 ff.
(zitiert: Schönle, NJW 1968, S.)

Schroth, Klaus-Dieter
Handbuch zum Außenwirtschaftsverkehr
Herne, Berlin, 1994
(zitiert: Schroth, Handbuch zum Außenwirtschaftsverkehr, S.)

Schubel, Christian
Schuldrechtsmodernisierung 2001/2002 – Das neue Kaufrecht
JuS 2002, S. 313 ff.
(zitiert: Schubel, JuS 2002, S.)

Schubert, A./Robyn, Daniel
Internationale Produkthaftung
in: Häberle, S.G., Handbuch für Kaufrecht, Rechtsdurchsetzung und Zahlungssicherung im Außenhandel
München, Wien, 2002, S. 173 ff..
(zitiert: Schubert/Robyn, Internationale Produkthaftung, S.)

Schüssler, Christoph M.
Die Incoterms – Internationale Regeln für die Auslegung der handelsüblichen Vertragsformeln
DB 1986, 1161 ff.
(zitiert: Schüssler, DB 1986, S.)

Schütze, Rolf A.
Internationales Bankrecht/Bankgarantie
in Münchener Vertragshandbuch
Band 3: Wirtschaftsrecht II, S. 432 ff.
München, 5. Aufl., 2004
(zitiert: Schütze, Bankgarantie, S.)

–.
Das Dokumentenakkreditiv im Internationalen Handelsverkehr
Heidelberg, 5. Aufl., 1999
(zitiert: Schütze, Dokumentenakkreditiv, S.)

–.
Kollisionsrechtliche Probleme des Dokumentenakkreditivs
WM 1982, S. 226 ff.
(zitiert: Schütze, WM 1982, S.)

Schulte-Nölke, Hans
Eine neue Chance für das UN-Kaufrecht
ZGS 2003, S. 401
(Editoral zu ZGS 11/2003).
(zitiert: Schulte-Nölke, ZGS 2003, S.)

Schultheiß, Jörg	Allgemeine Geschäftsbedingungen im UN-Kaufrecht Saarbrücken, 2003 (zitiert: Schultheiß, AGB, S.)
Schwenzer, Ingeborg	Schuldrecht, Rechtsvergleichung und Rechtsvereinheitlichung an der Schwelle zu 21. Jahrhundert Symposium aus Anlaß des 65. Geburtstages von Peter Schlechtriem Tübingen, 1999 (zitiert: Schwenzer, Schuldrecht, Rechtsvergleichung und Rechtsvereinheitlichung an der Schwelle zu 21. Jahrhundert, S.)
Sekretariat der United Nations Commission on International Trade Law (UNCITRAL)	Secretary Commentary on the 1978 draft UN doc. A/Conf 97/5 Wien, 1979 (zitiert: Sekretariatskommentar, Art.)
Semler, Franz-Jörg	Sales agreement pursuant to the United Nations Convention on Contracts for the International Sale of Goods in Münchener Vertragshandbuch Band 4: Wirtschaftsrecht III, S. 551 ff. München, 5. Aufl., 2002 (zitiert: Semler, Kaufvertrag unter UN-Kaufrecht, S.)
Semler, Johannes/Volhard, Rüdiger	Arbeitshandbuch für Unternehmensübernahmen Band 1 München, 2001 (zitiert: Semler/Volhard-Bearbeiter, §.)
Shippey, Karla C.	Internationale Verträge vorbereiten und durchsetzen Köln, 2000 (zitiert: Shippey, Internationale Verträge, S.)
Sieg, Oliver	Allgemeine Geschäftsbedingungen im grenzüberschreitenden Rechtsverkehr RIW 1997, S. 811 ff. (zitiert: Sieg, RIW 1997, S.)
Soergel, Hans Theodor (Begr.)	Bürgerliches Gesetzbuch mit Einführungsgesetzen und Nebengesetzen Stuttgart, 13. Aufl., 2000 - Band 13 Schuldrechtliche Nebengesetze 2 (zitiert: Soergel-Bearbeiter, Art.)
Solomon, Dennis	Die Verbindlichkeit von Schiedssprüchen in der internationalen privaten Schiedsgerichtsbarkeit München, 2007

(zitiert: Solomon, Die Verbindlichkeit von Schiedssprüchen, S.)

Sommerer, Tanja. Die Anwendung des UN-Kaufrechts in der Praxis – Wunschdenken und Wirklichkeit-
AWPrax 2002, S. 19ff.
(zitiert: Sommerer, AWPrax 2002, S.)

Spellenberg, Ulrich Fremdsprache und Rechtsgeschäft
in Festschrift für Ferid zum 80. Geburtstag, S. 463-494
Frankfurt, 1988
(zitiert: Spellenberg, Fremdsprache und Rechtsgeschäft, S.)

Stadie, Volker/Nietzer, Wolf M. CISG – Das UN-Kaufrecht in der Anwaltspraxis
MDR 2002, S. 428 ff.
(zitiert: Stadie/Nietzer, MDR 2002, S.)

Stahr, Gunther Exportpraxis
Hamburg, 1997
(zitiert: Stahr, Exportpraxis, Rn.)

Stapel, Babett Die Einheitlichen Richtlinien und Gebräuche für Dokumentenakkreditive der Internationalen Handelskammer in der Fassung von 1993.
(zitiert: Stapel, Einheitliche Richtlinien, S.)

Staudegger, Elisabeth Zur Qualifizierung von Verträgen, die der Überlassung von Computersoftware dienen
öster. JBl. 1998, S. 604 ff.
Graz, 1998
(zitiert: Staudegger, öster. JBl. 1998, S.)

Stauder, Bernd Das Dokumentenakkreditiv mit hinausgeschobener Zahlung
in Liber amicorum Adolf F. Schnitzer, S. 433 ff.
Genf, 1979
(zitiert: Stauder in Festschrift Schnitzer, S.)

Staudinger, Julius von Kommentar zum Bürgerlichen Gesetzbuch mit Einführungsgesetz und Nebengesetzen:
- Wiener UN- Kaufrecht Neubearbeitung
Berlin, 2005
- Einführungsgesetz zum Bürgerlichen Gesetzbuche/IPR
Berlin, 13. Bearbeitung, 2002
(zitiert: Staudinger-Bearbeiter, Art.)

Stummel, Dieter | Standardvertragsmuster zum Handels- und Gesellschaftsrecht
München, 3. Aufl., 2006
(zitiert: Stummel, Standardvertragsmuster, S.)

Tallon, Denis | The buyer's obligations under the convention of contracts for the international sale of goods
in Galston/Smit (Hrsg.), International Sales, chapter 7, S. 1-20
New York, 1984
(zitiert: Tallon, The buyer´s obligations, S.)

v. Teichmann, Christoph | Beitrag in Merkt, Hanno: Internationaler Unternehmenskauf
Köln, 1. Aufl., 1997
(zitiert: Teichmann, Internationaler Unternehmenskauf, Rn.)

Teklote, Stephan | Die einheitlichen Kaufgesetze und das deutsche AGB-Gesetz : Probleme bei der Verwendung allgemeiner Geschäftsbedingungen im CISG und im EKG/EAG
Baden Baden, 1994
(zitiert: Teklote, Einheitliche Kaufgesetze, S.)

Tercier, Pierre | Droits et obligations de l'acheteur
in Lausanner Kolloquium vom 19./20.11.1984, S. 119-142
Zürich, 1985
(zitiert: Tercier, Lausanner Kolloquium, S.)

Thieffry, Patrick | Sale of Goods Between French and U.S. Merchants: Choice of Law Considerations Under the United Nations Convention on Contracts for the International Sale of Goods
International business lawyer 1988, S. 1017 ff.
(zitiert: Thieffry, Int. bus. Lawyer 1988, S.)

Thiele, Christian | Das UN-Kaufrecht vor US-amerikanischen Gerichten
IHR 2002, S. 8 ff.
(zitiert: Thiele, IHR 2002, S.)

Todd, Paul | Cases and materials on international trade law
London, 2003
(zitiert: Todd, Cases and materials on international trade law, S.)

Treitel, Guenther H. — Remedies for breach of contract: a comparative account, Oxford 1988.
(zitiert: Treitel, remedies for breach of contract, S.)

Ulmer, Peter/Brandner, Erich/Hensen, Horst-Diether — AGB-Recht
Kommentar zu den §§ 305-310 BGB und zum Unterlassungsgesetz
Köln, 10. Aufl., 2006
(zitiert: Ulmer/Brandner/Hensen, §.)

Vahle, Oliver — Der Erfüllungsanspruch des Käufers nach UN-Kaufrercht im Vergleich mit dem deutschen Kaufrecht
ZVerglRWiss 1999, S. 54 ff.
(zitiert: Vahle, ZVerglRWiss 1999, S. 54)

Velden van der, Frans J.A. — Uniform International Sales Law And The Battle Of Forms
in Festschrift für Georges Sauveplanne, S. 233 ff
Deventer, 1984
(zitiert: van der Velden, Li.ber Amicorum Sauveplanne, S.)

Ventsch, Verena/Kluth, Peter — Die Einbeziehung von Allgemeinen Geschäftsbedingungen im Rahmen des UN-Kaufrechts
IHR 2003, S. 61 ff.
(zitiert: Ventsch/Kluth, IHR 2003, S.)

Vergne, Francois — The 'Battle of Forms' under the 1980 United Nations Convention on Contracts for the International Sale of Goods
33 The American Journal of comparative law 1985, S. 233-258
(zitiert: Vergne, 33 A.J.Comp.L., S.)

Verweven, Urs — Die Käuferrechtsbehelfe des UN-Kaufrechts im Vergleich zu denen des neuen internen deutschen Handelskaufrechts aus Sicht eines deutschen Warenexporteurs
Diss.
Hamburg, 2005
(zitiert: Verweyen, Käuferrechtsbehelfe, S.)

Viscasillas, Pilar Perales — Comments on the draft Digest relating to Articles 14-24 and 66-70
in Ferrari/Flechtner/Brand, The draft UNCITRAL digest and beyond, S. 259 ff
München, 2004
(zitiert: Viscasillas, The draft UNCITRAL digest, S.)

Vischer, Frank; Huber, Lucius; Oser, David | Internationales Vertragsrecht
Bern, 2. Aufl., 2000
(zitiert: Vischer/Huber/Oser, Rn.)

Wälzholz, Eckhard | Zur Anwendbarkeit des AGBGB auf die Einheitlichen Richtlinien der ICC- insbesondere bei Akkreditiven und Demand Guarantees
WM 1994, S. 1457 ff.
(zitiert: Wälzholz, WM 1994, S.)

Wassermann, Henning | Die Verwertung von Ansprüchen aus Dokumentenakkreditiven
Baden-Baden, 1981
(zitiert: Wassermann, Dokumentenakkreditive, S.)

Welser, Rudolf | Die Vertragsverletzung des Verkäufers und ihre Sanktion in: Doralt, Peter/Haschek, Helmut H., Das UNCITRAL-Kaufrecht im Vergleich zum österreichischem Recht, S. 105 ff.
Wien, 1985
(zitiert: Welser in Doralt, UNCITRAL-Kaufrecht, S.)

Wertenbruch, Johannes | Die Incoterms- Vertragsklauseln für den internationalen Kauf
ZGS 2005, S. 136 ff.
(zitiert: Wertenbruch, ZGS 2005, S.)

Westphalen, Graf Friedrich von | Die Bankgarantie im internationalen Handelsverkehr
Heidelberg, 2. Aufl., 1990
(zitiert: Westphalen, Bankgarantie, S.)

–. | Allgemeine Verkaufsbedingungen nach neuem Recht
München, 5. Aufl., 2003
(zitiert: Westphalen, Allgemeine Verkaufsbedingungen, S.)

–. | Allgemeine Verkaufsbedingungen
München, 3. Aufl., 1999
(zitiert: Westphalen, Allgemeine Verkaufsbedingungen, 3. Auflage, S.)

–. | Ein Stein des Anstoßes: § 444 BGB n.F.
ZIP 2001, S. 2107.
(zitiert: v. Westphalen, ZIP 2001, S.)

–. | Rechtsprobleme der Exportfinanzierung
Heidelberg, 3. Aufl., 1987

(zitiert: v. Westphalen, Rechtsprobleme der Exportfinanzierung, S.)

–. AGB-rechtliche Erwägungen zu den Einheitlichen Richtlinien und Gebräuchen für Dokumenten-Akkreditive-Revision 1993
RIW 1994, S. 453 ff.
(zitiert: v. Westphalen, RIW 1994, S.)

Wiegand, Wolfgang — Die Pflichten des Käufers und die Folgen ihrer Verletzung
Berner Tage für die juristische Praxis
Bern, 1990
(zitiert: Wiegand, Berner Tage, S.)

Winship, Peter — Articles 14-24 CISG
in Ferrari/Flechtner/Brand, The draft UNCITRAL digest and beyond, S. 580 ff
München, 2004
(zitiert: Winship, The draft UNCITRAL digest, S.)

–. Changing contract practises in the light of the United Nations Sales Convention, a guide for practitioners
Int. Law, Fall 1995, Volume 29, No. 3, S. 525 ff.
(zitiert: Winship, Int. Law, Vol 29, No. 3, S.)

Witz, Wolfgang/Salger, Hanns Christian/Lorenz, Manuel — International Einheitliches Kaufrecht
Heidelberg, 2000
(zitiert: Witz/Salger/Lorenz- Bearbeiter, Art.)

Witz, Wolfgang — Der unbestimmte Kaufpreis. Ein rechtsvergleichender Beitrag zur Bedeutung des pretium certum
in Arbeiten zur Rechtsvergleichung
Band 131
Neuwied/Frankfurt, 1989
(zitiert: Witz, Der unbestimmte Kaufpreis, S.)

Wolf, Manfred — Auslegung und Inhaltskontrolle von AGB im internationalen kaufmännischen Verkehr
ZHR 1989 (153), S. 300 ff.
(zitiert: Wolf, ZHR 153, S.)

Wolf, Manfred/Horn, Norbert Lindacher, Walter F. — AGB-Gesetz: Gesetz zur Regelung des Rechts der Allgemeinen Geschäftsbedingungen
München, 4. Aufl., 1999
(zitiert: Wolf/Horn/Lindacher, § Rn.)

Wulf, Hans Markus
UN-Kaufrecht und eCommerce: Problembereiche bei der Anwendung des Wiener Übereinkommens auf Internet-Verträge
Hamburg, 2003
(zitiert: Wulf, UN-Kaufrecht und eCommerce, S.)

Zahn, Johannes C.D./ Ehrlich, Dietmar/Neumann, Kerstin
Zahlung und Zahlungssicherheit im Außenhandel
Berlin, New York, 7. Aufl., 2001
(zitiert: Zahn, Zahlung und Zahlungssicherung, Rn.)

Zahraa, Mahdi/Ghith Aburima Abdullah
Specific Performance in the Light of the CISG, the UNIDROIT Principles and Libyan Law
ULR 2002, S. 751 ff.
(zitiert: Zahraa/Ghith, ULR 2002, S.)

Zentes, Joachim/Neidhart, Michael
Standardisierungsansätze zur Reduktion der Transaktionskosten im Außenhandel
in: Zentes, J., Morschett, D., Schramm-Klein, H., Außenhandel, Marketingstrategien und Managementkonzepte
Saarbrücken, 2004, S. 45 ff.
(zitiert: Zentes/Neidhart, Standardisierungsansätze, S.)

Zentes, Joachim/Swoboda, Bernhard
Grundbegriffe des Marketing: Marktorientiertes globales Managementwissen
Stuttgart, 5. Aufl., 2001
(zitiert: Zentes/Swoboda, Grundbegriffe des Marketing, S.)

Ziegler, Ulrich
Leistungsstörungsrecht nach dem UN-Kaufrecht
Diss.
München 1994, Baden Baden, 1995
(zitiert: Ziegler, Leistungsstörungsrecht, S.)

Zimmermann, Reinhard
The Law of Obligations
München, 1993
(zitiert: Zimmermann, law of obligations, S.)

Zwart, Sara G.
The international law of sales: A marriage between Socialist, Third world, Common and Civil Law Principles
13 North Carolina Journal of International Law and Commercial Regulation, S. 109 ff
New York, 1988
(zitiert: Zwart, 13 North Carolina Journal, S.)

Zwernemann, Dieter/ Sutorius, Claudia	Die Schuldrechtsreform, Auswirkungen für den Außenhandel Bonn, 2002 (zitiert: Zwernemann/Sutorius, Schuldrechtsreform, S.)

Beiträge zum UN-Kaufrecht

Herausgegeben von Ulrich Magnus

Band 1 Alexander Mittmann: Einheitliches UN-Kaufrecht und europäische Verbrauchsgüterkauf-Richtlinie. Konkurrenz- und Auslegungsprobleme. 2004.

Band 2 Nicolas Hagge: Das einheitliche Kaufrecht der OHADA (Organisation pour l'Harmonisation en Afrique du Droit des Affaires). 2004

Band 3 Urs Verweyen: Die Käuferrechtsbehelfe des UN-Kaufrechts im Vergleich zu denen des neuen internen deutschen Handelskaufrechts aus Sicht eines deutschen Warenexporteurs. 2005.

Band 4 Christopher Niemann: Einheitliche Anwendung des UN-Kaufrechts in italienischer und deutscher Rechtsprechung und Lehre. Eine Untersuchung zur einheitlichen Auslegung unbestimmter Rechtsbegriffe und interner Lückenfüllung im CISG. 2006.

Band 5 Martin W. Brölsch: Schadensersatz und CISG. 2007.

Band 6 Martin F. Köhler: Das UN-Kaufrecht (CISG) und sein Anwendungsausschluss – unter besonderer Berücksichtigung der Benutzung Allgemeiner Geschäftsbedingungen und der internationalen Rechtsprechung zum stillschweigenden Ausschluss. 2007.

Band 7 Martin P. Lögering: CISG und internationale Handelsklauseln. 2008.

Band 8 Fariba Sabbagh-Farshi: Die vorvertragliche Haftung im UN-Kaufrecht und in den Unidroit- und Lando-Prinzipien unter Einbeziehung des deutschen und englischen Rechts. 2008.

Band 9 Torben Hesse: Internationale Standardverträge im Zusammenspiel mit dem CISG. Unter besonderer Betrachtung des ICC – International Sales Contract (ICC-Publikation Nr.556). 2011.

www.peterlang.de